高职高专"十三五"规划教材·基础课系列

DAXUESHENG
ZHIYE SHENGYA
GUIHUA YU
JIUYE ZHIDAO

大学生职业生涯规划与就业指导

◎张命春 编著

華中科技大學出版社
http://www.hustp.com
中国·武汉

内容简介

本书立足高职院校学生的需求，总结了近年来毕业生就业创业的情况和多年来毕业生就业工作的经验，参考了国内外就业指导的成熟做法，努力达到理论分析与技术指导相结合，系统性、全面性和实用性并重。本书旨在帮助大学生树立正确的职业生涯发展观，掌握求职择业与创业的方法和技巧；引导大学生认识自我、认识社会，科学规划自己的职业生涯；准确定位，减少就业的盲目性，尽快实现人生理想。

本书共有十一章，内容包括大学生职业生涯规划、自我认知与职业测验、职业分类与人才素质、职业选择与心理调适、大学生职业生涯规划实施方案及评估修正、求职途径的掌握、毕业生就业准备、成功应对面试、就业程序与求职陷阱预防、大学生就业权益、大学生创业准备。

本书吸收了新时期的研究成果，结合当今社会就业的新形势、新任务，内容贴近实际，编写体例新颖，文字资料翔实，具有鲜明的针对性和可操作性。本书为高职高专院校学生的职业生涯规划与就业指导课程教材，也适合其他类高校学生阅读参考。

图书在版编目(CIP)数据

大学生职业生涯规划与就业指导/张命春编著.—武汉：华中科技大学出版社，2017.8(2021.8重印)
ISBN 978-7-5680-3271-1

Ⅰ.①大…　Ⅱ.①张…　Ⅲ.①大学生-职业选择-高等学校-教材　Ⅳ.①G647.38

中国版本图书馆CIP数据核字(2017)第188377号

大学生职业生涯规划与就业指导　　张命春　编著
Daxuesheng Zhiye Shengya Guihua Yu Jiuye Zhidao

策划编辑：曾　光
责任编辑：郑小羽
封面设计：孢　子
责任监印：朱　玢
出版发行：华中科技大学出版社(中国·武汉)　　电话：(027)81321913
武汉市东湖新技术开发区华工科技园　　邮编：430223
录　　排：华中科技大学惠友文印中心
印　　刷：武汉市洪林印务有限公司
开　　本：787mm×1092mm　1/16
印　　张：15
字　　数：384千字
版　　次：2021年8月第1版第8次印刷
定　　价：38.00元

编 委 会

序

INTRODUCTIOU

古人曰：凡事预则立，不预则废。我们做好一件事的前提应是预先策划、预先设想，而职业生涯规划就是我们立足社会的前提。职业生涯规划是大学生个体把个人发展与社会发展相结合，对决定个人未来职业生涯的个人因素、社会因素进行分析，通过自身职业兴趣、职业性格、职业能力等的测评，制定出个人一生在事业发展上的战略设想与计划安排。职业生涯规划已成为大学生面临的一个十分重要的课题，它有助于大学生在了解自我的基础上确定自己的职业方向、目标，并制定相应的计划，避免就业的盲目性，为个人走向职业成功提供最有效的途径。通俗地说，职业生涯规划就是打算选择什么样的行业，什么样的职业，什么样的组织，想达到什么样的成就，如何达到目标。职业生涯规划的目的绝不仅仅是帮助个人找到一份合适的工作，更重要的是帮助个人真正了解自己，筹划未来，拟定一生的发展方向。

追求实用、贴近现实、鼓励行为是本书的突出特点。书中包括“职业生涯规划”与“就业指导”两大主题。全书以大量的精选案例让大学生走进生涯规划和就业创业的实践演练，从中得到启发并提升应对能力。

运用本教材，可以深化对一些问题的认识，创造性地进行教学。有些章节可以学生自主讨论为主，教师点评引导；尽可能利用现代化教学手段引进生动实例，增进读者的直观理解，多采用研究式、讨论式教学；师生共同拓展课堂教学资源，以使教学资源更加丰富、生动，教与学取得更好的效果。

本书是编者近几年课题研究的一个成果。就编写意图而言，“贴近学生、贴近专业、贴近社会”是本书章节设计与内容阐释遵循的基本原则。为此，编者在做了大量深入细致的调查研究、分析论证和实践访谈的基础上，精心编写和设计了这本集启发式、参与式、研讨式和案例式相结合的特色教材。本书内容上的地域无界性与情感习惯的可接近性增加了本书的亲切感，更易于被学生理解与接受。希望这本教材能够成为教师长久传授生涯规划与就业创业教育的好帮手，成为大学生就业与创业实践的必读书，成为老师与学生共同探讨就业与创业的一个立体化平台。

千里之行，始于足下；人生之路，成于规划！我相信本书的出版将使学生在走上工作岗位之前，从理念、知识、技能等方面做好应对职业挑战的全面准备，从而使择业理念由“盲目、自卑、被动"转变为“理性、自信、主动”，最终使大学生由“需要工作的人"成长为“工作需要的人”，实现其由“校园人"向“社会人”的转型。

让读者阅读此书时，既有阅读故事般的乐趣，也有阅读理论书籍带来的理性思考，二者的交融，是我们追求的“化境”。至于能否达到这种“化境”，就需要读者评判了。我们静静地等待，静静地聆听，也静静地思考。

是为序。

冉贵生

2017 年 5 月 1 日

前言

PREFACE

就业乃民生之本。人生规划就像木桩上的那一圈圈年轮，让你不会在东西南北中迷茫、徘徊。一个没有职业规划的人生就像是乱世里的浮萍，无处安身；就像是行走在迷途上的羔羊，不知归途是何方。如何在职业生涯中扬长补短、自我完善、合理规划，最大限度地实现自己的人生价值，是广大高职院校学生需要认真思考的重要问题。

随着我国高等教育由“精英教育”向“大众化教育”转变，人才市场竞争日趋激烈，就业形势也日益严峻。就业与创业问题，是当今大学生面临的一个极为现实的问题。高校毕业生数量迅猛增长，而社会对劳动力的有效需求增幅却相对有限。如何解决这对矛盾？对大学生来说，只有提高个体知识水平、综合素质、个人能力、社会经验等方面的竞争力，才能立于不败之地。在本书中，我们对职业生涯规划和就业指导做了详尽的阐述。

明代哲人王守仁提倡“知行合一”，教育家陶行知亦认为“行是知之始，知是行之成”。职业生涯规划和职业素养是“知”，就业指导与创业实践是“行”。在本书中，我们将对大学生就业进行全面的指导，对大学生创业实践做科学的定位，对大学生就业与创业的基本知识、基本理论、实际操作进行系统的分析和全面的讲解，以帮助大学生对就业与创业有较为准确的把握，并付诸实际行动，顺利地实现人生目标。

追求实用、贴近现实是本书的突出特点。书中包括“职业生涯规划”与“就业指导”两大主题。全书以大量的精选案例让大学生走进职业生涯规划和就业创业的实践演练，从中得到启发并提升应对能力。本书在编写过程中参考了一些政策文件，扫描以下二维码可查阅相关文件。

文件 1

文件 2

文件 3

人的一生漫长而又短暂，职业生涯是人生最宝贵的黄金阶段。职业生涯规划不仅仅要解决选择性的问题，更重要的是要解决发展性的问题。《礼记·中庸》说：“凡事预则立，不预则废。”如何顺利而又精彩地书写自己的职业人生，做到有所准备，有所进取，有所奋斗，有所收获，体现自己的人生价值，关键是要审视自己、认识自己、了解自己，做好自我评估，包括自己的兴趣、特长、性格、学识、技能、智商、情商、思维方式，并依据市场需求，精心设计，扬长避短，不盲目，不随意。

就业是大学生走向社会的重要一步，也是迈向成功的关键一步。就业指导就是学生们走出校门、走向社会前的一个实战演习，虽然它无法直接为大学毕业生提供工作岗位，但可以帮助大学生更顺利地找到自己满意的工作；同时，就业指导还告诉大学生不能只为就业而就业，而应该通过就业来成就事业，实现人生价值。因此，就业指导伴随着大学生就业成才的全过程，并对大学生自身能力的提升、性格的确定、心理的健全、知识的拓展等具有重要的指导作用。

在本书中，就业指导的主要目的包括：让大学毕业生了解当前的就业形势，熟悉就业政策和相关的法律法规，树立自己的择业观和就业观，形成良好的就业心态；掌握求职技巧，塑造自身形象，不断提升就业竞争力和主动适应社会的能力；在市场竞争日益加剧的环境下懂得把握机会，从而实现自己的人生价值和社会价值。书中就业指导方面的内容涉及如何提高就业力、就业心理调适、就业制度和政策、求职准备、面试技巧等，将帮助大学毕业生更好地适应从大学生到职业人的角色转换。

在内容的选择上，本书贯穿职前准备、就业择业、创业成才的职业发展主体，从人生职业生涯的相关概念到大学生的职业规划知识，从在校期间的各项素质准备到就业政策法规的解读，从应聘时应注意的策略到就业后应注意的问题等，都进行了系统的阐述。为了让学生阅读学习时方便高效，本书在编写模式上，在每一章的开头都安排有“本章导学”，用简洁的文字将全章的主要内容概括出来；每一章都有精彩的案例对理论部分进行论证和强化，让学生增加感性认识，更好地理解教材内容。本书通过一些可操作的自我测量方式，引导学生在各个阶段进行不同的自身定位和计划；附加适量的小材料加以佐证，以此扩大学生的视野，增强实践性和说服力。

运用本书可以深化对一些问题的认识，创造性地进行教学。有些章节可以学生自学讨论为主，教师点评引导；尽可能利用现代化教学手段引进生动实例，增进读者的直观理解，多采用研究式、讨论式教学方法；师生共同拓展课堂教学资源，以使教学资源更加丰富、生动，使教与学取得更好的效果。

编者在做了大量深入细致的调查研究、分析论证和实践访谈的基础上，精心编写和设计了这本集启发式、参与式、研讨式和案例式于一体的特色教材。内容上的地域无界性与情感习惯的可接近性增加了本书的亲切感，更易于被学生理解与接受。希望这本书能够成为教师长久传授职业生涯规划与就业创业教育的好帮手，成为大学生就业与创业实践的必读书。

本书的整体设计、框架纲目拟订、修改、统稿、定稿工作由张命春负责。编委李强、杨会新、卢道静、代晓明、代侣、李国芬、黄珍贵等人做了大量整理、校稿工作。本书的出版、修订得到了铜仁幼儿师范高等专科学校领导们的关心，他们在百忙中抽出时间对本书的编写大纲给予了悉心的指导和帮助，并提出许多宝贵的建议，在此一并表示感谢。

本书在编写过程中参考并汲取了有关著作和研究成果，并引用了其中一些内容作为本书的案例，在此谨向原作者表示诚挚的谢意。虽然编者在职业生涯规划和就业指导方面已经有了一定的积累，但这仍是一项探索性工作，书中难免存在不足之处，期待使用本书的老师和同学提出批评和建议，编者在日后教材修订中会把各方面的意见吸纳进来，努力为新时期大学生职业生涯规划与就业创业工作做出微薄的贡献。

编者

目录

CONTENTS

第一章　大学生职业生涯规划 ······ 1
第一节　职业生涯 ······ 2
第二节　职业生涯规划 ······ 6
第三节　高职学生职业生涯规划 ······ 14
第四节　师范生职业规划 ······ 17
第二章　自我认知与职业测验 ······ 25
第一节　自我认知 ······ 26
第二节　职业人格测验 ······ 28
第三节　职业兴趣测验 ······ 33
第四节　职业能力测验 ······ 39
第三章　职业分类与人才素质 ······ 43
第一节　全球产业结构调整变动总趋势 ······ 44
第二节　我国职业的发展变化和产业结构变化 ······ 46
第三节　职业资格与就业准入 ······ 48
第四节　职业对人才素质的要求 ······ 49
第四章　职业选择与心理调适 ······ 57
第一节　大学生职业选择 ······ 58
第二节　大学生就业心理调适 ······ 60
第五章　大学生职业生涯规划实施方案及评估修正 ······ 71
第一节　制订大学生生涯规划的实施方案 ······ 72
第二节　大学生职业生涯规划方案的评估与修正 ······ 76
第三节　大学生职业生涯规划现状与对策 ······ 79
第四节　大学生职业生涯规划实施方案应用举例 ······ 85
第六章　求职途径的掌握 ······ 93
第一节　就业信息的收集、筛选和处理 ······ 94
第二节　毕业生求职的主要途径 ······ 97
第三节　就业心得 ······ 99
第四节　师范生初涉职场 ······ 104
第七章　毕业生就业准备 ······ 113
第一节　大学生就业形势分析 ······ 114
第二节　人际交往准备 ······ 119

第三节　心理准备 …… 125
第四节　信息准备 …… 127
第五节　材料准备 …… 130
第八章　成功应对面试 …… 137
第一节　面试测评方式及面试官 …… 138
第二节　面试过程 …… 140
第三节　面试开始 …… 143
第四节　面试进行 …… 146
第五节　面试结束及感谢信的写法 …… 150
第六节　毕业生求职过程中应注意的问题 …… 154
第九章　就业程序与求职陷阱预防 …… 163
第一节　毕业生派遣与报到 …… 164
第二节　毕业生改派手续及档案 …… 166
第三节　毕业生办理暂缓就业 …… 167
第四节　毕业生就业协议书 …… 169
第五节　就业陷阱及其防范 …… 172
第十章　大学生就业权益 …… 181
第一节　大学生就业政策须知 …… 182
第二节　劳动合同 …… 190
第十一章　大学生创业准备 …… 207
第一节　创业与创业精神 …… 208
第二节　创业者的素质 …… 209
第三节　商业计划书 …… 216
第四节　创业风险的主要类型和防范 …… 221
参考文献 …… 230

第一章

大学生职业生涯规划

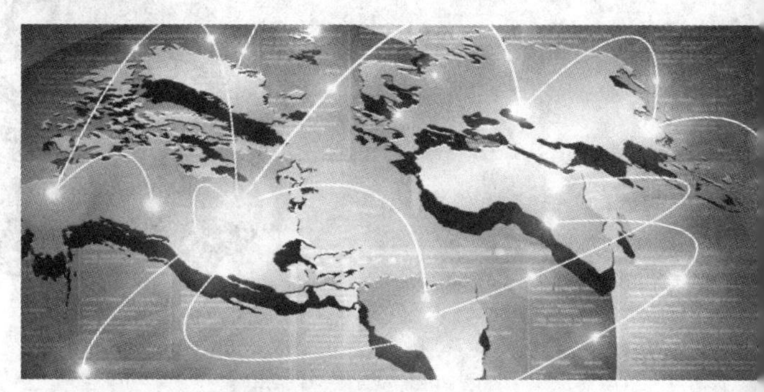

DAXUESHENG
ZHIYESHENG
YAGUIHUA

当代大学生必须充分利用大学时期的青春时光，认识自己、社会与职业，做好职业生涯规划。大学生的求学阶段是职业生涯的准备阶段，应该了解自我、分析自我、发展自我、规划自我。有了科学合理、符合自身特色的职业生涯规划，才会有明确的人生发展方向。

在职业生涯发展的道路上，重要的不是你现在所处的位置，而是你迈出下一步的方向。

——程社明

一次幸运并不可能带给一个人一辈子好运，人生还需要你自己来规划。

——杨澜

第一节 职业生涯

作为一名大学生，走在人生的转折道路上，内心难免有些慌乱，不知所措。面对未来，应该做些什么，应该怎样去做，是时刻困扰大学生的人生难题。大学生不应该把大学当作人生的避难所，只知道无休止地享受和索取。应该理性面对现实，面对自我，应该“学会学习，学会做人，学会做事”，不管未来的人生旅途多么艰难和危险，都应该勇敢地面对。

一、职业与职业生涯

职业是指一个人在社会生活中所从事的获取生活来源的工作。从个人角度出发，职业是指个人在生涯中扮演的一系列工作角色。

职业不仅是人们谋生的手段、为社会做贡献的岗位，而且是人们实现人生价值的舞台。职业对人生的作用是相互联系、密不可分的。谋生是基础，实现价值是追求，奉献是目的。

职业生涯，简单地说，就是个人职业的发展道路，包括就业的形态、工作的经历、职务的升迁以及与职业相关的活动等，指的是一个人从职业学习开始到职业劳动最终结束的过程。

在一个人有限的生命中，职业生涯往往占有绝对重要的位置。从走上就业岗位前的学习和教育到离职退休，职业生涯活动伴随着绝大部分人的大半生，也左右着一个人的生活质量和生命价值。因此，拥有成功的职业生涯才可能实现完美的职业人生。

二、职业生涯发展阶段理论

萨珀是职业生涯发展研究领域的权威人物。他把人的职业发展划分为五个阶段。

1. 成长阶段

0～14 岁是对职业从好奇、幻想到有兴趣、有意识地培养职业能力的逐步成长过程。萨珀将这一阶段具体分为三个成长期。

(1) 幻想期(10 岁之前)：儿童从外界感知到许多职业，对于自己觉得好玩和喜爱的职业充满幻想并进行模仿。

(2) 兴趣期(11～12 岁)：以兴趣为中心，理解、评价职业，开始作职业选择。

(3) 能力期(13～14 岁)：开始思考自身条件与喜爱的职业是否相符合，并有意识地进行能力培养。

2. 探索阶段

15～24 岁属于学习、打基础阶段，也可分为三个时期。

(1) 试验期(15～17 岁)：综合认识和考虑自己的兴趣、能力、机会，开始进行择业尝试。

(2) 过渡期(18～21 岁)：进入劳动力市场，或者进行专门的职业培训。

(3) 试验承诺期(22～24 岁)：选定工作领域，开始从事某种职业。

3. 建立阶段

25～44 岁为建立稳定职业阶段，可分为两个时期。

(1) 尝试期(25～30 岁)：对最初就业选定的职业不满意，再选择、变换职业，变换次数各人不等，也可能满意初选职业而无变换。

(2) 稳定期(31～44 岁)：最终确定职业，开始致力于稳定工作。

4. 维持阶段

在 45～64 岁这一段时间内，劳动者一般达到了常言所说的“功成名就”情景，已不再考虑变换职业，只力求维持已取得的成就和社会地位。

5. 衰退阶段

人在 65 岁以上，其健康状况和工作能力逐步衰退，即将退出工作，结束职业生涯。

在上述萨珀划分的职业生涯发展阶段中，每一阶段都有一些特定的发展任务需要完成，每一阶段均需达到一定的发展水准或成就水准，而且前一阶段发展任务的完成与否关系到后一阶段的发展。萨珀后来认为在人一生的生涯发展中，各个阶段都要面对成长、探索、建立、维持和衰退的问题，因而形成“成长—探索—建立—维持—衰退—成长”的循环。

大学一年级的新生，必须适应新的角色与学习环境，经过成长和探索阶段，一旦建立了较为固定的适应模式，同时维持了大学学习生活之后，又要开始面对另一阶段——准备求职，而原有的已经适应了的习惯会逐渐衰退，继而对新阶段的任务又要进行成长、探索、建立、维持与衰退的阶段，如此周而复始。

三、职业锚

职业锚是做职业生涯规划时另一个必须考虑的要素，指当一个人做出职业选择时最难以舍弃的选择因素，也就是一个人选择和发展一生的职业时所围绕的中心。职业锚有以下 8 种类型，如图 1-1 所示。

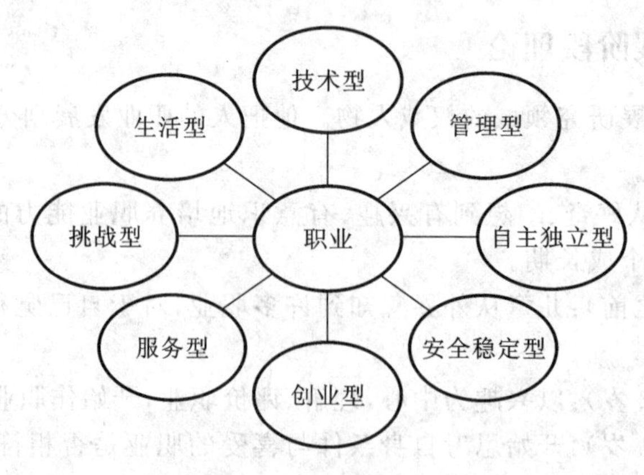

图 1-1　职业锚关系图

1. 技术型

技术型的人追求在技术领域的成长和技能的不断提高，以及应用这种技术的机会。他们对自己的认可来自他们的专业水平，他们喜欢面对专业领域的挑战。他们通常不喜欢从事一般的管理工作，因为这意味着他们不得不放弃在技术领域的成就。

2. 管理型

管理型的人追求并致力于工作晋升，倾心于全面管理、独立负责一个部分，可以跨部门整合其他人的努力成果。他们想去承担整体的责任，并将公司的成功与否看成是自己的工作。具体的技术工作仅仅被看作是通向更高、更全面管理层的必经之路。

3. 自主独立型

自主独立型的人希望随心所欲地安排自己的工作方式、工作习惯和生活方式，追求能施展个人能力的工作环境，最大限度地摆脱组织的限制和制约。他们宁愿放弃提升或工作发展机会，也不愿意放弃自由与独立。

4. 安全稳定型

安全稳定型的人追求工作中的安全与稳定感。他们因为能够预测到稳定的将来而感到放松。他们关心财务安全，如退休金和退休计划。稳定感包括诚实、忠诚，以及完成老板交代的工作。尽管有时他们可以被提升到一个高的职位，但他们并不关心具体的职位和具体的工作内容。

5. 创业型

创业型的人希望用自己的能力去创建一个属于自己的公司或创建一种完全属于自己的产品（或服务），而且敢于去冒风险，并克服面临的困难。他们想向社会证明公司是他们靠自己的努力创建的。他们可能正在别人的公司工作，但同时他们在学习并寻找机会，而且一旦时机成熟，他们便会辞职去创立自己的事业。

6. 服务型

服务型的人一直追求他们认可的核心价值，如帮助他人、改善人们的安全、通过新的产品消除疾病等。他们一直追寻着这种机会，这意味着即使调换公司，他们也不会接受不允许他们实现这种价值的变动或工作提升。

7. 挑战型

挑战型的人喜欢解决一些无法解决的问题，战胜强劲的对手，克服无法克服的困难等。对他们而言，参加工作的原因是工作允许他们去解决各种不可能解决的问题。他们需要新奇、变化和困难，如果事情非常容易解决，他们马上会变得非常厌倦。

8. 生活型

生活型的人希望将生活的各个主要方面整合为一个整体，喜欢平衡个人的、家庭的和职业的需要，因此，生活型的人需要一个有“足够弹性”的工作环境来实现这一目标。他们将成功定义得比职业成功更广泛。相比具体的工作环境、工作内容，生活型的人更关注自己如何生活、在哪里居住、如何处理家庭事情等。

四、职业锚的作用

有很多人也许一直都不知道自己的职业锚是什么，当他们不得不做出某种重大选择时，职业锚会揭示到底什么东西才是决定其职业取向的最关键因素。

对于大学生来说，职业锚理论在职业生涯规划和就业选择过程中也有非常积极的作用。

(1) 帮助认识自我。认识自我的方法有很多，如职业测试(本书下一章将会详细介绍)等。寻找并确定职业锚，实际上也是个人自我认知的过程——认识自己具有什么样的能力、才干，自己最需要的是什么，自己的职业价值观是什么，等等。

(2) 确定职业目标。大学生在进行职业生涯规划时，可以通过分析自己的职业锚来确定自己的职业方向，对自己今后的职业发展道路进行有针对性的设计和准备，并通过参加相应的培训、学习、实践为职业生涯的成功奠定基础。

(3) 选择毕业去向。大学生完成学业后会面临多种选择：继续深造还是直接就业？是在外资企业就业还是在国营大企业就业？是先求立足再求发展，还是先赚钱还债其余免谈？运用职业锚的理论和观点，大学生能够逐步明确自己最希望得到的东西是什么，从而确定自己在近段时期内的奋斗目标。

职业锚实际上是个人能力、动机、需要、价值观和态度等相互作用和逐步整合的结果。在实际工作中，通过不断审视自我，逐步明确个人的需要与价值观，明确自己擅长所在及今后发展的重点，最终在潜意识里找到自己长期稳定的职业定位——职业锚。

找到职业生涯的北斗星

随着大学连年扩招，大学生就业竞争愈演愈烈。就业的残酷让很多人都只能抱着“拣到篮里就是菜”的心态，盲目就业，频繁跳槽，进退维谷，浪费了大量时间和成本。所以，精确定位自己的职业锚就显得尤其重要。

【案例一】小张是一名学前教育专业的应届毕业生，一心想考幼儿教师的她，因为4分之差未能如愿。眼看毕业临近，同学们都陆续跟单位签约，看着不少同学转向其他领域就业，小张也有些心动，但是不喜欢也不善于与人打交道的她又不敢跨出这一步。小张比较喜欢公务员，但是从专业知识来说，她又缺乏竞争力。

【案例二】小刘是某所一般大学化学专业的硕士毕业生，生性活泼的她烦透了整天与化学试剂打交道。为了完成一个项目，她往往要在实验室里待上一两个月，很少与人交往，觉得自己几乎要与世隔绝了。她很想去做一些与人交流比较多的工作，但是又不知道应该往哪个方向发展。况且，毕竟自己学了那么长时间的化学，还真有点舍不得放弃。

许多大学生在找工作时往往是很盲目的，不知道自己想做什么、能做什么、适合做什么，没有一个准确的定位。所以，确定自己的职业锚，是踏上社会的一个重要的切入点。那么，如何确定自己的职业锚呢？

(1) 分析汇总自己的个人情况。个人情况包括自己的个性和能力两个方面。了解自己的个性有助于选择与自己个性匹配的职业，从而发挥自己的性格优势，比如细心、踏实，或者主动、果断、勇敢等。从能力上来说，分为两个方面：一方面是个性能力，比如记忆力、想象力、观察力、思维力、创造力以及组织协调能力、语言表达能力等；另一方面是专业技能，包括自己所学的专业知识、外语水平、计算机能力等与职业密切相关的技能。

(2) 搜集感兴趣的职业信息。搜集自己感兴趣的职业信息，一方面是职业的本身特点、所需能力、具体做哪些工作，以及待遇和发展前景；另一方面是职业所在的公司氛围、规模、行业内的优势等。再结合自己的个性和能力，寻求两者的切合点，选择适合自己的岗位。

(3) 了解自己的职业价值需求。职业价值往往是确定一个人职业满意度的关键所在，一般包括五个方面：个人对自己所从事职业的认同和自尊、个人对职业在社会价值中的肯定、个人在职业中得到成长、享受职业带来的成就感和满足感、取得良好的人际关系和人脉资源。

点评：要了解哪些价值是自己认为重要的，哪些是次要的，再结合自己感兴趣的职业和那些你认为重要的价值需求，进行职业定位。

第二节　职业生涯规划

如果把一个人的职业生涯比作人生中的一次旅行，那么出发之前最好先设定旅游线路，这样既不会错过期待已久的地方，也不会千辛万苦去你并不喜欢的景点。国外的孩子从幼儿园就开始接受职业生涯规划理念的教育，而国内的人士只有在职场中撞到南墙的时候，才对自己的职业发展产生疑问；许多人愿意花一个礼拜甚至一个月的时间去计划一次休假、一次旅行，却不愿意花少许时间去进行事关自己一生的职业生涯规划……

绝大部分学生认识职业生涯规划是从毕业后参加工作开始，因而缺乏在大学期间学习和生活的有效规划和实施，以至于很多大学生在大学期间都很迷茫，有的甚至连自己的专业方向及今后的就业方向都说不清楚，大学期间浑浑噩噩，得过且过，当就业时碰到种种挫折时方知恨晚。

在欧美国家，职业生涯规划教育从小学、中学到大学都普遍开展了。我国的职业生涯规划教育起步较晚，整体来说比较落后，这种状况造成了我国大学生在择业时存在盲目性。

一、职业生涯规划的概念

职业生涯规划是指结合自身条件和现实环境，确立自己的职业目标，选择职业道路，制订相应的培训、教育和工作计划，并按照职业生涯发展的阶段实施具体行动，从而达到实现目标的过程。它是个人与组织结合，在对一个人职业生涯的主客观条件进行测定、分析、总结的基础上，对自己的兴趣、爱好、能力、特点进行综合分析与权衡，结合时代特点，根据自己的职业倾向，确定最佳的职业奋斗目标，并为实现这一目标做出行之有效的安排的过程。职业生涯设计的目的绝不是帮助个人按照自己的资历条件找到一份合适的工作，而是帮助个人真正了解自己，为自己定下事业大计，筹划未来，根据主客观条件设计出合理且可行的职业生涯发展方向。职业生涯贯穿着人的一生，因此，对职业生涯进行规划，就是为自己的未来人生绘制理想的蓝图。

【小资料】

2006中国最具影响力的七大职业规划事件

No. 1：北京大学新生报到第一课——职业规划

北京大学新生报到第一课上的是职业规划，东华大学3 700名新生在军训前就先上职业规划课，复旦大学更是把生涯规划纳入思政教育体系，使其成为全校必修课。天津、浙江、武汉等一些高校也竞相效仿……2006年，更多的大学开始把职业规划作为大学教育的第一课。

上榜理由：高校对职业规划大开绿灯，让大学生从大一开始就合理科学地利用宝贵的大学生涯，为以后的职业发展服务，从而从源头上解决就业问题。名牌大学的这种举动也带来了极大的示范作用，对高校教育改革产生了不小的影响。

No. 2：中英职业规划大师首次对话

2006年英国职业生涯教育权威机构思克莱德大学Sampile教授应邀到上海进行访问并做精彩演讲，同相关专家及上海紧缺人才培训事务服务中心、上海市高校毕业生就业指导中心等官方机构进行首次对话，交流学术，共同研讨中国职业规划的现况与发展。10月，Sampile教授与她的团队重访中国，并与有关官方机构进一步探讨合作事宜。

上榜理由：中英两国职业规划大师首次对话，不仅具有非凡的学术意义，也预示着中国职业规划的专业水平开始与国际接轨，并开启了中外合作的大门，为以后的合作打下基础、开辟道路。英国的百年职业规划经验和先进理论将成为中国职业规划行业的一大财富。

No. 3：第一届中国大学生职业生涯规划设计大赛

随着第一届中国大学生职业生涯规划设计大赛的烽火燃起，全国各地掀起了如火如荼的赛事，广东、湖南、湖北、河南等省市纷纷举办大学生职业规划大赛。

上榜理由：首次举行的大学生职业生涯规划设计大赛就涉及了全国高校总数的37%，参加人数达12万之多，成为职业规划在中国的空前盛典。各种大小比赛吸引上百家媒体，将大学生职业规划推向一个新的高潮。

No. 4：IT行业流行职业规划

2006年国内IT专家聚首长沙，参加IT职业规划论坛，探讨IT与职业规划的关系。另一方面，慧识达教育签约北大青鸟培训专业职业规划师，诸多IT教育机构纷纷联合职业规划专业机构在IT培训过程中给学员进行职业规划培训及辅导，很多IT培训中心也纷纷聘请职业规划专家为学员进行职业设计。

上榜理由：IT行业目前已成为吸纳人才的朝阳行业，工程师这几年都是香饽饽，IT行业也创造了许多的奇迹和神话，这个行业对职业规划的呼唤不仅推动了职业规划的发展，而且具有强烈的象征意义。

No. 5:职业规划测评软件大行其道

面对大量的职场“盲人”,各大网站马上迎合市场,纷纷推出职业规划测评软件。个性测评、职业能力测评,甚至薪水测评的软件都很受大家欢迎,成为网络上又一大热点。

上榜理由:各式测评软件之多,范围之广,测评者之多,创历史之最。许多人在其中找到了一个答案,虽然不一定正确,但至少可以定个方向。

No. 6:清华大学硕士自杀

2006 年清华大学某硕士生从泉州跳楼自杀,震惊全国。遗书显示,该硕士生因毕业求职不理想,忧郁成疾,受过医院的心理医生专门治疗,但回家休养时还是选择了自杀。

上榜理由:与北京大学毕业生卖肉、摆地摊一样,这事件对社会产生了极大的震撼,让人们明白,缺失职业规划将可能造成什么样的后果与灾难。

No. 7:企业给员工做职业规划

2006 年浙江省烟草公司绍兴分公司为员工做职业规划。

上榜理由:一家企业能够给员工进行职业规划,体现了国内企业人力资源管理上的极大飞跃和创新,为企业人力资源管理提供了良好的范本,可谓首开先河。事件的象征意义远远大于实际意义。

——摘自向阳生涯,2006 年 12 月 30 日。

二、职业生涯规划的出发点

职业生涯规划关键就是要解决干什么、何处干、怎么干、以什么样的心态干的问题,可以概括为“四定”——定向、定点、定位、定心。

(1) 定向。通常职业方向由本人所学的专业确定。但现实中很多人毕业后,并不能完全按照自己所学的专业来选择工作,有的甚至与原专业风马牛不相及。学非所用、用非所学、专业不对口的情况比比皆是,已不足为怪。在这种情况下,就需要认真考虑选择适合自己的职业岗位。有时为了就业,甚至要强制自己去适合并不喜欢的岗位,只要这种职业是社会紧缺的、急需的或有发展前景的。有些学子在学校里读了双学位,拿了几种职业等级证书,就业时就比别人多了一些机会。

(2) 定点。就是确定职业发展的地点。地点也是现实环境的一个因素。各地的经济发展现状和前景都有不同,甚至差异很大,比如中心城市和边远山区、沿海一带和西部地区。近几年的调查研究显示,绝大多数大学生选择就业地点时只盯着经济发达地区,但这些地区竞争激烈、人满为患不说,外地生源还要面临环境、观念、语言、文化等差异带来的困难,而且发展晋升的空间与机会并不见得比去发展中地区更好。这也是大学生就业时要慎重考虑的。如果一开始选准方向,就可以在一个地方,围绕一个职业长期稳定发展,对自己的资历和经验都会有帮助和促进作用。频繁更换地点,今天在这,明天到那,对职业生涯成长肯定弊多利少。

(3) 定位。择业前要对自己的水平、能力、薪资期望、心理承受度等进行全面分析,做出较准确的定位。不可悲观,把自己定位过低,但也不要高估自己,导致期望值过高,一旦不能如愿,失望也就越大。刚毕业就被知名大公司选中,而且薪资福利不薄,当然是你的幸运。如果没有遇上这种好机会,也无须气馁。不要过分在意公司的名气、薪资的高低,只要这家公司、专业岗位适合你,是你所向往和追求的,就应该去试一试,争取录用机会。从基层做起、从基础做起,逐步积累经验，循序渐进，谋求发展的思想理念，可能对你的一生都会有好处。

(4) 定心。就是稳定自己的心态。心神不定，朝三暮四，怎样才能准确地定向、定点、定位？切记，无论做什么，都需要先定心。人的一生必然会高低起伏，成功与挫折总是结伴而行，个人的职业生涯也不例外。在实现职业理想与目标的过程中，难免也会有磕磕碰碰或意想不到的困难。对大学生来说，就要保持一种平常心态，敢于直视就业过程中的困难和问题，不以物喜，不以己悲，始终坚定信念，按照自己的正确规划去实现理想。

缺乏职业规划让求职路更难

2014年全国高校毕业生规模达727万人，比2013年多出28万人，或迎来"更难就业年"。面对如此严峻的就业形势，本报推出"求职季"系列报道，分析大学生在找工作中遇到的难题，解答他们的疑惑，通过采访专家和职场成功人士给他们专业的建议。

快毕业了却不想从事本专业工作，甚至不知道自己能干什么，或者频繁跳槽……不少求职者感慨："找工作真难！"记者调查发现不少学生缺乏职业规划让找工作变得更难。

山东理工大学化学工程学院的小潘，今年7月毕业。"学了三年的化学专业，直到快毕业了才意识到不想从事本专业的工作。"在接受记者采访时，小潘刚找了一份销售类的工作。

"年前学校的招聘会，我只是去看了看，也不知道自己能干什么工作，我有一个朋友是做销售的，他跟我讲销售的提成基本在30%以上，实在是太诱人了，我就投简历去他们单位了。"小潘跟着业务员也跑了一段时间了，但销售工作并没有他想象的那么简单。

"我最近跑的是贷款这一块，但很多专业术语不懂，跟客户交流起来很有压力，我觉得没有之前想的那么容易，客户的具体信息，还有一堆数据，看得我头都大了。"小潘说着说着就感叹起来，"真是应该选择自己喜欢或者擅长的，可自己喜欢做什么自己也不清楚。"

很多单位不看好"酱油族"

跨专业就业在当今职场已不是新鲜事了。太平洋保险在线服务科技有限公司山东分公司人力资源部负责人告诉记者："我们今年招聘的电子商务员，不限专业，就是想吸纳更多有意愿从事这份工作的年轻人。我们前期会举办培训班，帮助大家对未来从事的职业有一个更清楚的认识，进而培养职业兴趣。"

但也有很多单位对于没有明确职业规划的"酱油族"并不看好。"我们欢迎年轻人去做富有挑战性的工作，但从企业和应聘者的角度讲，我们并不赞成这种无规划的行为，随便找个工作先干着，既不利于个人前途发展，也不利于创造公司效益。我们更喜欢招聘一些对应聘岗位有一定了解，能够踏踏实实干得长久的人。"一家地产代理公司负责招聘的工作人员说。

"80%的毕业生不知道要干什么，我们总部在招聘时，就会进行50%的淘汰。"一家企业招聘负责人王女士说："公司还有试工期，会与新员工交流，看是否符合工作岗位。"

"骑驴找马"屡见不鲜

"骑驴找马"在当今的招聘现场中屡见不鲜，不少求职者存在着"吃着碗里看着锅里"的心理。

山东新讯网络科技有限公司的人事助理王女士告诉记者："很多毕业生缺乏对自己职业的规划，所以不确定自己想找一份什么样的工作。好工作需要经验他们又不符合条件，一般的工作他们又看不上。不少求职者反问我们，'认为他可以做什么？'"没有职业规划确实给择业带来很大困难，应聘者愁，招聘者也愁。王女士建议广大求职者："一定要有职业规划，综合自身因素，不要丢了‘驴’也没找到‘马’。”

职业分析师认为：“学校需要加大指导力度，学生自身更应该提高规划意识。择业要考虑多方面因素，但一定要明确三个问题：喜欢干什么？现在能干什么？能干好什么？不要盲目跟风，一切向钱看齐，生存和发展都是不可忽略的问题。”

（来源：http://news.hexun.com/2014-02-26/162520660.html）

三、职业生涯规划的类型

职业生涯规划的类型，一般是按照规划的时间度进行划分的，包括短期规划、中期规划、长期规划和人生规划四种。

短期规划指2年以内的职业生涯规划。规划目的主要是确定近期目标，制订近期应完成任务的计划。

中期规划指2～5年内的职业生涯规划。这是最常用的一种职业生涯规划。

长期规划指5～10年内的职业生涯规划。规划目的是设定较长远的目标。

人生规划指对整个职业生涯的规划，时间跨度可达40年左右。规划的目标是确定整个人生的发展目标。

在实际操作过程中，规划的时间年限如果太长，会因为个人和环境的变化而难以准确把握；如果太短，规划的意义和作用又难以完整体现。因此，比较理想的职业生涯规划是中期规划，其次是长期规划，既便于根据实际情况设定可行目标，又便于随时根据现实的反馈进行修正和调整。

1984年，在东京国际马拉松邀请赛中，名不见经传的日本选手山田本一出人意外地夺得了世界冠军。当记者问他凭什么取得如此惊人的成绩时，他说了这么一句话：“用智慧战胜对手。”当时许多人都认为这个偶然跑到前面的矮个子选手是在故弄玄虚。

马拉松赛是体力和耐力的运动，只要身体素质好又有耐性就有望夺冠，爆发力和速度都还在其次，说用智慧取胜确实有点勉强。2年后，意大利国际马拉松邀请赛在意大利北部城市米兰举行，山田本一代表日本参加比赛。这一次，他又获得了世界冠军。记者又请他谈经验。山田不善言谈，回答的仍是上次那句话：“用智慧战胜对手。”这回记者在报纸上没再挖苦他，但对他所谓的智慧迷惑不解。

10年后，这个谜终于被解开了，他在他的自传中是这么说的：“每次比赛之前，我都要乘车把比赛的线路仔细地看一遍，并把沿途醒目的标志画下来，比如第一个标志是银行，第二个标志是一棵大树，第三个标志是一座红房子……这样一直画到赛程的终点。

“比赛开始后，我就以百米的速度奋力地向第一个目标冲去，等到第一个目标后，我又以同样的速度向第二个目标冲去。40多公里的赛程，就被我分解成这么几个小目标轻松地跑完了。起初，我并不懂这样的道理，我把我的目标定在40公里外终点线上的那面旗帜上，结果我跑到十几公里时就疲惫不堪了，我被前面那段遥远的路程给吓倒了。”

点评：现实生活中，我们做事之所以会半途而废，这其中的原因，往往不是因为目标难度较大，而是觉得成功离我们较远。所以，我们制定目标的时候，应该把我们的职业生涯的最终目标分解成一个个阶段性的目标，这样的话，只要我们坚持下去，我们的职业生涯的总目标就一定能够实现。

【小资料】

《谋生》作者——王志纲谈人生：思路决定出路

思路决定成败，我的职业生涯规划是基于对自己的认识，从大学毕业一开始我就确定，我这辈子不当官，也不适合经商。看到那些退休的人无所事事，我就想 60 岁以后我要做什么，于是倒推来规划自己的人生，读万卷书，行万里路，还要历万端事。因此，我有了我之后的选择——学者、记者、电视人、策划人、社会评论家……寻找适合自己的道路。

不去规划人生，就会被人生规划。有很多人是脚踩西瓜皮，滑到哪里算哪里；也有很多人是走一步看一步，走了几十年发现自己好像还是在原地兜圈子。

人生需要舞台，而能创造舞台者凤毛麟角，多数人得借助舞台。小人物需要大舞台来提升，小舞台需要大人物来支撑。大多数人都需要借助别人的舞台来唱戏，如何能够在别人的舞台上唱好戏也是一门很大的学问。我总结了这么三句话：让别人接受你，让别人喜欢你，让别人离不开你。

一个人要成功，不管你是才高八斗还是学富五车，在与人打交道的时候都要经历这么三个阶段：接受你你才有机会展示自己的才华，喜欢你才会把更多的机会和更重要的事情交给你，最后因为你有了核心的能力，人家才会离不开你，这时候你的舞台就会广阔了。

我们躬逢其盛，有幸身处中国数千年未遇之变局，时代给我们提供了按照自己的意愿尝试各种可能的机会。这极大地丰富了我们的人生，使我们活这一辈子相当于我们父辈的几辈子。

不少同学即将跨出校门，面对外部世界心中却一片茫然，不知要向何处去；许多刚刚毕业的大学生，他们要么是盲目自大，频繁跳槽，处处碰壁，要么是自卑恐惧，与社会格格不入；而不少在社会上闯荡多年，已经不再年轻的人，其实也一直是在并不适合自己的人生道路上奔忙，苦苦挣扎却不知所以；更多的人往往是随波逐流，不知不觉中老之将至，人生困厄，何言幸福？

人生是一场博弈，你不去规划人生，人生就要来规划你。如果说过去人们面对的是一种因匮乏和限制而无法选择的痛苦，那么今天人们遭遇的则是因为丰富和诱惑而难以抉择的茫然。一个人的迷茫是一个人的痛苦，而一个群体乃至一代人的迷茫则是一种社会危机。如何在有限的生命中最大限度地释放自我，过得幸福而充实，不走或少走弯路；面对诸多选择，如何把握大势、顺应规律，主动地规划人生之路，而不是被动地让命运牵着走，则成了当今人们绕不开的一个命题。

四、职业规划的特点

职业规划不是为了追求社会赞许，也不是为了追求所谓的成功，而是为了构建有意义和有价值的生活方式，它有以下几大特点。

(1) 连续性和阶段性的统一。职业规划是人一生的过程，不可能一次完成。人的一生除了应有总的宏观规划之外，还应该有不同时期、不同阶段的具体规划，并根据主客体条件的变化进行动态的调整。国外有些专家将人生发展确定为成长、探索、建立、维持和衰退五个阶段，每个阶段的任务各不相同。比如探索期（15～24 岁），建立个人生活方式，确立人生理想目标，学会与人交往和竞争，选择适合自己生存发展的职业，并创造实现自身价值的条件。

(2) 适时性。职业规划是分析现在并谋划未来的行动，确定将来的目标何时实施、何时完成，都应有时间和程序上的妥善安排，并以此作为检查行动的依据。

(3) 综合性。职业规划是在深入分析自己的兴趣爱好、人格特征等个体因素基础上综合考虑社会环境、家庭环境、行业环境等外部因素，并努力寻找个人因素和外在条件的最佳交集而进行的一项综合性活动。

(4) 个性化。个人职业规划书，虽然有基本的制作模式，但是，不同的人在相同要素上的侧重点是完全不同的。因为职业规划不是社会或学校强加在个人身上的实施方案，而是当事人在内心动力的驱使下，结合社会职业的要求和社会发展的需要，依据现实条件和机会所制订的个人化的实施方案。一份成功的职业生涯规划书，只对被制订者本人适用。

五、职业生涯规划步骤与文案的内容

职业生涯规划在我国兴起的时间不长，很多人没有真正接触过职业生涯规划，即使想做规划也不知道该如何进行。其实，职业生涯规划是可以遵循一定的步骤和内容来操作的。

(一) 职业生涯规划步骤

根据职业生涯发展领域专家的观点，一个完整有效的职业生涯规划应包括自我评估、外部环境分析、目标确立、策略实施和反馈修正等五个环节，如图 1-2 所示。

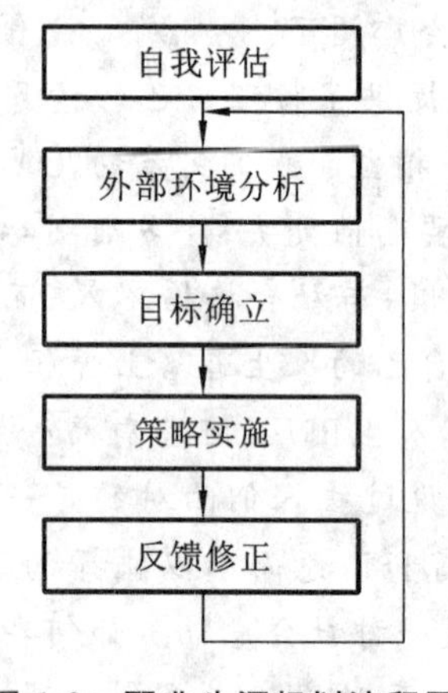

图 1-2　职业生涯规划流程图

1. 自我评估

毕业生在职业生涯规划之前，首先应从职业需求的角度去进行自我认识与自我评价，做到知己：学什么专业、有什么兴趣爱好、性格特征如何、职业能力如何、有无创新精神、有无吃苦耐劳的意识、身体状况与学习基础如何等。明确自己喜欢什么、能够做什么、现在做什么，对现在的我有一个比较深刻的了解。

除了了解现在的我，还应预测明天的我。这种预测，不是想当然，而是建立在现实的基础上，结合就业环境、社会发展需求对自我的再分析，确定自己的人生坐标。如数控技术专业的学生加强技能训练，毕业初始(现在的我)，做一个数控方面的技术人员还是可以的。几年至上十年以后(明天的我)，随着社会对数控人才的需求，尤其是对高级数控管理人才的需求增大，通过自身的不断努力，做一个高级数控管理人员，如车间主任、部门经理还是很有可能的。

2. 外部环境分析

外部环境分析，是指大学生在职业生涯规划前，对就业环境与社会需求趋势的分析，是学生职业生涯规划知彼的过程。

个人所处的家庭环境及所在地区的就业环境、社会对人才的需求趋势，往往制约着职业理想的实现，影响着学生职业生涯规划。家庭条件较差的学生，想升学进一步提升自己，受家庭经济条件的制约，一般只好先就业后升学。20 世纪八九十年代，刚改革开放，沿海地带急需大批量初级工人，只要有一个初中毕业证，就很好找工作。随着改革开放的深入，从“发展观”到“科学发展观"，从"中国制造"到"中国创造"，从"文凭"到"水平"，中国发展越来越需要的是创新型人才、高级技术人才，需要的是能真正解决实际问题的人，初中毕业生很难找工作，大学生就业存在难题，持有多种技能证书的人才倍受欢迎。大学生要想真正使自己的职业生涯永放光芒，就必须与时俱进，不断学习，弥补差距，敢于创新，适应环境。

3. 目标确立

确定目标是职业生涯规划的核心，目标确定得准确与不准确，直接影响着学生职业生涯的发展。没有职业目标，就不能主宰自己；目标太低，人生则没有拼劲，会平淡如水。哈佛大学教授做的关于目标对人生影响的跟踪调查，早已说明了这个问题。只有确定了适合自己的职业目标，才能激发个人的潜能，精神抖擞地迎接未来。

确定职业目标的宗旨可以是为祖国、为人民。如"杂交水稻之父"袁隆平，经过40多年的不懈努力，取得了令世界瞩目的骄人成果。他确定职业目标的宗旨就是解决人民的吃饭问题，是为祖国，为人民。确定职业目标的宗旨也可以是为家人、为自己、为社会。如大学生找工作，一方面是为实现自己的职业理想，解决自己的吃饭、穿衣等基本问题，减轻家人负担；另一方面也是在为社会做贡献。

确定职业目标的依据有两个，一个是知己，另一个是知彼。通过对知己、知彼的分析，才会正确确定职业目标。

4. 策略实施

职业目标的实现并不是一步到位的事情，而是具有阶段性的，因此可将职业目标分为远期职业目标与阶段性职业目标。

首先，根据自我认识与自我评价，根据环境分析，从发展的角度定位，确定自己的远期职业目标。

其次，根据远期职业目标和个人的实际情况，考虑职场环境变化因素，确定阶段性职业目标。阶段性职业目标应该是远期目标的重要组成部分，应该与远期目标保持高度一致，应该是一个经过努力能够达到的、可望而又可及的具体目标。

5. 反馈修正

为使职业生涯规划行之有效，需要结合实际情况不断对职业生涯规划的内容进行评估与修正。反馈修正的主要内容包括职业方向的重新选择、各阶段目标的修正、实施策略与计划变更，等等。

(二) 职业生涯规划文案的内容

职业生涯规划是对个人职业发展道路进行选择和设计的过程，规划的内容和结果应该在规划过程中及规划后形成文字性的方案，以便理顺规划的思路，提供操作指引，随时评估与修正。结合有关专家学者的观点和建议，我们认为，一个完整有效的职业生涯规划文案应该包括以下八项内容。

(1) 标题。包括姓名、规划年限、年龄跨度、起止时间。规划年限不分长短，可以是半年、三年、五年，甚至是二十年，视个人具体情况而定。

(2) 目标确定。确立职业方向、阶段性职业目标和总体目标。职业方向即从业方向，是对职业的选择；阶段性职业目标是职业规划中每个时间段的目标；总体目标即当前可预见的最长远目标，也是在特定规划中的终极目标。在确定总体目标时，如果能适当地看得远些，将目标定得高点，则有助于最大限度地激发规划者的潜能。

(3) 个人分析结果。包括对自己目前状况的分析和对自己将来的基本展望，同时也包括对自己职业生涯有一定影响的角色建议。

(4) 社会环境分析结果。指对政治、经济、文化、法律和职业环境等社会外部环境的分析。

(5) 组织(企业)分析结果。主要是对职业、行业与用人单位的分析，包括对用人单位制度、背景、文化、产品或服务、发展领域等的分析。

(6) 目标分解与目标组合。分析制定、实现目标的主要影响因素，通过目标分解和目标组合的方法做出果断、明确的目标选择。目标分解是根据观念、知识、能力、心理素质等方面的差距，将职业生涯的远大目标分解为有一定时间规定的阶段性职业目标；目标组合是将若干阶段性目标按照内在的相互关系结合起来，达成更为有利的可操作目标。

(7) 实施方案。首先找出自身的观念、知识、能力、心理素质等因素与实现目标要求之间的差距，然后制订具体方案逐步缩小差距从而实现各阶段目标。

(8) 评估标准。设定衡量规划是否成功的标准；明确如果在实施过程中，无法达到制订的目标或要求应当如何修正和调整。

在一次大型招聘会上，毕业于某职业技术学院的赵勇，向西藏某建筑公司申请了一个土木建筑的岗位。赵勇学的是建筑，大学成绩很优秀，在班上是班长，在学校是宣传部长，专业对口，工作能力强，工作五六年了，有实际工作经验，按理说用人单位应该非常乐意接收。但是赵勇毕业五六年，根本没有设立自己的职业理想，根本没有对自己的职业生涯去进行规划，而是哪门工作好找，哪门工作好挣钱，就干哪门。先后从事过医药销售、乐百氏营销、开办二手车专卖店等七八项工作，就是没有从事过老本行——建筑业的经历。招聘公司看后，只能为之惋惜。

点评：赵勇事例说明了很多大学生就业的盲目性会给自己带来危害。大学生就业缺乏职业生涯规划，随波逐流、随心所欲地找工作是不可取的。当今大学生应走出这一职业怪圈，充分利用高校毕业生就业制度改革东风，做好职业生涯规划，双向选择到最适合自己的工作，展示自己的平台，实现人生的价值。

第三节　高职学生职业生涯规划

随着高等职业教育近年来的迅猛发展，大批职业技术院校如雨后春笋般涌现，已成为高等教育的半壁江山。而高职院校的扩招直接造成每年的高职毕业生数量大幅度上升。今后，数量日趋庞大的高职大学生，将同普通高校的本科生和研究生一起面对竞争越来越激烈的就业市场。

一、高职毕业生职业生涯规划的必要性

1. 进行职业生涯规划是毕业生自身发展的需要

职业生涯规划是一个系统工程，主要取决于两个方面：一是社会发展的客观需要，即社会职业现实的需要；二是毕业生自身发展的内在需要，即高职毕业生根据内在发展需要进行职业生

涯规划。可以通过对个人的分析，更加认识自己，了解自己，评估自己，解读自己的职业性格，找出差距，明确奋斗方向，少走弯路，避免漫无目标、四处飘浮的现象，以创建美好未来。还可以在知己知彼的基础上，运用科学的发展观与方法论，采取切实可行的职业生涯措施，找准符合自己特点而又合理、可行的职业生涯发展方向，克服职业生涯发展中的困难，吸取成功毕业生的经验，珍惜机会，提早准备，实现职业目标。

2. 进行职业生涯规划是高职院校毕业生就业制度改革与发展的需要

随着社会主义市场经济体制的进一步建立与完善，毕业生就业制度改革与发展，“大学生就业难，找到理想的工作更难”越来越成为人们的家常话。大学生未步入社会，就已备尝生活的艰辛。有位大学生不无沮丧地说：“至少要发出 20 份简历才能找到一份工作，还不一定十分满意。”面对如此激烈的竞争求职市场，我们当今的毕业生，如果不审时度势，看清市场需求，如果不认真规划自己的职业生涯，不努力提高自身的综合素质，弥补自身缺陷，树立新的就业观念，到毕业之时则会茫然，难于就业，难于适应时代发展的需要，更难于实现人生的价值。

3. 进行职业生涯规划是社会进步和职业发展变化的需要

我国加入 WTO、确定科学发展观，标志着我国经济发展、技术的进步和教育的普及，也使得社会就业的门槛越来越高。在一些经济发达的国家里，即使务农，也需要职业资格，需要持有经过专业学习和专门技能训练的证书。

21 世纪，我国经济的迅猛突起，产业结构大力调整，机器自动化生产代替了手工生产，各行各业的从业人员减少，下岗裁员的企事业单位越来越多，加剧了劳动力就业的新矛盾，当下我国急需一大批中高级创新型的现代技术人才、复合型人才。广闻博记、博览群书、专业知识过硬、能利用多学科知识解决复杂问题的高素质人才将在人才市场上备受青睐；技能单一、知识陈旧、心理脆弱、目光短浅、不求进步的低素质人员将随着社会的进步和职业的发展被淘汰。

【小资料】

高职大学生就业时专业不对口怎么办？

高职大学生在毕业就业时，能根据自己的兴趣，能够专业对口，使自己的职业生涯处于最佳状态，当然是最好不过的事。

但专业不对口，或不是很对口，已是许多高职大学生必须面对的问题。据有关资料显示，不管是主动的还是被动的，至少有 50%的毕业生未从事专业对口的工作。

专业不对口，是自己愿意的，那就认真做好本职工作，在自己的本职工作中干出点成绩来，那也是一件很愉快的事，也很好。

如果专业不对口，自己又想专业对口，那就得认真分析分析了。如果工作与自己的专业不对口，但自己对现在的职业还是很有兴趣，或能够培养出兴趣来，自己仍有发展空间，有前途，那么专业不对口也没有什么问题，没有必要强求专业对口。

如果就业与自己的专业不对口，自己确实没兴趣，也培养不出兴趣来，那就得静下心来认真分析一下自己，分析自己的能力、爱好、特长、性格、气质等，再次给自己一个恰当的认知与定位，想清楚自己到底想干什么，能干什么，最后干什么。要找好工作再跳槽，千万不要盲从与冲动。

案例分析

毕业于贵州某学校学前教育专业的杨玉琳，被推荐到遵义某民办幼儿园当教师。五年多的时间里，杨玉琳年年被评为先进个人，被破格提升为副园长。

杨玉琳的职业为何发展得这样快，在如此短的时间内有如此骄人的成绩，原因在于入校之时，她就与众不同地规划了自己的职业生涯，树立了自己的职业理想，所选专业是自己最热爱的专业，又是当时最热门的专业。她潜心学习、遵章守纪，认真学习专业知识和技能，尤其养成良好的行为习惯、职业道德修养，每期成绩都在年级前三名，颇受领导、老师器重。大学期间，她先后担任班长、团委组织部部长、学生会副主席。进入幼儿园后工作时总是兢兢业业，充满笑容，工作主动，深得领导、同事的好评。有一次幼儿园领导暗中考察她，找出了她的一个错误，将她贬到后勤，搞卫生、擦地板。三个月的劳动锻炼，杨玉琳无怨无悔，仍然是兢兢业业，笑意盈盈，不久就晋升为副园长。杨玉琳并没有就此满足，她正沿着自己的职业规划，向着更高的目标挺进。

点评：杨玉琳案例告诉我们，进入大学校园应树立职业理想，进行职业生涯规划。这样，才会更加珍惜生活，认真学习，扎实练好基本功，才能经得起挫折，经得住时间的考验，成功实现职业目标。

二、高职大学生职业生涯规划案例与分析

下面是某职业学院计算机专业一年级学生所做的未来十年内的职业生涯设计。

我是一名计算机网络技术专业的高职大学生，面对当今竞争日益激烈的社会，想要获得优越的物质生活，就要有良好的资质证明自己的实力，只有这样，才能在社会找到自己的立足点，找到自己的发展空间，否则，将会被社会无情地淘汰。社会需要各级各类人才，学历只是发展职业的一个条件，社会同样需要懂技术、动手能力强的人才，这就给予高职大学生更多的机会，因为实际操作和技术应用是我们区别其他普通本科高校学生的优势之一。机会是平等的，但机会终究有限。我相信，机遇总是垂青那些有准备的人的，因此，我制订了自己的十年发展计划。

第一年，适应大学生活，熟悉大学环境，努力学习好各门功课，尤其是计算机和英语课。考取全国计算机等级考试一级证书，争取通过英语应用能力 B 级考试。本学年争取拿到奖学金。暑假考取机动车辆驾驶执照。

第二年，集中精力搞好专业课学习。获得全国计算机等级考试二级证书，通过英语应用能力 A 级考试，获得英语口语证书。假期跟老师去企业实践，提高专业技能。

第三年，为就业做准备。获得计算机高级网络管理员职业资格证书。以就业为主要目标，同时准备升本或学一门专业，如软件设计等。

第四年，如考上本科，继续学习。如果没有，一边学另一门专业，一边找工作。

第五年，稳定工作。重点干好本职工作，在业余时间继续学习，获得本科学历。在业余时间还想开个网店。

第六年，积累更多的工作经验，并有一定的收入积累。搜集资金投入方面的信息，做投资准备。

第七至九年，争取工作上获得提升，为获得更好的职业发展而继续学习深造并积累工作经验。

第十年，在资金允许的情况下自己创办企业，寻求更大发展。

点评：这份职业生涯规划首先对自己的专业进行定位，以年度为单位列出每年的奋斗目标，重点放在大学期间职业能力的准备上，重视专业资格证书，学习目标明确；大学期间的目标和求职目标较为清晰，长远目标较为概括，符合长远目标的发展规律。

第四节 师范生职业规划

近年来，国家和学校纷纷出台相关的政策措施加强职业发展指导教育，强化大学生职业生涯规划的意识，但不少学生对生涯规划的重要意义仍然认识不足，将规划流于形式，导致了职业生涯规划应有的作用不能充分发挥。实际上，大学生的职业生涯规划活动，无论是对个人还是社会都具有十分重要的意义。

一、师范生职业规划的含义与特征

所谓师范生，是大学生的一类，所修专业属于教育方向，将来的就业目标比较明确，即到各级各类学校或教育机构从事教育工作，是未来教师的预备者。当今的师范生已不仅限于师范院校，其他非师范院校相关专业毕业生通过修学规定科目并通过考试达到要求的也可成为师范生，而师范生也不一定要以当老师为最终职业。

（一）师范生职业规划的含义

所谓师范生职业规划，是指师范生根据将来所从事的教育工作特征和自身情况，结合眼前的机遇及学习生活环境等制约因素，为自己确立职业目标，规划职业道路，确定教育、培训学习规划。

（1）在校学习规划。在职业准备阶段，即专业学习阶段，根据自己知识及能力的优势和劣势，确定学习目标，选择训练重点，规划各学科应完成的学业任务。

（2）工作初期规划。一般涉及3年以内的教育职业任务，包括从双向选择到上岗见习期，再到工作适应期，是实现角色转型的不可或缺的规划。

（3）工作中期规划。即3～10年的职业规划，主要设定较长远的目标，以及为实现此目标应采取的具体措施。

（4）人生规划。这是整个职业生涯的规划，时间长达30～40年，涉及整个人生的发展目标和不同的发展阶段。

从字面上看，师范生职业生涯规划从短期到中期直至整个人生，如同上台阶，都需要步步发展，但在实际操作中，跨度时间太长的规划由于环境和个人自身的变化难以把握，所以，一般来说，大多数师范生应将重点放在前面两种规划上。同时，职业规划又是一个动态的过程，可根据自身实际情况及现实环境的反馈信息及时进行修正和调整。

（二）师范生职业规划的特征

师范生职业规划因其独有的学业特点和职业定位，因而还具有下列特性。

1. 既定性与选择性兼备

从入校之日起，其人生职业的定位就已经相对确定了，即将来要从事教育工作并努力使自己成为一名合格的教师。正因为如此，在校生要树立牢固的专业思想，逐渐培养自己的职业素养和职业自豪感，树立热爱自己将来所从事的职业并为此奋斗终生的信念，这是师范生学好基础知识、锻炼业务技能、迎接未来挑战的动力源泉。师范生的职业指向是既定的，不像一般大学生那样在职业选择上较为宽泛和自由。但是，师范生对自己未来的工作岗位仍是可选择的，不同的学生可依据自己的兴趣爱好、家庭情况、个性特点、能力特长等因素选择不同地域、不同类别、不同层次的教育机构，还可以依据自身情况规划自己上岗前的学业重点和上岗后的发展方向。

2. 共性化与个性化相融

众所周知，人的发展内因起主要作用，因此个人职业规划必须由自己来主导。由于每个人的成长环境、人文背景、个性特征、才干能力、职业目标等不尽相同，每个人的职业规划也不相同所以个人的职业规划自然应是个性化的发展蓝图。但是，作为未来教师这一特定群体，在学识水平、专业技能、身心素质及行为习惯等许多方面又必须达到相对一致的标准，即符合教师这一职业所应具备的全方位要求，所以师范生在进行职业规划时就必须考虑共性化内容，做到个性色彩与共性要求相结合。

3. 职前规划与职后规划并重

职后工作和生活的预期与设计，关系到自己职业生涯相当长的一段路程，关系到选择人生道路，实现人生价值的效率与结果，并且进行职后规划能为职前的准备阶段树立一个看得见的目标，有利于职前各项规划的落实。很多同学可能以为职业规划主要就是职后规划，这种想法有失偏颇。与一般大学生不同的是，师范生自我完善、自我定位的任务更重要，所以必须重点设计好学业阶段的路程，从而更有效地完成学业任务，做到在身心健康、知识积累和能力培养等方面全方位进步与成熟。从这个意义上讲，师范生很需要职前规划，要将职前规划与职后规划放在同等重要的地位来看待。

二、师范生职业规划的意义

(一) 职业生涯需要规划

发挥特长，定位自我

某幼儿师范学校2007级学生小A，一进校就立志将来要做一名成功的幼儿教育工作者。结合未来职业要求，她认真分析自身条件，发现自己的普通话基础较差，语言表达与沟通能力不强，想要成为幼儿教师就必须弥补这两方面的不足，但自己对绘画和手工有兴趣，基础较好。于是她在老师的帮助下认真制订了三年的学习计划：第一学年参加学校普通话朗诵课外小组，重点训练自己的普通话语音，同时继续提高自己的美术技能，其他各学科按老师的要求完成好学习任务；第二学年参加学校美术课外小组，同时在课外强化训练讲故事、演讲，以弥补自己的不足；第三学年办个人美术作品展，显示自己的美术天赋，同时多次试教，锻炼自己运用语言进行教学的能力。三年中她按自己制订的计划有目的地进行学习，并取得了较好的效果。毕业时她向用人单位展示了自己的特长，被一家幼儿园选中。工作刚开始她就给自己进行规划：三年内使自己成为一名在幼儿美术教育方面有所作为的老师；五年内成为骨干教师并尽量进入幼儿园管理层。她在工作中逐步实现了自己的计划，不仅在教学中培养了孩子的美术兴趣和素养，而且还在幼教刊物上发表了几篇小论文,同时她因地制宜、废物利用,制作了很多别致的玩教具,并且向幼儿园提了很多环境建设方面的合理建议,得到了园领导的重视,2012 年因工作出色被转聘为园长助理。

师范生能否有所作为,关键是能否审视、分析自身条件,扬长避短,制订并履行计划。天生我材必有用,不同的教育机构需要不同个性和特长的毕业生,只要仔细规划并分步实施,就一定会有所收获,实现人生目标。

许多师范生进校后因为环境变了,学习内容和方式变了,就感到很不适应,茫然无措,无所事事。这是因为没有明确自己的职业目标,没有依据工作要求和自身特点进行规划与设计,于是不知从哪里做起,没有学习动力,因而也就没有学习效率。所以,师范生必须进行职业规划。

(二)师范生职业生涯需要正确的规划

大家先看一个生物学上的小故事,这个故事与我们进行职业规划有一定的相似之处。

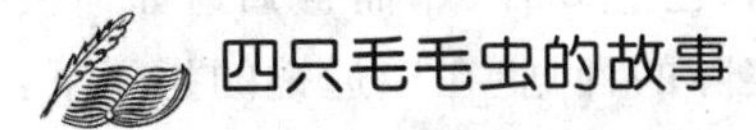

四只毛毛虫的故事

毛毛虫都喜欢吃苹果,有四只要好的毛毛虫都长大了,各自去森林里找苹果吃。

第一只毛毛虫跋山涉水,终于来到一棵苹果树下。它根本就不知道这是一棵苹果树,也不知树上长满了红红的可口的苹果。当它看到其他毛毛虫往上爬时,也稀里糊涂地就跟着往上爬。没有目的,不知终点,更不知自己到底想要哪一个苹果,也没想过怎么样去摘取苹果。它的最后结局呢?也许找到了一个大苹果,幸福地生活着;也可能在树叶中迷了路,过着悲惨的生活。不过可以确定的是大部分毛毛虫都是这样活着的,没想过生命的意义是什么,不知道为什么而活着。

第二只毛毛虫也爬到了苹果树下。它知道这是一棵苹果树,也确定它的"虫生目标"就是找到一个大苹果,问题是它并不知道大苹果会长在什么地方。但它猜想:大苹果应该长在大枝叶上吧!于是它就慢慢地往上爬,遇到分枝的时候,就选择较粗的树枝继续爬,它就按这个标准一直往上爬,最后终于找到了一个大苹果。这只毛毛虫刚想高兴地扑上去大吃一顿,但是放眼一看,它发现这个大苹果是全树上最小的一个,还有许多更大的苹果。更令它泄气的是,要是它上一次选择另外一个分枝,它就能得到一个大得多的苹果。

第三只毛毛虫也到了一棵苹果树下。这只毛毛虫知道自己想要的就是大苹果,并且研制了一副望远镜。还没有开始爬时就先利用望远镜搜寻了一番,找到了一个很大的苹果。同时,它发现当从下往上找路时,会遇到很多分枝,有各种不同的爬法;但若从上往下找路时,却只有一种爬法。它很细心地从苹果的位置,由上往下反推至目前所处的位置,记下这条确定的路径。它开始往上爬了,当遇到分枝时,它一点也不慌张,因为它知道该往哪条路走。而不必跟着一大堆虫去挤破头。最后,这只毛毛虫应该会有一个很好的结局,因为它已经有自己的计划。但真实的情况却是,因为这只毛毛虫的爬行相当缓慢,当它抵达时,苹果不是被别的毛毛虫捷足先登,就是苹果已熟透而烂掉了。

第四只毛毛虫可不是一只普通的毛毛虫,做事有自己的规划。它知道自己要什么苹果,也知道苹果将怎么长大。因此,当它带着望远镜观察苹果时,它的目标并不是一个大苹果,而是一朵含苞待放的苹果花。它计算着自己的行程,估计当它到达的时候,这朵花正好长成一个成熟的大苹果,它就能得到自己满意的苹果。结果它如愿以偿,得到了一个又大又甜的苹果,从此过着幸福快乐的日子。

（来源：http://blog.sina.com.cn/s/blog_4d8a79ae0100qexp.html）

第一只毛毛虫是只毫无目标、一生盲目、没有自己规划的糊涂虫，不知道自己想要什么。遗憾的是，我们许多人都是像第一只毛毛虫那样活着。

第二只毛毛虫虽然知道自己想要什么，但是它不知道该怎么去得到苹果，在习惯中的正确标准指导下，它做出了一些看似正确却使它渐渐远离更好的苹果的选择。曾几何时，正确的选择离它又是那么接近。

第三只毛毛虫有非常清晰的规划，也总是能做出正确的选择，但是，它的目标过于远大，而自己的行动又过于缓慢，成功对它来说，已经是水中花，时间、机会不等人。同样，我们的人生也极其有限，我们必须好好把握。单凭我们个人的力量，也许一生勤奋也未必能找到自己的苹果，但如果制订一个适合自己的目标，并且充分借助外界的力量，也许结局就会好很多。

第四只毛毛虫，它不仅知道自己想要什么，而且知道如何去得到自己的苹果，以及得到苹果需要什么条件，然后制订清晰、实际的计划，在望远镜的指引下，一步步实现了自己的理想。

根据以上的分析可以得出以下结论。

第一，作为青年学生，首先需要树立人生目标。美国哲学家、诗人爱默生说过："一心向着自己的目标前进的人，整个世界都会为他让路。"对于师范生来说，设定目标能使自己知道什么是最重要的事情，从而合理安排时间，评估每一个行为的进展，检讨每一步行动的效率；同时，设定目标能使自己预先看到结果.从而稳定心情，产生持续的信心、学习的热情和奋斗的动力。

第二，目标既要体现远大理想，又必须切合实际，是综合考虑自己的基础、素质、兴趣与社会多方面积极或非积极因素而制订的，即所谓"跳一跳，够得着"。

第三，有了目标却不思考如何实现目标的计划，目标也就束之高阁。计划是为完成一定目标而事前对措施、步骤等方面做出的部署。

第四，方向不对、不切实际、没有可操作性的计划对目标的实现毫无裨益，有时甚至起负作用。所以，制订计划时要做到具体、清晰并逐步接近目标。

第五，有了计划却不认真按照它去实施，计划就等于一张废纸。许多师范生往往前面几点做得较好，一到了需要自己日复一日地勤奋努力就打了折扣，缺乏自我激励、自我约束的能力，缺乏克难奋进、持之以恒的精神，最后也不能实现目标。所以任何职业规划最后的落脚点就是两个字：行动。

（三）师范生职业规划的作用

1. 有利于减少就业压力

由于缺乏职业生涯规划的指导，缺乏长远打算，不少学生毕业后相当一段时间内只能随波逐流地换工作，能找着什么工作就干什么，到了30多岁还没有职业定位。这样缺少规划地更换工作，一方面，难以在一个合适的领域内积累必要的职业经验；另一方面，频繁跳槽会影响自己职业的稳定发展。一个不具备应有的职业技能和经验的求职者，或者频繁跳槽的求职者是难以得到用人单位的青睐的。哈佛大学曾就目标对人的影响做了一个跟踪调查，结果显示：在调查对象中，3%的人有清晰而明确的中长期目标，25年后他们几乎都能成为社会各界的顶尖成功人士；10%的人有清晰的短期目标，25年后他们中大部分人都能生活在社会的中上层，成为各行各业不可或缺的专业人士；60%的人目标模糊，25年后他们能安稳地生活与工作，但都没有什么特别的成绩；27%的人没有目标，25年后他们生活在社会的最底层，生活不如意，常常失业，抱怨他人。这个调查给了我们一些启发：坚定的目标将成为追求成功的驱动力，个人成功与否很大程度上取决于他是否有明确的职业人生目标。因而，我们把职业生涯目标的制订作为职业生涯设计的核心。

2. 有利于提高就业市场配置的成功率

在双向选择、自主择业的背景下，毕业生很看重各种形式的人才交流会，这也是他们走向社会，选择职业的主要渠道之一。根据国内各大城市举办大型人才交流会的统计，多数学生参加人才交流会都有一种“赶集”的感觉，没目标、没准备，全凭运气碰，结果造成了有意向的没信心，有信心的准备不足，据统计，人才交流会对接成功率仅有30%。造成这种现象的原因之一就是大学生职业规划的缺失，即职业目标相对模糊，对自我缺乏了解，对市场需求信息缺乏认知。职业生涯规划可以使个人的求职就业更加有针对性、科学性、可行性，从而可提高就业市场配置的成功率。

3. 有利于建立科学的择业观

由于个人自身条件和职业要求的限制，师范生不可能具有从事一切职业的能力与兴趣、而且各种特定工作岗位都有各自不同的劳动对象和工作环境，对从业者的能力也有相应的要求。师范生在求职择业时盲目自信或自卑都没有实际的意义，只有依照自己的职业期望和兴趣，凭借自身能力挑选职业，使自身能力素质与职业需求特征相符合，实现科学的就业，才能在职业中充分发挥个人的价值。

科学择业所倡导的是建立在知己知彼基础上的人职匹配，这是系统的职业生涯规划的依据和原则之一。因此，科学的职业生涯规划，将有助于师范生避免错误的求职心态和求职行为，培养和建立科学的择业观。

如何获诺贝尔奖？善于生涯设计是成功之道

美中国际集团创造力开发中心总裁　吴甘霖

诺贝尔奖获得者无疑都是取得杰出成就的人士。总结其成功之道，除了其超凡的智力与努力之外，善于设计职业生涯，也十分重要。他们在这方面的经验，不仅对进行科学研究的人有很好的指导作用，而且对其他领域渴望成功的人来说也应该是一种很好的借鉴。

1. 不明确时，不妨主动向杰出人士请教

所谓生涯设计，即一个人确定自己一生的目标，并根据这一目标来进行相关努力。但是对许多青年来说，确定一生应做什么，往往并非易事，那么可主动向杰出人士请教。害怕受到拒绝是最容易产生的心理，对此，请看一下罗曼·罗兰如何为大家树立榜样。

罗曼·罗兰22岁时，总觉得自己富有文学艺术的素质，倾向于选择文学事业，可是照世俗的理解，文学事业又有什么用处呢？他决定给文学大师托尔斯泰写封信，寻求指点。

在写这封信时，他只是抱着试一试的想法，做好了收不到回信的准备。没想到几个星期以后，他收到了托尔斯泰长达38页的亲笔回信。在信中，托尔斯泰向这位从没见面的异国青年谈了选择个人道路的原则。这封信使罗曼·罗兰下定决心从事文学事业，终于成为世界著名作家，并荣获诺贝尔文学奖。

2. 根据自己的长处决定终生职业

当你经过一段时间的探索和思考，对自己兴趣以及思维、知识结构等方面的长短处有所认识时，就不妨扬长避短，按长项来进行生涯定位。如爱因斯坦的思考方式偏向直觉，他就没有选择数学而是选择更需要直觉的理论物理，作为事业的主攻方向。

3. 在创造前沿选择突破点

生涯设计还要结合外在的需求去考虑最容易出成效的方式之一——到创造前沿去“淘金”。在前沿地带，往往汇集了最优秀人士的思想精华和创新成果，同时也会暴露许多需要解决的新问题。此时，你若能发现哪些是重要但别人忽略或研究不成的问题，并把解决它们作为突破口，往往能起到事半功倍的成效。

一次，美籍华人李政道很偶然地得知非线性方程有一种叫孤子的解。他找来所有关于孤子的资料仔细分析，专门寻找别人对这方面理解的不足之处。果然有一大发现：所有文献都是研究一维空间的孤子，而在物理学中有广泛意义的是三维空间。于是，他围绕这点研究，仅仅几个月，就找到了一种新的孤子理论，用来处理三维空间的亚原子问题。事后，他高兴地说：“在这个领域里，我从一无所知，一下子赶到别人前面去了”。李政道也因此成为 1957 年诺贝尔物理学奖获得者。

4. 学会“心灵解套”

青年时期是一个可塑性很强的时期，往往有许多潜能却被自己以各种理由忽略和否定。假如一个人能干什么，却总认为“我不行”，就说明他有一个“心灵之套”，需要通过各种方式解除。让·多塞的父亲是一个出色的医生，他认为儿子也能当一个好医生。但是，让·多塞认为自己对行医有心理障碍，根本不是这块料，他为此还挨过父亲一巴掌。后来一位叫埃迪的医生常给他讲医学上有趣的科学探索和重大发现，讲医生们如何救死扶伤，讲自己在病人康复之后感到的快乐。渐渐地，让·多塞对医学从感兴趣发展到了热爱，他逐渐发挥出自己在这方面的才能。1980 年，他荣获诺贝尔生理学及医学奖。

5. 永远都自命不凡

自命不凡，是所有诺贝尔奖获得者的共性。值得指出的是，这份自命不凡并不是认为自己天生就高人一等，而是不管自己有何弱点和缺陷，还是坚信只要自己努力就能够取得非凡成就。

罗莎琳·苏斯曼·雅洛在 10 岁时读了《居里夫人传》，便认定居里夫人的路就是自己要走的路。这一想法在周围人看来简直是天方夜谭，在她高中毕业时，母亲希望她当小学教师；大学毕业时，父亲希望她去当中学老师。但是她说：“居里夫人也是女人，她做出了许多男人做不了的事，我相信自己也能像她那样度过一生。”而且，她还保证：自己不仅要成为一个像居里夫人那样的大科学家，也要成为一个好妻子、好母亲。最终她实现了诺言，不仅成为 1977 年诺贝尔生理学及医学奖获得者，而且还是有名的贤妻良母。

6. 看准了就要走到底

德国物理学家普朗克向黑体辐射问题猛攻，多次失败仍不死心。但他的老师约里却灰心了，劝告他说：“物理学是一门已完成了的科学，因此你继续研究这个问题，是不会有多大成果的。”虽然普朗克很敬爱老师，但他并不赞同老师的这一观点。因此，他仍然继续研究。1900 年，他发表了用“能量子”概念导出黑体辐射的公式的论文。1918 年，他获得了诺贝尔物理学奖。

（资料来源：《中国青年报》2001 年 11 月 29 日。）

【思考与探索】

1. 职业生涯规划的影响因素有哪些？
2. 职业生涯规划有哪些基本的步骤？
3. 请你结合自身情况设计一个自己的职业生涯规划方案。

第二章

自我认知与职业测验

ZIWORENZHIYU
ZHIYECEYAN

苏格拉底说:“人啊! 首先要认识你自己!”要想获得事业成功,首先要认识自己,了解自身的优势和才干。常言说得好,“人贵有自知之明”,明白你是谁、从哪里来、现在在哪里、将来往哪里去……

我们不必羡慕他人的才能,也不须悲叹自己的平庸;各人都有他的个性魅力。最重要的,就是认识自己的个性,而加以发展。

——松下幸之助

第一节 自我认知

自我认知是对自己身心状态的认识、控制和评价。

一、自我认知的内容

首先,要对自己的容貌、身材、风度、健康等方面进行正确的认知和客观地评价。其次,要对自己在社会生活中的地位、名誉、财产及与他人相互关系进行正确的认知和评价。如:别人是怎么看待我的? 我的品德和才干能否得到用人单位的认可和重视? 等等。它对个人自信心的形成影响很大。最后,要对自己的个性,如气质、性格、能力、需要、兴趣等内在精神因素进行认知和评价,这也是自我认知的核心。

二、自我认知的原则

大学生在认识自我、评价自我、接受自我的过程中应遵循以下原则。

1. 客观性原则

大学生在认识自我时,要以客观事实为依据,尽量避免主观因素的影响。一般来讲,既要防止由于过度自卑而导致消极和悲观的心态,又要防止过分自尊而脱离实际的傲慢态度。

2. 全面性原则

大学生在认识自我、评价自我时,应对自己做出整体认知和综合判断,不要片面、孤立、不分主次。同时，要把自身放在社会对人才整体要求的系统中去认识与评判。只有这样，才能全面、正确地反映自己的整体素质状况，做出实事求是的自我认知与自我评价。

3. 发展性原则

大学生刚迈向社会的第一阶段可塑性最强，最容易挖掘潜能，是快速成长的时期。因此大学生在认识自我的过程中要对自己的发展潜力做出适当的评估，要用发展的眼光来看自己，衡量自己在知识结构、工作兴趣、工作能力等方面会有什么样的发展，并把它作为选择职业的依据。这种预测性的自我认知在人生中十分重要，预测的准确性越高，职业选择就越准确，自我发展的空间就越广阔。如果缺乏这种预测性的自我评估，目光短浅，往往会走入职业选择的误区，对自己今后的发展也不利。所以，每个大学生都要用发展的眼光来审视自己、分析自己、评价自己，对自己的过去、现在和将来做出合理的定位。

4. 稳定性原则

青年时期大多数人还没有形成自己的稳定性形象，常因一个小小的过失和他人的否定而心灰意冷，或因获得一次小小的成功，得到他人的表扬而过分自傲。因此，学生在评价自己时，要尽量避免情绪的波动导致自我评价的过度浮动。如果一个人对自己的评价忽高忽低，只能说明他情绪上不稳定，这种忽高忽低的评价也会与现实自我相差甚远。

5. 现实性原则

青年时期，大学生常处于理想和现实的矛盾中。理想自我是指希望自己将来成为怎样的人，现实自我是指我现在是怎样一个人，处于一个怎样的现实环境中。由于学生涉世较浅，理想自我往往带有很强的幻想性，实现的可能性较小。以理想自我去认识和评价现实自我，必然会产生理想自我与现实自我之间的矛盾。要想解决这一矛盾，就要立足于现实，紧紧把握住现实自我，减少理想自我对现实自我评价的负面作用，避免出现焦虑抑郁、自暴自弃、怨天尤人等心理困扰。

三、自我认知的途径和方法

人的个性是由许多稳定的心理特征组成的，有的和别人相似或相同，有的是个人独自具有的。虽然人们的个性千差万别，但它是客观存在的，有章可循。自我认识一般有自省、他评和心理测验三种途径。

1. 自省

通过自省，分析自己的行动结果，可以达到认识与评价自我的目的。比如性格具有可塑性，人通过自我反省，可以逐渐培养自己的个性，扬长避短。学生应把自己作为认知对象，经常观察自己、解剖自己，明确自己的优缺点，充分发挥自己的特长。

2. 他评

人们在相互交往中，都会观察、认知、评价他人，同时也在这一过程中，接受他人对自己的评价，并把他人的期待和评价作为一个客观标准而消化在自己的内心。大学生在学习和择业时，虚心听取父母、老师、朋友等对自己的看法，了解他们对自己长处和不足的评价，征求他们对自己择业的意见，对于正确认识自己，正确选择职业是很有裨益的。尤其要善于听取反面意见和批评意见，更加全面地了解自己。当然，对别人的评价，要客观分析、正确面对。

3. 心理测验

心理测验是心理学中研究个体行为特征的重要手段。各种各样的心理测试都能促进人们对自己的了解。如职业兴趣和职业价值观的测验可以帮助受测者了解自己的职业偏好，并帮助寻找自己的职业。人格测验和能力测验也可促进受测者对自我的了解，了解自己的性格特点和综合能力。能更好地帮助大学生自我认识、自我发现和自我探索。

四、自我认知对职业生涯的影响

1. 认识自我，实现人职匹配

职业心理学家勃兰特曾经做过一个实验。他追踪调查了一批大学毕业生，将他们的个性、在校学习成绩、智力与他们毕业五年后的收入做了一下比较，结果显示：事业成功和智力的相关度是 0.18，和学习成绩的相关度是 0.32，和个性的相关度为 0.72。这个实验验证了事业成功与否与个人的个性有很大关系。也就是说，一个人所做的工作与自己的个性越默契，他的事业成功率就越大。

认识自我是求职择业的第一步。大学生只有准确了解自己的个性特点，同时掌握一定的职业信息，才能够为自己做出最佳的职业决定，进而实现人职匹配，增加其未来的职业适应度和工作满意度。

2. 认识自我，实现事业成功

个性是职业生涯成功的最大宝藏。个性作为人的一种内在特质，散发着一个人内心深处的活动气息，是人生获得成功的通行证。因此，真正了解自己的个性与兴趣，接受相关知识教育，不仅从事相关职业时很容易取得成功，而且会使人有较强的成就感。大学生只有充分认识自我，挖掘自身的潜力，才能让自己的职业生涯有意义，有建树，实现成功人生。

俗话说："导人必因其性，治水必因其势。"人的个性与职业密切相关。不同个性特点的人从事不同的工作，如果个性与职业匹配，则职业会带给人们乐趣和成功的机会。

第二节　职业人格测验

一、性格概述

俗话说："习惯决定性格，性格决定命运。"性格是一个人对现实的态度和行为方式，也即个性。人们的性格是在社会生活环境和人与人之间的交往中形成的，一旦形成就相对稳定。如果我们了解了一个人，一般就能预料他在某种情况会表现出什么样的态度。如空城计中，诸葛亮由于了解了司马懿多疑寡断的个性，断定司马懿在这一特定的时期一定会急速退兵，才敢于设空城计退敌。所以了解了一个人的个性，你就掌握了主动权，在为人处事方面容易获胜。另外，性格也具有可塑性。父母的性格也会影响孩子的性格。人们为了能够更好地适应环境，其性格或多或少地会随着生活环境的变化而变化。学生时期要有意识地培养和塑造自身的个性。

由于性格的复杂性，至今还没有一种正规的性格分类标准，常见的有以下几种：根据知、情、意三者把性格分为理智型、情绪型和意志型；根据个人心理倾向把性格分为外向型和内向型；根据个人独立的程度把性格分为独立型和顺从型；根据人的生活方式把性格分为理论型、经济型、审美型、社会型、权力型和宗教型。内向型性格的人善于思考，遇事谨慎，不善于交往。其优点是遇事沉着，但思想狭隘，容易产生自卑感。外向型性格的人性格爽朗，遇事不怯场，反应快，但缺乏计划性和坚持性，往往凭兴趣办事。性格的内向和外向，没有绝对的分界，无好坏之分，各有长短。有人据此把内向型和外向型性格各分为五种，具有不同的特点，如表 2-1 所示。

表 2-1　人的性格类型

类　型	内　向　型		外　向　型	
Ⅰ	孤独型	沉默寡言，谨慎，消极，孤独	社交型	爽朗积极，能言善辩，顺从
Ⅱ	思考型	善于思考，深入钻研，提纲挈领	行动型	现实，说干就干，易变化，好动
Ⅲ	丧失自信型	自卑，自责，自罪感	过于自信型	瞧不起别人，过高估计自己
Ⅳ	不安型	规矩，清高，小心	乐天型	胆量大，大方，不拘小节
Ⅴ	冷静型	小心谨慎，自觉，稳重	感情型	敏感，变化无常

在求职面谈中，外向型性格为好。一项调查显示，在求职面试时：性格外向的人求职成功率高于性格内向的人。这是因为性格外向的人更善于把自己展示给对方，特别是把自己的长处展示出来。性格内向的人即使有真才实学，但由于不善于展示自己，面试人员也就无法通过感性印象认识他。在进入工作岗位后，性格内向的人也会因为踏实、稳重受到赞赏和重视。

二、性格与职业活动

性格直接影响个人所从事的职业活动。在选择职业时需要考虑个人性格，选择适合个人性格特点的职业。一般来说，外向型性格类型的人更适合从事与自己热情、开朗、自信的性格相称的职业，喜欢与外界有着广泛地接触；内向型性格的人比较适合从事有计划的、稳定的、不必过多与人交往的职业，喜欢独立开展自己的工作。

案例分析

贵州工业职业技术学院一个计算机应用专业的学生 2010 年 12 月在实习期间，通过网上投简历，有幸参加美国在上海的一家信息公司的面试，在 20 名应聘者中他成功地成为被录用的四个人中之一。他的学校名不见经传，又没有工作经验，笔试时七道题理论题答错了三道。但面试时他的一句话打动了面试人员的心，他说："我性格外向，人际沟通能力强，团队合作意识强，请给我这个机会，我会让你们满意的。"于是他被公司告知试用 15 天。另外三位被试用者分别来自复旦大学、华东师范大学和上海交通大学。

该公司在开发一个投资很大、前景很好的项目。他被分到了编程组。他在进入公司的第五天，就发现由于编程组和页面组的人都各自埋头苦干，互相缺少沟通和交流，往往在双方衔接时出现很多问题，常导致返工和一些不必要的矛盾，老板也为此很生气。他的编程能力并非很强，除了小心翼翼、加班加点按时完成老板分给自己的任务外，他主动和负责页面组的领导沟通，注意双方的衔接问题。15 天的试用期过后，复旦大学的一位毕业生，虽然编程能力很强，但内向孤独的性格使他在工作时明显表现出消极、被动和固执的特点，被老板首先炒了鱿鱼。在 5 个月的时间里一个又一个名牌大学的毕业生被炒。而这位来自普通院校的实习生随着和老板的沟通与交流增多，老板对他的信任度和赏识也在逐步加深。他月薪被提前长了 1 000 元，还被任命为项目经理，负责老板和员工之间的沟通和联络。2011 年的 6 月老板通知他，9 月份将派他和另外两名员工一道去美国西雅图市进行该项目的第二阶段工作，一次性签约三年，年薪不低于 6 万美金。

一毕业就不花费一分钱到美国从事软件开发工作，这不知是多少学计算机学生的梦想，而这个学生很大程度上凭借其性格优势获得了这个宝贵的机会。

点评：大学生在择业时，如果善于利用自己的性格优势，扬长避短，加上自信和敬业，就可以很好地利用自己的性格优势，发挥自己的主观能动性，从而获得用人单位的认可。

三、性格测量

对性格的测量比较困难。由于环境因素和人为因素表现复杂，要鉴定出一个人的性格就需要做一个系统的观察和研究，从多种行为方式中选择出典型的行为动机。要测量自己的性格，可借用人格自我评定表和人格投射测验表来测量。下面介绍一种国内常用的测试表——陈会昌气质测量表。

陈会昌气质测量表包含四种气质类型，每种气质类型各 15 个题目，共 60 个题目，按随机顺序排列。采用自我陈述法，要求被试者按指导语的要求回答问题。具体介绍如下。

指导语：

本测验共有 60 个问题，只要你能根据自己的实际行为表现如实回答，就能帮助你确定自己的气质类型，但必须做到：

· 回答时请不要猜测题目内容要求，也就是说不要考虑应该怎样，而只回答你平时怎样，因为题目答案本身无所谓正确与错误之分。

· 回答要迅速，不要在某道题目上花过多时间。

· 每一题都必须回答，不能有空题。

· 在回答问题时，你认为很符合自己情况的记 2 分，较符合自己情况的记 1 分，介于符合与不符合之间的记 0 分，较不符合自己情况的记 −1 分，完全不符合自己情况的记 −2 分。

(1) 做事力求稳妥，不做无把握的事。

(2) 遇到可气的事就怒不可遏，想把心里话全说出来才痛快。

(3) 宁肯一个人干事，不愿很多人在一起。

(4) 到一个新环境很快就能适应。

(5) 厌恶那些强烈的刺激，如尖叫、噪声、危险镜头等。

(6) 和人争吵时，总是先发制人，喜欢挑衅。

(7) 喜欢安静的环境。

(8) 善于和人交往。

(9) 羡慕那种善于克制自己感情的人。

(10) 生活有规律，很少违反作息制度。

(11) 在多数情况下情绪是乐观的。

(12) 碰到陌生人觉得很拘束。

(13) 遇到令人气愤的事，能很好地自我克制。

(14) 做事总是有旺盛的精力。

(15) 遇到问题常常举棋不定，优柔寡断。

(16) 在人群中从不觉得过分拘束。

(17) 情绪高昂时，觉得干什么都有趣；情绪低落时，又觉得什么都没有意思。

(18) 当注意力集中于一事物时，别的事很难使我分心。

(19) 理解问题总比别人快。
(20) 碰到危险情景,常有一种极度恐怖感。
(21) 对学习、工作、事业怀有很高的热情。
(22) 能够长时间做枯燥、单调的工作。
(23) 符合兴趣的事情,干起来劲头十足,否则就不想干。
(24) 一点小事就能引起情绪波动。
(25) 讨厌做那种需要耐心、细致的工作。
(26) 与人交往不卑不亢。
(27) 喜欢参加热烈的活动。
(28) 爱看感情细腻,描写人物内心活动的文学作品。
(29) 工作学习时间长了,常感到厌倦。
(30) 不喜欢长时间谈论一个问题,愿意实际动手干。
(31) 宁愿侃侃而谈,不愿窃窃私语。
(32) 别人说我总是闷闷不乐。
(33) 理解问题常比别人慢些。
(34) 疲倦时只要短暂的休息就能精神抖擞,重新投入工作。
(35) 心里有话宁愿自己想,不愿说出来。
(36) 认准一个目标就希望尽快实现,不达目的,誓不罢休。
(37) 学习、工作同样长时间,常比别人更疲倦。
(38) 做事有些莽撞,常常不考虑后果。
(39) 老师或师傅讲授新知识、新技术时,总希望他讲慢些,多重复几遍。
(40) 能够很快地忘记那些不愉快的事情。
(41) 做作业或完成一件工作总比别人花的时间多。
(42) 喜欢运动量大的剧烈体育活动,或参加各种文艺活动。
(43) 不能很快地把注意力从一件事转移到另一件事上去。
(44) 接受一个任务后,就希望把它迅速解决。
(45) 认为墨守成规比冒风险强些。
(46) 能够同时注意几件事物。
(47) 当我烦闷的时候,别人很难使我高兴起来。
(48) 爱看情节跌宕起伏、激动人心的小说。
(49) 对工作抱认真严谨、始终一贯的态度。
(50) 和周围人们的关系总是不好。
(51) 喜欢复习学过的知识,重复做已经掌握的工作。
(52) 希望做变化大、花样多的工作。
(53) 小时候会背的诗歌,我似乎比别人记得清楚。
(54) 别人说我“出语伤人”,可我并不觉得是这样。
(55) 在体育活动中,常因反应慢而落后。
(56) 反应敏捷,头脑机智。
(57) 喜欢有条理而不甚麻烦的工作。

(58) 兴奋的事常使我失眠。

(59) 老师讲新概念,常常听不懂,但弄懂以后就很难忘记。

(60) 假如工作不对口,马上就会情绪低落。

评分与解释:

第一,把每题的得分填入表2-2相应得分栏。

第二,计算每种气质类型的总得分。

第三,确定气质类型。①如果某类气质得分明显高出其他三种,均高出4分以上,则可定为该类气质。如果该类气质得分超过20分,则为典型型;如果该类得分为10～20分,则为一般型。②两种气质类型得分接近,其差异低于3分,而且又明显高于其他两种,高出4分以上,则可定为这两种气质的混合型。③三种气质得分均高于第四种,而且接近,则为三种气质的混合型,如多血-胆汁-粘液质混合型或粘液-多血-抑郁质混合型。④如四种类型分数皆不高且相近(≤3分),则为四种气质的混合型。

表2-2 陈会昌气质测量计分表

胆汁质	题号	2	6	9	14	17	21	27	31	36	38	42	48	50	54	58	总分
	得分																
多血质	题号	4	8	11	16	19	23	25	29	34	40	44	46	52	56	60	
	得分																
粘液质	题号	1	7	10	13	18	22	26	30	33	39	43	45	49	55	57	
	得分																
抑郁质	题号	3	5	12	15	20	24	28	32	35	37	41	47	51	53	59	
	得分																

胆汁质又称不可抑制型,属于战斗类型。这种气质类型的人精力旺盛,反应敏捷,乐观大方,但性急、暴躁而缺少耐性,热情忽高忽低。这种人适合于做刺激性大而富于挑战的工作,如导游、节目主持人、推销员、演员、模特等。胆汁质的人不适合做整天坐在办公室或不走动的工作。

多血质的人又称活泼型,属于敏捷好动的类型。这种气质类的人适应能力强,善于交际,在新的环境中能应付自如,反应迅速而灵活,办事效率高,但注意力不集中,兴趣容易转移。多血质人的职业选择较广泛,如新闻工作、外事工作、服务人员、咨询员等。多血质的人不适合做细致单调、环境过于安静的工作。

粘液质又称安静型,属于缄默而沉静的类型。这种人踏实、稳重,兴趣持久专注,善于忍耐,但粘液质人有些惰性,不够灵活,而且不善于转移注意力。这种类型的人适合做管理人员、办公室文员、会计、出纳、播音员等。粘液质的人不适合做富于变化和挑战性大的工作。

抑郁质又称易抑制型,属于呆板而羞涩的类型。这种人感情细腻,做事小心谨慎,善于察觉到别人观察不到的微小细节。但抑郁质的人适应能力较差,易于疲劳,行动迟缓,羞涩,孤僻且显得不大合群。这种类型的人适合做保管员、化验员、排版员、保育员、研究人员等。抑郁质的人不适合做需与各色人物打交道、变化多端、大量消耗体力和脑力的工作。

多数人的气质是一般型气质或两种气质的混合型，典型气质和数种气质的混合型的人较少。

案例分析

张辉是某化学研究所的一名很有前途的专职研究人员，他曾是某大学一位不称职的教师。小张的气质属于粘液质，善于思考，喜静不爱动，语言表达能力差。他研究生毕业从事教师这一行。尽管他很有学问，也很爱学生，但他一走上讲台就打颤，满肚子的学问讲不出来，学生意见很大。后来他无法教课，调到研究所工作，成为一名很有前途的专职研究人员，取得了很显著的成绩。

点评：一个人的气质在择业过程中，有着不可低估的作用。大学生应该通过一定的途径，了解自己的气质类型，从而尽量寻找一份人职匹配的工作。

第三节　职业兴趣测验

兴趣是人们力求认识、探究某种事物的心理倾向。它使人对有趣的事物进行关注和探索；可以使人适应环境，对生活充满热情；对丰富知识、开发智力有重要意义。

兴趣分为物质兴趣（人们对美味的食物、漂亮的衣服感兴趣）和精神兴趣（对文学、哲学、科学等的追求），也分直接兴趣（对活动本身发生的兴趣）和间接兴趣（对活动结果发生的兴趣）。

一、兴趣与职业

“兴趣是最好的老师”，一个人如果能够从事自己感兴趣的工作，那么工作对他来讲就是一种乐趣，而不是一种负担。职业兴趣对人的职业活动有着重要影响。在选择职业时，人们总会把自己是否对此感兴趣作为考虑因素之一。从事自己感兴趣的职业活动时，可以激发出强烈探索和创造的热情，可以在良好的体能、智能、情绪状态之下去做，可以使人在追求职业目标时表现出坚定、百折不挠的意志力。因此，大学生应该培养自己在多方面的兴趣爱好，努力发展自己的专长，在职业选择时，既有一个较广泛的适应范围，又有一个明确的发展方向。

案例分析

瑞玲是某职业学院机械设计与制造专业大三的学生，她认为自己缺乏这方面的天赋，对机械、模具实在是没有什么兴趣。读这个专业是填报志愿时接受调剂的结果，完全不是她的意愿，现在是追悔莫及。“其实我很喜欢市场营销，我本来想读商学，可是事与愿违啊！”瑞玲出生于湖南株洲的经商之家，她也在这种商业氛围下长大。她本身是一个性格活泼、头脑灵活的女孩，但是现在却要每天对着一些枯燥无味的机械、工程图、专业软件，感觉不知道怎么应对才好。每当上课的时候，瑞玲就“身在曹营心在汉”；每次课程设计的时候，她就逃课。这样一来，她的专业成绩可想而知，几门补考是意料中的事了。一想到还有两年就要毕业了，她开始有点着急了，再这样下去，可能连毕业证都拿不到，拿什么去就业呢？瑞玲很想找到解决问题的办法，找老师咨询。

就业指导老师也看到了问题的严重性，不喜欢本专业，但专业又偏偏牵着她的将来。如果再不解决的话，她的前途令人堪忧。由于对专业的反感，对专业学习已经产生了抵抗心理，逃课、厌学在她身上频繁出现。对她来说，调整好自己，认清自己，重新做规划是当务之急。

首先，转专业已经不可能。虽然她很讨厌机械设计与制造专业，可是如果放弃本专业，不仅大学毕业证比较难拿到，而且以后进入社会求职也是岌岌可危。在职场中，企业看中的是从业人员的专业知识，专业知识才是职业人士在职场当中的核心竞争力。如果瑞玲不把握好自己的专业，她的大学毕业证书将会成为一张废纸。所以，不管再怎么讨厌机械设计与制造专业，瑞玲都不可以轻易放弃。她可以选择在本专业的背景下选修其他专业，提高自己的竞争力，提升自身的价值。其次，通过测评，老师发现瑞玲确实具有市场营销人员的职业气质。她可以在这方面发展，有效利用自己的职业气质，发展自己的职业兴趣，为以后的求职积累经验。而且瑞玲可以边学习边兼职，锻炼自己的销售能力。同时，如今大学提倡大学生在校创业，瑞玲还可以在大学边学习边做生意，多涉及一些领域，积累知识和经验。当然，不能误了学业。在市场营销专业知识方面也要加强；因为如果没有专业知识，不提高自己的专业基础，就没有办法向更高的领域发展。最后就是做规划，有效协调好以上两个专业的学习，使其变成实施性、操性强的人才。在学好本专业知识的前提下，攻读市场营销的专业知识，积累这方面的经验。这样的话，她是“双重保障”，不但毕业证没有问题，以后的职业发展前景也解决了。对于瑞玲来说，结合自己的兴趣，将来模具产品的市场营销是她的一个职业方向，将会有巨大的潜力可以发挥。

点评：作为大学生一定要认清自己的职业兴趣，在个人兴趣与职业之间找到一个结合点，进行职业定位。只有把个人的兴趣与工作高度结合才能创造出最高价值。真正的职业兴趣能够使人在逆境、挫折中保持工作激情。

二、霍兰德的职业兴趣理论

约翰·霍兰德是美国约翰·霍普金斯大学的心理学教授，也是美国著名的职业指导专家。他在 1959 年就提出了具有广泛社会影响的人业互择理论。

霍兰德的职业选择理论，实质在于劳动者与职业的相互适应。霍兰德认为，同一类型的劳动和与职业互相结合，便是达到了适应状态，如果劳动者找到适宜的职业岗位，其才能与积极性会得以很好发挥。霍兰德的职业选择理论分为六大类，即现实型、研究型、艺术型、社会型、企业型、传统型，职业环境也分六大类，人格与职业环境的匹配是形成职业满意度、成就感的基础。劳动者类型与职业环境对应表如表 2-3 所示。

表 2-3　劳动者类型与职业环境对应表

类型	劳动者	职业
现实型	此种类型的人具有顺从、坦率、谦虚、自然、坚毅、实际、有礼、害羞、稳健、节俭的特征，其行为表现为： ①愿意使用工具从事操作性工作； ②动手能力强，做事手脚灵活，动作协调； ③不善言辞，不善交际	主要从事各类工程技术工作、农业工作，通常需要一定体力，需要运用工具或操作机器。 主要职业有：工程师、技术员、矿工、木工、电工、鞋匠、测绘员、描图员、农民、牧民、渔民等

续表

类　型	劳　动　者	职　业
研究型	此种类型的人具有分析、谨慎、批评、好奇、独立、聪明、内向、条理、谦逊、精确、理性、保守的特征，其行为表现为： ①抽象思维能力强，求知欲强，肯动脑，善思考，不愿动手； ②喜欢独立的和富有创造性的工作； ③知识渊博，有学识才能，不善于领导他人	主要从事科学研究和科学实验工作。 主要职业：自然科学和社会科学方面的研究人员、专家；化学、冶金、电子、无线电、飞机等方面的工程师、技术人员；飞机驾驶员、计算机操作员等
艺术型	此种类型的人具有复杂、想象、冲动、独立、直觉、无秩序、情绪化、理想化、不顺从、有创意、富有表情、不重实际的特征，其行为表现为： ①喜欢以各种艺术形式的创作来表现自己的才能，实现自身的价值； ②具有特殊艺术才能和个性； ③乐于创造新颖的、与众不同的艺术成果，渴望表现自己的个性	主要从事各类艺术创作工作。 主要职业：音乐、舞蹈、戏剧等方面的演员、编导、教师；文学、艺术方面的评论员；广播节目的主持人、编辑；书法家、摄影家；艺术、家具、珠宝、房屋装饰等行业的设计师等
社会型	此种类型的人具有合作、友善、慷慨、助人、仁慈、负责、圆滑、善社交、善解人意、理想主义、富洞察力等特性，其行为表现为： ①喜欢从事为他人服务和教育他人的工作； ②喜欢参与解决人们共同关心的社会问题，渴望发挥自己的社会作用； ③比较看重社会义务和社会道德	主要从事各种直接为他人服务的工作，如医疗服务、教育服务、生活服务等。 主要职业：教师、保育员、行政人员；医护人员；衣食住行服务行业的经理、管理人员和服务人员；福利人员等
企业型	此种类型的人具有冒险、野心、独断、冲动、乐观、自信、追求享受、精力充沛、善于社交、获取注意等特性，其行为表现为： ①精力充沛、自信、善交际，具有领导才能； ②喜欢竞争，敢冒风险； ③喜爱权力、地位和物质财富	主要从事那些组织与影响他人共同完成组织目标的工作。 主要职业：企业家、政府官员、行业部门和单位的领导者等
传统型	此种类型的人具有顺从、谨慎、保守、自控、服从、规律、坚毅、实际稳重、有效率但缺乏想象力等特性，其行为表现为： ①喜欢按计划办事，习惯接受他人指挥和领导，自己不谋求领导职务； ②不喜欢冒险和竞争； ③工作踏实，忠诚可靠，遵守纪律	主要从事各类与文件档案、图书资料、统计报表相关的各类科室工作。 主要职业：会计、出纳、统计人员、打字员、办公室文员、秘书、图书管理员、保管员、邮递员、审计人员、人事职员等

三、霍兰德职业兴趣测验

霍兰德职业兴趣测验问卷共90道题目，每道题目是一个陈述，要求被测者根据自己的真实情况对这些陈述进行评价，如果陈述符合实际情况就在相应的题目前打“√”，否则打“×”，不要漏答。

(1) 强壮而敏捷的身体对我很重要。

(2) 我必须彻底地了解事情的真相。

(3) 我的心情受音乐、色彩、写作和美丽事物的影响极大。

(4) 和他人的关系丰富了我的生命并使它有意义。

(5) 我自信会成功。

(6) 我做事时必须有清楚的指引。

(7) 我擅长于自己制作、修理东西。

(8) 我可以花很长的时间去想通事情的道理。

(9) 我重视美丽的环境。

(10) 我愿意花时间帮别人解决个人危机。

(11) 我喜欢竞争。

(12) 我在开始一项工作前会花很多时间去计划。

(13) 我喜欢使用双手做事。

(14) 探索新构思使我满意。

(15) 我总是寻求新方法来发挥我的创造力。

(16) 我认为能把自己的焦虑和别人分担是很重要的。

(17) 成为群体中的关键人物，对我很重要。

(18) 我对于自己能重视工作中的所有细节感到骄傲。

(19) 我不在乎工作时把手弄脏。

(20) 我认为教育是个发展及磨练脑力的终身学习过程。

(21) 我喜欢非正式的穿着，尝试新颜色和款式。

(22) 我常能体会到某人想要和他人沟通的需要。

(23) 我喜欢帮助别人不断改进。

(24) 我在做决策时，通常不愿冒险。

(25) 我喜欢购买小零件，做成成品。

(26) 有时我可以长时间地阅读，玩拼图游戏，或冥想生命的本质。

(27) 我有很强的想象力。

(28) 我喜欢帮助别人发挥天赋和才能。

(29) 我喜欢监督事情直至完工。

(30) 如果我将面对一个新环境，我会在事前做充分的准备。

(31) 我喜欢独立完成一项任务。

(32) 我渴望阅读或思考任何可以引发我好奇心的东西。

(33) 我喜欢尝试创新的概念。

(34) 如果我和别人发生摩擦，我会不断地尝试化干戈为玉帛。

(35) 要成功,就必须定高目标。
(36) 我不喜欢为重大决策负责。
(37) 我喜欢直言不讳,不喜欢转弯抹角。
(38) 我在解决问题前,必须彻底分析问题。
(39) 我喜欢重新布置我的环境,使它们与众不同。
(40) 我经常借着和别人的交谈来解决自己的问题。
(41) 我常起草一个计划,而由别人完成细节。
(42) 准时对我而言非常重要。
(43) 从事户外活动令我神清气爽。
(44) 我不断地问为什么。
(45) 我喜欢自己的工作能够抒发我的情绪和感觉。
(46) 我喜欢帮助别人找出可以关注其他事情的方法。
(47) 能够参与重大决策是件令人兴奋的事。
(48) 我经常保持整洁,喜欢有条不紊。
(49) 我喜欢周边环境简单而实际。
(50) 我会不断地思索一个问题,直到找出答案为止。
(51) 大自然的美深深地触动我的灵魂。
(52) 亲密的人际关系对我来说很重要。
(53) 升迁和进步对我是极重要的。
(54) 当我把每日工作计划好时,我会较有安全感。
(55) 我非但不害怕过重的工作负荷,并且知道工作的重点是什么。
(56) 我喜欢能使我思考、给我新观念的书。
(57) 我期望能看到艺术表演、戏剧及好电影。
(58) 我对别人的情绪低潮相当敏感。
(59) 能影响别人使我感到兴奋。
(60) 当我答应做一件事时,我会竭尽所能地做好所有细节。
(61) 我希望笨重的体力工作不会伤害任何人。
(62) 我希望能学习所有使我感兴趣的科目。
(63) 我希望能做些与众不同的事。
(64) 我对于别人的困难乐于伸手援助。
(65) 我愿意冒一点危险以求进步。
(66) 当我遵循规则时,我感到安全。
(67) 我选车时,最先注意的是好的引擎。
(68) 我喜欢能刺激我思考的对话。
(69) 当我从事创造性事务时,我会忘掉一些旧经验。
(70) 我对于社会上有许多人需要帮助感到关注。
(71) 说服别人依计划行事是件有趣的工作。
(72) 我擅长于检查细节。
(73) 我通常知道如何应付紧急事件。

(74) 阅读新发现的书是件令人兴奋的事。
(75) 我喜欢美丽、不平凡的事。
(76) 我经常关心孤独、不友善的人。
(77) 我喜欢讨价还价。
(78) 我花钱时小心翼翼。
(79) 我用运动来保持强壮的身体。
(80) 我经常对大自然的奥秘感到好奇。
(81) 尝试不平凡的新事物是件相当有趣的事。
(82) 当别人向我诉说他的困难时,我是个好听众。
(83) 做事失败了,我会再接再厉。
(84) 我需要确切地知道别人对我的要求是什么。
(85) 我喜欢把东西拆开,看是否能够修理它们。
(86) 我喜欢研读所有事实,有逻辑性地做决定。
(87) 没有美丽事物的生活,对我而言是不可思议的。
(88) 人们经常告诉我他们的问题。
(89) 我常能借着通信网络和别人取得联系。
(90) 小心谨慎地做一件有成就感的事。

计分:表 2-4 中的数字代表上列兴趣测验中的题号。请你将自己的答案用"√"或"×"画在相应数字上。

表 2-4　霍兰德职业兴趣测验计分表

现实型	研究型	艺术型	社会型	企业型(事业型)	传统型
1	2	3	4	5	6
7	8	9	10	11	12
13	14	15	16	17	18
19	20	21	22	23	24
25	26	27	28	29	30
31	32	33	34	35	36
37	38	39	40	41	42
43	44	45	46	47	48
49	50	51	52	53	54
55	56	57	58	59	60
61	62	63	64	65	66
67	68	69	70	71	72
73	74	75	76	77	78
79	80	81	82	83	84
85	86	87	88	89	90

算出每种类型打"√"项目的总数,并将它填在下面的横线上:

现实型______，研究型______，艺术型______，

社会型______，企业型______，传统型______。

将上述总数，从最高到最低，依次排好，填在下面的横线上：

第一高分______，第二高分______，第三高分______，

第四高分______，第五高分______，第六高分______。

算出每种类型打"×"项目的总数，并将它填在下面的横线上：

现实型______，研究型______，艺术型______，

社会型______，企业型______，传统型______。

将上述总数，从最高到最低，依次排好，填在下面的横线上：

第一高分______，第二高分______，第三高分______，

第四高分______，第五高分______，第六高分______。

霍兰德的理论注重个人特质与未来工作世界的配合，被测者得到一组测验结果后，可借助一些明确的方向继续进行职业或生涯的探索，因而有利于引导个体走向一个主动积极的动态探索过程。而且，个体是有所依据的在某特定职业群里进行探索行动，提供给个体的是与个人兴趣相近而内容互有关联的一群职业，这样可避免冒险地去建议个人只选择一种职业。

第四节　职业能力测验

生活中，我们常会听到有人评价别人说"他真聪明""他真能干"……那么这里的聪明、能干，就是我们所说的能力。一个图书管理员，能够在浩如烟海的书籍中，迅速而准确地找出读者所需的图书，这就是一种能力；一位经验丰富的纺织工人，能够运用自己的双眼，分辨出40多种浓淡各一的色调，准确无误地将它纺织成绚丽多彩的布匹，也是一种能力……能力从心理学来讲，指人们从事某项活动的条件，即一个人能干某种事。能力是个性结构特征中的效能系统，关系到心理活动和行为的效率。

一、能力分类

能力包含一般能力和特殊能力两个方面。一般能力，是指一个人完成大多数活动所必备的能力，包括以思维能力为核心的观察能力（对事物的观察、理解和判断等）、记忆能力（记忆的速度、准确性、持久性等）、思维能力（对事物的分析、综合、抽象和概括等）、想象能力（想象的生动性、新颖性等）和语言表达能力（语言的丰富性、流畅性等），这种能力最集中体现在认知活动中，也就是我们通常所说的智力。特殊能力，是指顺利完成某种特殊活动所必备的专门能力，如动作能力、机械能力、绘画能力、音乐能力、写作能力等，与某些职业活动紧密相关。在人的成长中，一般能力和特殊能力有机结合，一般能力是各种特殊能力形成和发展的基础，而特殊能力也会促进一般能力更好地发展与表现。人们要有效率地完成各项活动，实现预期目标，取得事业成就，既要以一般能力作为基础，又要有特殊能力的参与。

二、能力与职业

大学生正确认识自己的能力，是进行职业生涯规划的重要前提。一个人的能力必须要与他

所从事的职业相匹配。比如，做教师就必须有较强的语言表达能力，做市场营销就必须善于与人打交道的沟通能力……

三、能力测评

能力测验的种类繁多，使用较多的是能力倾向测验(简称 GATB)。

能力倾向测验能对九种能力因素进行测量与评定，适用于职业指导，也可作为招聘时的参考。这套测验包括 12 个测验，共需施测 120～130 分钟，具体构成如表 2-5 所示。

表 2-5 GATB 对九种不同能力因素的测验

代　号	名　称	测验构成(编号)	能力分类
G	一般智慧能力	3、4、6	学习能力
V	文字能力	4	
N	数字能力	2、6	
S	空间能力	3	知觉能力
P	形状知觉	5、7	
Q	书写知觉	1	
K	运动协调	8	操作能力
M	手工灵巧	9、10	
F	手指灵巧	11、12	

GATB 的 12 个分测验分述如下。

1——名称比较，检查书写知觉能力，测量学生对简单知觉任务的反应速度。要求学生指出给予的两个名称是否完全一样或者它们在哪些细节上不同。

2——计算，让学生进行快速的简单试题运算，来检查他们的计算能力。要求学生迅速和准确地进行加减乘除的算式运算。

3——三维空间，检查学生对空间图形的判断和推理能力。在一个平面图上标出虚线，要求学生指出按虚线折叠可以折成四个三维形状中的哪一个。

4——词汇，通过快速找出同义词或近义词，检查学生对词汇的理解能力。要求学生在四个一组的单词中找出成对的同义词或近义词。

5——工具相配，检查学生对形状知觉的能力。给予学生一个工具图形作为刺激物，要求他们从几个差别很小的图形中选出与刺激物相同的图形。

6——算术推理，通过解答应用题来检查学生数学推理的能力。要求学生理解文字叙述的应用题并运算。

7——形状相配，检查学生形状知觉的能力。给学生一张图纸作为刺激物，图纸上有各种形状的图案，要求学生在应答表上把与刺激物形状相同的图案选出来。

8——做记号，鉴定学生手眼协同性及其反应速度。学生在答案纸上的一组格子中用笔画一个特定的符号，组成一个简单的图案，要求学生在 60 秒钟内准确填写该符号占的格子数目。

9——放置，有两块钉板，上面有若干孔，其中一块板上插满栓子，要求学生用双手把置于一块板上各个孔内的栓子移到另一块板上去。测验需做三次，根据三次移动栓子的总数评分。

10——转动,仍旧用测验 9 中的两块钉板,要求学生用比较灵活的那只手从一块钉板上拔出一个栓子,在手中旋转 180°,再把这个栓子的另一端重新插到孔内。测验需做三次,根据转动过栓子的总数评分。

11——装配,一块板分成两头,每一头都有 50 个孔,在其中一头的每一孔里放有一个小铆钉,在一个转轴里放有一个垫圈。要求学生用一只手拿起一枚铆钉,另一只手拿起一个垫圈,把垫圈套在铆钉上,然后把它们放置在这块板上另一头相应的孔内,在 90 秒钟内,要尽可能多地把铆钉和垫圈装配起来并放入孔中,根据完成件数的多少评分。

12——拆卸,在 90 秒钟内,要求学生拆卸测验 11 中装配好的铆钉和垫圈,然后再把它们放回最初的位置,根据拆卸件数的多少评分。

以上 12 个分测验中,测验 1～8 为书面测验,测验 9～12 为器具测验。全部测验在很大程度上属于速度性测验。

【思考与探索】

1. 根据陈会昌气质测量表分析你的气质类型。
2. 按照霍兰德职业兴趣测验分析你的职业类型。

第三章

职业分类与人才素质

ZHIYEFENLEI
YURENCAI
SUZHI

本章导学

通过改革开放30多年的技术经济积累与沉淀，以自主创新提升产业技术水平，以信息化带动工业化，培育更多新的增长点是未来产业结构调整的重点之一。职业资格证书是劳动者求职、任职、开业和用人单位录用劳动者的主要依据，也是境外就业、对外劳务合作人员办理技能水平公证的有效证件。从事就业准入职业的新生劳动力，就业前必须经过1～3年的职业培训，并取得职业资格证书。

行业尽管不同，天才的品德并无分别。

——巴尔扎克

要引人敬意，就要研究一个非常专业的领域，在那个领域中，你是最顶尖的，至少是中国前十名，这样无论任何时候你都有话说，有事情可做。

——俞敏洪

第一节　全球产业结构调整变动总趋势

世界各国产业结构调整呈现两大特征。其一，发达国家的产业结构调整呈现高科技化、可持续化和特色化趋势。产业结构的高科技化发展趋势是当代产业结构变革的基本特征。发达国家凭借其技术经济领先的优势，率先通过产业结构调整，将其经济发展推进到知识经济的层次。其二，发展中国家的产业结构调整呈现潮流性、开放性和发展性特征。发展中国家正利用自身所具有的后发优势，力争在产业结构调整中实现工业化，进而走向知识化、信息化。

以科学发展观为指导，建设资源节约型、环境友好型社会和实现可持续发展是未来我国社会经济发展的方向，决定了未来产业结构变化的趋势。我国仍然处于工业化阶段，但不同的是，通过改革开放30多年的技术经济积累与沉淀，未来工业化进程加快，工业化起点抬高。以自主创新提升产业技术水平，以信息化带动工业化，发展装备制造业，大力发展信息、生物、新材料、新能源、航空航天等产业，培育更多新的增长点是未来产业结构调整的重点之一。

一、增长和发展中的职业

随着科学技术的发展,原有的生产方式和生活方式发生了重大变化,产业结构和服务领域有了新的改变。

1. 在生产领域的变化

尽管第一产业、第二产业的职业数量在减少,从业人员总量和比例也在减少,但由于在这两个产业中生产的知识和技术密集程度的提高,还是出现了一些新的职业或职业群。

2. 在服务领域的变化

由于生产活动方式的变化,以及生活活动内容的增加,新产生的职业数量远远大于生产部门。这些新职业主要集中在信息服务业、管理和咨询服务业、社会服务业三个方面。

(1) 信息服务业。信息产业是发展最快的产业,与信息产业相关的职业也是发展速度最快的职业群。根据经济合作与发展组织统计,信息产业相关的职业已占各种新生职业总和的40%以上。另据美国的统计,美国从事信息和知识生产、分配与传递的人数已超过全部从业人员的半数。信息和通信技术的急剧扩张,导致了对计算机工程师、计算机系统分析师及计算机基础科学和各个领域的应用专家与操作技术人员的大量需求。甚至有些专家认为信息产业已经从第三产业领域中独立出来,成为第四产业。

(2) 管理和咨询服务业。由于管理和咨询活动对于经济、生产、社会生活甚至个人生活的影响越来越大,它们已成为第三产业领域另一个发展最快的职业群组。在这个职业群组的发展中,专业管理人员和专业咨询服务人员的功能划分更加细化,在社会组织中的责任、地位和声望日益提高。金融分析师、投资咨询师、心理咨询师、人力资源管理师、保险评估师、保险精算师、税务代理师、理财代理师等现在都已成为热门职业。

(3) 社会服务业。在第三产业领域,提高居民生活质量、满足居民消费需求的服务性职业也有了突破性的发展。家政服务、旅游、康乐、健身、医疗以及其他生活服务领域都有许多新职业涌现出来。家政服务助理、养老护理师、育婴师、形象设计师、健身教练、室内装饰设计师等职业的出现,反映了人们对生活质量的要求越来越高,服务性消费需求越来越丰富化。

二、调整和变化中的职业

三大产业中,都有许多传统职业在新的条件下发生了较大调整和变化。在第一产业中,农机师、农艺师或者专业性更强的从事无土无害栽培工作的现代农艺师需求加大。在第二产业中,传统的手工绘图员正转化为使用计算机的电子绘图员;采煤、采油等技术向高科技化的转变,产生了新型的煤炭液化气化职业及海洋石油开采等职业。在第三产业中,变化发展更迅速,过去的理发员转化形象设计师,销售库管人员转化为物流配送师等。事实上,几乎所有的职业都会随着生产技术的进步而发生一些调整和变化。

还需要指出的是,在现代职业的发展与变动中,有一个值得注意的现象,就是中间层次和中等地位的职业发展较快。例如,第一产业和第二产业中生产部门和实验部门的技术技能人员(与工程师 engineer 不同,国外通常把他们称作技术师或者工艺师(technologist 或 technician),我国统称为技师或技工),第三产业中的助理医师、助理律师、服务技师和个人助理或家政助理等。与此相对,高层次的职业(科研学术等)和低技能的职业需求发展都较缓慢,许多低技能职业甚至出现停滞或负增长。

第二节　我国职业的发展变化和产业结构变化

一、职业变化

职业是指从业人员为获取主要生活来源所从事的社会工作类别。对于大学生来说，学习所选择的专业一般就是为将来获得谋生技能而受到的各种相关的专业性训练，因而充分地了解职业信息是非常关键的。

《中华人民共和国职业分类大典》将我国职业归为 8 个大类，75 个中类，434 个小类，1 481 个细类(职业)。8 个大类分别如下所述。

第一大类：党的机关、国家机关、群体团体和社会组织、企事业单位负责人，其中包括 6 个中类、15 个小类、23 个细类。

第二大类：专业技术人员，其中包括 11 个中类、120 个小类、451 个细类。

第三大类：办事人员和有关人员，其中包括 3 个中类、9 个小类、25 个细类。

第四大类：社会生产服务和生活服务人员，其中包括 15 个中类、93 个小类、278 个细类。

第五大类：农、林、牧、渔业生产及辅助人员，其中包括 6 个中类、24 个小类、52 个细类。

第六大类：生产制造及有关人员，其中包括 32 个中类、171 个小类、650 个细类。

第七大类：军人，其中包括 1 个中类、1 个小类、1 个细类。

第八大类：不便分类的其他从业人员，其中包括 1 个中类、1 个小类、1 个细类。

二、产业结构变化

产业结构变化突出的特征如下所述。

其一，生产部门(包括种植、采掘、制造业)的科技含量大幅度增加，导致生产效率大幅度提高，生产领域从业人员大幅度下降。

其二，服务部门(包括消费性服务和生产性服务)的范围不断扩大，内容不断深化，服务质量大幅度提高，导致服务领域从业人员数量大幅度上升。

其三，知识经济的兴起进一步加剧了生产部门从业人员总量减少、服务部门从业人员总量增加这一趋势。

发达国家的产业结构变化更为显著。这种变化在职业领域引发相应反响：一些新职业产生并迅速发展，另一些过时职业开始衰落甚至消失，还有一些职业为适应形势开始调整和转化。职业的这些变动反过来又促进了产业结构的调整变动。

三、未来社会较有前途的行业

1. 全球较热门的行业

随着经济社会的不断发展，社会大众生活中的热门行业也在不断变化。下面介绍几个热门行业。

(1) 游戏行业。经济低迷期满足快乐需求。游戏行业在经济危机中表现出逆势增长的势头，原因之一，从经济成本考虑，人们降低了出行、购物等花费较高的娱乐方式，转而选择在家中

“较经济”的娱乐方式。原因之二，在经济衰退期，人们的情绪往往也会产生巨大的波动，对前途的担忧、就业的压力等让人们急需一种轻松愉快的娱乐方式以减轻压力，游戏无疑是一种暂时逃避现实的方式。

(2) 留学行业。外汇贬值催生留学良机。“赴美欧、东南亚、澳洲留学的咨询一向很热，但现在不少客户都把汇率问题挂在嘴上。”某留学机构资深顾问说。受外币大幅贬值的影响，两类人群正成为留学的主力军。第一类是初中升高中的学生。以前澳元很值钱的时候，一些家长会考虑让孩子在国内念完高中再去澳洲，现在澳元贬值这么厉害，加上出于让孩子尽早适应澳洲生活的考虑，都会提前将孩子送到澳洲去念书。而另一类人群则是想进修语言或者到国外游学的白领们。与此同时，金融风暴席卷欧美后，一些收入缩水的大学也纷纷把招生目标转向中国。

(3) 网络招聘行业。失业者的最佳选择。如果你不幸被列入裁员的名单，除了接受再教育培训，生计的压力或许会让你抖擞精神开始另谋生路。上招聘网站投简历已成为求职人士的选择。方便、效率高、无成本的网上求职方式无疑是他们找工作的最佳选择。

(4) 网络购物行业。受青睐的主流购物方式。网购已经成为年轻白领的一种生活方式。消费变得谨慎的群体更热衷于货比三家，变得挑剔起来。

2. 21 世纪我国急需的 16 类人才

(1) 税务会计师(会计类)。国税和地税的分征等因素，使会计师的需求幅度增加较大。

(2) 计算机系统分析专家(计算机类)。为某一行业(如银行、医院、政府部门等)的需要而设计计算机软件与硬件，进行各部门之间的有效沟通和运作的技术专家在将来会逐渐受欢迎。

(3) 计算机软件工程师(工程类)。尤其是需要相关的环保、土木和工业工程师。

(4) 环境工程师(环保类)。随着环保意识的增强，社会对环境工程师的需求将呈上升趋势，相关热门人才为工业卫生学者和毒物学者、生物环保、化学环保、工业环保等。

(5) 中医师(健康医药类)。由于西医对一些疑难病症的疗效不大，更由于中医的独到之处，社会对中医师的需求量将增加，相关热门人才为经过医学专业学习并取得执业资格的按摩师、中药师、针灸师等专业人员。

(6) 咨询经纪人(咨询服务类)。现代社会对咨询的精确程度要求提高，使该行业日益走俏。

(7) 索赔估价员(保险类)。天灾人祸的频繁出现及未来社会对理赔速度的要求，使索赔估价员的作用越来越大。

(8) 律师(法律类)。近十年内将有大量需求，相关热门人才为房地产律师。

(9) 老人医学专家(医学类)。21 世纪初，我国人口老龄化问题比较严重，老人医学专家将比较受欢迎，相关热门人才为家庭医师、家庭护士。

(10) 家庭护理(个人服务类)。来自人口老龄化及医疗超支两方面的压力，使得家庭护理成为比较重要的行业，相关的热门人才为家庭服务员。

(11) 专业公关人员(公共关系类)。企业的形象设计问题将变得越来越重要，公关行业必将成为极有前途的一门行业。

(12) 商业服务业务代表(推销类)。有关商业服务的独立承包商开始大批涌现，为公司承揽广告、计算机程序设计、信用报告工作。

(13) 生物化学家(科学研究类)。新的药物不断地被生物化学家开发出来，社会也不断期望有新的开发成果。相关的热门人才为分析化学家和药理学家。

(14) 心理专家(社会工作类)。人们对自身心理健康问题越来越重视,心理学也将越来越显示其存在的价值。相关的热门人才为私人心理治疗师、家庭(或社会)问题分析专家等。

(15) 旅游代理员(旅游类)。旅游业在21世纪将继续长足发展,随之对旅游代理公司的需求也将大幅度增加。相关的热门人才为航空公司、出租车公司、客轮公司和旅馆业务代表。

(16) 人力资源专家(人事类)。各种各样的竞争,归根到底是人才的竞争。未来,对人力资源专家的需求也将增大。

第三节　职业资格与就业准入

一、职业资格证书制度

职业资格证书制度是劳动就业制度的一项重要内容,它是指按照国家制定的职业技术标准或任职资格条件,由政府认定的考核鉴定机构,对劳动者的技能水平或职业资格进行客观公正、科学规范的评价和鉴定,对合格者授予相应的国家职业资格证书。

二、职业资格证书制度与就业准入的关系

职业资格包括从业资格和执业资格。从业资格是政府规定的专业技术人员从事某种专业技术性工作的学识、技术和能力的起点标准,通过学历认定或考试取得,供用人单位参考;执业资格是政府对某些责任较大、社会通用性强、关系公共利益的专业技术工作施行的准入控制,是专业技术人员依法独立开业或从事某种专业技术工作所需的学识、技术和能力的必备标准,必须通过考试方法取得,考试由国家定期举行。绝大部分职业资格都是从业资格,并不做准入控制;在特定的领域、在一定范围内实行强制性就业准入控制的,是执业资格。具体可参阅中华人民共和国人力资源和社会保障部发布的《国家职业资格目录清单》。

三、国家对实行就业准入的具体规定

职业介绍机构要在显著位置公告实行就业准入的职业范围;各地印制的求职登记表中要有登记职业资格证书的栏目,用人单位招聘广告栏中也应有相应职业资格要求;职业介绍机构介绍国家规定实行就业准入的职业时,应要求求职者出示职业资格证书并进行查验,凭证推荐就业,用人单位要凭证招聘用工。从事就业准入职业的新生劳动力,就业前必须经过1～3年的职业培训,并取得职业资格证书;对招收未取得相应职业资格证书人员的用人单位,劳动监察机构将依法查处,并责令改正;对从事个体工商经商的人员,要取得职业资格证书后工商部门才予以办理开业手续。

四、职业资格证书的作用

职业资格证书是通过政府认定的考核鉴定机构,按照国家规定的职业标准或任职资格条件,对劳动者的技能水平或职业资格进行客观公正、科学规范的评价和鉴定,用于说明劳动者具备某种职业所需的专门知识和技能的证明。职业资格证书是劳动者求职、任职、开业和用人单位录用劳动者的主要依据,也是境外就业、对外劳务合作人员办理技能水平公证的有效证件。

五、职业资格证书与学历证书的区别

职业资格是对从事某一职业所必备的学识、技术和能力的基本要求，反映了劳动者为适应职业劳动需要而运用特定的知识、技术和技能的能力。与学历文凭不同，学历文凭主要反映学生学习的经历，是文化理论知识水平的证明。职业资格与职业劳动的具体要求密切结合，更直接、更准确地反映了特定职业的实际工作标准和操作规范，以及劳动者为从事该职业所已经达到的实际工作能力水平。

【小资料】

职业资格考试最新动态

(1) 针对国内部分行业、协会等未经批准而从事各类非官方职业资格鉴定的情况，人力资源和社会保障部联合国家发展和改革委员会、公安部、监察部、教育部、民政部、财政部、国家工商管理总局专门发文，下决心整治培训市场，以保证通过系统学习并通过国家职业资格考试人员的权益，同时提升了考试的难度和广度，保证了资格证书的严肃性、技能性和含金量，目前，大部分的职业资格证书获得者已可以享受相关待遇，特别是执业资格证书的获得，直接提升了获证者的经济收入，未来的几年，应是职业资格认证的高峰期，特别是心理咨询师、人力资源管理师、营养师、企业培训师、物流师、报关员、律师、社会工作师等社会服务类资格证书，将会越来越热。

(2) 依据上面的小资料，可以认识到几个方面：一是国家职业资格证书的颁发部门都是中华人民共和国行政管理相关部门，任何社会机构无权颁发；二是现阶段的证书越来越严谨，如导游证，已出现芯片样式证书，以备查询、验证真假；三是劳动者的素质要求越来越高，如报关员考试，已经由高中文化程度报名资格提升到大专文化程度以上；四是各行政管理部门的报名考试程序和开考条件国家有一系列的要求和审批程序，部分要求高的资格证书只对少数地区开放，如一级类资格证书。这里不能不提醒一些不愿付出的考生，假证害人不浅，助长社会不良风气，不但经不起考证查验，求职的路上战战兢兢，鬼鬼祟祟，直不起腰杆，甚至会给自身留下一辈子都是“假证骗子”的心理阴影。弄虚作假，是现代人应该唾弃的卑鄙行径。

注：更多信息请阅读国家人力资源和社会保障部职业技能鉴定中心网站 http://www.osta.org.cn/htm/317/index.html。

第四节 职业对人才素质的要求

人力资源是企业最重要的资源，一个企业如果能适时、适质、适量的获得所需要的人才，并使其在合适的岗位上创造良好绩效，就能在竞争激烈的环境中立于不败之地。而一个人能否为企业创造高绩效，归根究底是由其具备的素质所决定的。

一、什么是素质

所谓素质，是指决定一个人行为习惯和思维方式的内在特质，从广义上还可包括技能和知识。素质是一个人能做什么(技能、知识)、想什么(角色定位、自我认知)和怎么做(价值观、个人品质、动机)的内在特质的组合。

一个人的素质就好比一座冰山,技能和知识只是露在水面上冰山的一小部分,他的自我认知、动机、个人品质以及价值观等,都潜藏在水面以下,很难判断和识别。招聘人才时,不能仅局限于对技能和知识的考察,而应从应聘者的求职动机、个人品质、价值观、自我认知和角色定位等方面进行综合考虑。如果没有良好的求职动机、个人品质、价值观等相关素质的支撑,能力越强、知识越全面,可能对企业造成的负面影响会越大。

二、人才素质要求

不同企业由于所从事的行业、特定的发展时期、业务重点、经营战略等的差异,对人才素质的要求是不同的。在同一个企业里,不同的职务、不同的岗位对人才素质也有不同的要求。那么,如何才能确定哪些才是适合企业自身特点并能给企业创造高绩效的素质特征呢?一种常见的方法是建立素质模型。素质模型最终应该得到以下三个结果:被分析的职位应该有哪几种素质要求、同一职位对不同素质要求的重要程度、不同职位对同一种素质要求的重要程度。

三、素质评估要点

在招聘工作中,对于应聘者的素质评估主要有书面测评和面试评估两种方式。书面测评比较适用于对一些基本技能或知识的测评,但对于一些专业人员或管理者应具备的素质,如反应能力、思维能力、学习能力、团队精神、组织协调能力、责任心等,是很难得出有效结果的,主要还得依赖面试评估。面试评估要点设计主要指面试提问和判断要点的设计,通过提问和判断要点的设计,建立面试题板,从而将原来发散式、随机式的提问向逻辑化、规范化转变,提高面试的效率和质量。

部分素质的面试评估要点如下所述。

(1) 思维能力。提问(例):简单总结一下毕业以来的工作感受;谈谈你在开发某产品上的思路;请举例说明你所解决的最复杂的一个技术难题的过程。判断要点:思路是否清晰,是否能抓住问题的本质,是否言简意赅,表达逻辑性强不强,分析是否准确等。

(2) 顾客服务意识。提问(例):请举例说明你是如何处理顾客的抱怨的;你是如何看待客户的过分要求的,你是怎么处理的,请举例说明;在与他人或客户交往的过程中,你有否做过让他未预料到的事情?判断要点:能否设身处地为顾客着想、行事;对客户需求关注程度如何;对顾客抱怨的处理技巧等。

(3) 心理承受能力。提问(例):你以前工作中有没有受到不公正待遇,你是如何处理的?你觉得在工作中最大的压力是什么,你是如何面对的?如果这次面试你被拒绝,你会怎样做?判断要点:思考问题是否理智,是否能恰当地处理来自内外部的压力,是否情绪化等。

四、学会做人

国际21世纪教育委员会提出21世纪教育的四大支柱,即学会求知、学会做事、学会共处、学会做人。学会做人是四大支柱的关键和核心,也是我们每个人都要面对的问题。不管一个人有多少财富、多少知识,如果不懂得做人的道理,这个人一般最终也不会获得真正的成功和幸福。在新千年到来之际,西方人在评选20世纪最伟大的十大思想家时,把马克思排在了首位。

他的思想和人格魅力永远鼓舞着一代又一代人。是金子，埋在哪里都不会失去价值；是粪土，再张扬也逃不掉被唾弃的下场。

人，从本质上讲，是社会的人。我们要用《大学生日常行为规范》来鞭策和约束自己，按照德、智、体、美、劳全面发展的要求，养成良好的行为品德，学好科学文化知识，锻炼强健的体魄，培养高尚的审美情趣，在学校做个好学生，在社会做个好青年。正如教育家陶行知所说："千学万学，学做真人。"学生的定义就是学会生产之技、学会生存之能、学会生活之道。

学会做人，对于个人来说，不是一时一事之功，而是一生中时时刻刻、事事处处都要面对的课题和考验。活到老，学到老，学是一辈子的事情。

1. 为什么要学会做人

人是什么？古希腊哲学家苏格拉底说，人是理性的动物；马克思说，人是最名符其实的社会动物。无非是说，人不仅有人性，也有动物性。德国民间谚语说："人一半是天使，一半是野兽。"恩格斯说："人来源于动物界这一事实已经决定人永远不能完全摆脱兽性，所以问题永远只能在于摆脱得多些或少些，在于兽性或人性程度上的差异。"因此，人之所以为人在于人的社会性，其中根本的则是道德文化。中国古代荀子说得十分中肯。他说："水火有气而无生，草木有生而无知，禽兽有知而无义；人有气、有生、有知，亦且有义，故最为天下贵也。"就此而言，人是道德化的动物。人若不明道德，不行伦理，人与禽兽无别。

2. 人何以成其为人

人要成其为人，就得把自己身上的动物性降到最低程度，使动物性文明化，从而不断地提升人性，即人要社会化。那么，人又该如何社会化呢？

社会化，首先，就是把自己从自然人变成社会人。从对生存的意义茫然无知转变为明了自己生存在世间的价值。其次，从自在的人变成自为的人。把一个欲望的我变成一个理智的我；从一厢情愿的为人处世的生存方式，变成一个能够理解他人、设身处地为他人着想的生存方式。最后，从一个愚昧的人变成一个有文化的人。也就是从浑浑噩噩的人变成认同社会的法律、道德的人，接纳、遵循社会各种规范，甚至可能超越这些规范。社会化的过程，是个历史性的过程，贯穿在人的一生之中，即从生命的开始到生命的终结。

这个过程的关键在哪儿？关键在于道德化，即提高人的道德素质，学会做人的道理。可见，学会做人，是我们每一个人一生都要面对的问题。

3. 人该成为怎样的人呢

做人的过程，就是从一个不知道德为何物的人，变成一个有道德的人，再变成一个道德高尚的人的过程，是一个道德人格升华的过程。在这个过程中，人的德性具有决定意义。那么，什么是最基本的德性呢？如何提升我们的道德人格？

儒家认为："自天子以至于庶人，壹是皆以修身为本。"这就是说：从君主到平民百姓，都要学习道德，接受道德教育，提倡德教为先，修身为本。修身的关键在于"正心"，所谓"格物、致知、正心、诚意、修身、齐家、治国、平天下"，其意思就是通过道德修养和道德教育，达到治理国家、管理社会、训导百姓之目的。

那么，我们今天的基本德性又是什么呢？这个基本的德性就是公民基本道德规范：爱国守法、明礼诚信、团结友善、勤俭自强、敬业奉献，以及由基本道德规范派生的诸种德性，如宽容、节俭、勤勉、慎独、感恩、知耻、责任心等，这些是人之为人的重要标志。总而言之，人要成为真正的人、道德高尚的人，就必须具有内在的良好德性，养成真正的道德行为。

那么，现实社会中和学校里的实际情况又如何呢？

家庭中，由于生活条件的不断改善，囿于独生子女的特定环境，一方面，孩子的物质生活极大改善，另一方面，有不少孩子不会自我服务、劳动，依赖性极强，他们缺乏毅力和自强精神，经不住人生挫折，有的不懂礼貌，对集体和他人的事显得冷漠。家长对孩子关心最多的除了物质生活外就是学习。

在学校，不尊敬师长，缺乏责任心，卫生习惯差；各种陋习时有表露，如抽烟喝酒、打架滋事；破坏公共设施，在楼道内追逐打闹，搞恶作剧等。

这些充分表明，在如何做人的问题上我们的现状是不能尽如人意的。下面举些典型的例子加以说明。

例 1　2000 年 1 月 17 日中午，浙江金华市第四中学 17 岁的高二学生徐力用榔头将母亲打死。这一事件震惊了全国。10 月 30 日，浙江省高级人民法院做出判决：判处徐力有期徒刑 12 年。

例 2　在“爱护动物就等于珍爱自己的生命”已成为现代社会的一种基本文明理念的今天，清华大学电机工程与应用电子技术系大四学生刘海洋，为了验证“笨狗熊”的说法能否成立，竟然先后两次把掺有火碱、硫酸的饮料，倒在 5 只北京动物园饲养的狗熊的身上或嘴里。已通过了研究生考试的刘海洋走进北京市公安局西城分局拘留所的时候，虽然痛哭流涕地自称后悔莫及，但他这种骇人听闻、严重触犯法律的行为，不仅给国家和社会带来巨大损失，也毁了自己的青春乃至一生。

例 3　陕西省 16 岁少年武飞因通宵上网，猝死在距离学校 200 米内的“绿岛网吧”，武飞的父亲为了不让儿子的悲剧重演，写了一篇《珍惜生命，远离网吧》的文章，以自己失去儿子的切身之痛，痛斥学生迷恋上网的危害。他说：“如果能让儿子的死唤醒整个社会重视对网吧的规范管理，不再使大中小学生沉迷于网吧，那么，我的儿子也许会泉下有知了。”这一事件引起了学校、家长和社会的深思。

例 4　2004 年 3 月 15 日晚 7 时 30 分左右，三亚市公安局河西派出所根据一名出租车司机的举报，将公安部在全国通缉的 A 级逃犯马加爵抓获。马加爵，云南大学生命科学院生物技术专业毕业班的学生，在打麻将时与同学发生纠纷，牌友认为马加爵作弊，于是发生了口角，大家就把马加爵曾经的种种“劣迹”都给他说了，甚至还提到“吃饭时，连你广西老乡都不愿叫你了”之类的话。这些话刺激了马加爵，使他产生了杀人的念头。他先后杀了四名同学。这四名学生的尸体都被藏在宿舍内的四个衣柜里。这样的杀人动机真令人匪夷所思。走上杀人这条路，是他长期压抑之下的被扭曲心理的畸形宣泄，是他孤僻乖戾、阴暗心理发展的必然结果。马加爵，父母本期望他加官进爵，孰不知，他却上演了一出令人发指的杀人悲剧！成为“屠夫大学生”。

上述触目惊心的案例告诉我们，懂得做人的道理，学会做人，提升我们的道德人格，是多么现实而又紧迫的问题。陶行知说：“千学万学，学做真人。”他还说：“学生不应当专读书，他的责任是学习人生之道。”著名教育家陈鹤琴倡导“日行一善”。毛泽东要求我们“要做一个高尚的人，一个纯粹的人，一个有道德的人，一个脱离了低级趣味的人，一个有益于人民的人”。这些无非都是强调我们要学会做人。

【小资料】

易中天谈做人

其实我认为不管你做什么，做官，做生意，做学问，做工，做农……首先是做人。做人也有分别，有人做给别人看，有人做自己。前者会很痛苦，后者会很潇洒。

我做自己，我首先要求自己是一个有趣的人，在凤凰卫视《世纪大讲堂》上，主持人问我：你自我意识了50多年，自我认证了50多年，应该给自己一个说法了吧？

其实我不想这么早就给自己写“悼词”。不过他要问，那就说吧！我给出的说法就是：我好歹还是一个好玩的人。

五、高技能型人才素质培养的三个层次

根据教育的层次和职业教育的发展规律，可将高技能型人才的素质由低到高分为三个层次：第一层次——职业技能素质；第二层次——职场应变素质；第三层次——专业创新素质。它们对学生的前途支持分别是就业、应变和创业。从社会经济发展对人才的要求、消费文化特征的影响与世界职业教育的发展趋势来看，此三个层次素质的重要性是呈递增态势的。根据社会发展趋势的要求，必须对此三个层次素质的培养在教育中做出正确定位，并依据它们的特点制订相应的实施策略，为打造职业院校的品牌奠定良好的基础。

近年来，在社会经济发展的推动下，我国高等教育中的职业教育发展十分迅速。就职业教育来说，它的根本任务一般认为是：培养具有较强实际动手能力和职业技能的技能型人才。而职业教育的定位，简言之就是培养高技能型人才。

1. 高技能型人才素质的三个层次

(1) 第一个层次可称之为职业技能素质。它是高技能人才所应具备的最基本素质。包括：掌握基本的职业技能操作方法和操作规范，并达到上岗所要求的熟练程度(一般以取得职业资格证书为准)；树立基本的职业意识，形成与职业或岗位相对应的较完备、合理的专业知识结构等，其衡量尺度一般遵从国家制定的相关职业标准。具备这一层次的素质可保证高技能型人才在既定的工作岗位上胜任工作，也使毕业生能在相应岗位顺利就业。

(2) 第二个层次可称之为职场应变素质。职场应变素质是指高技能型人才灵活、适时应对职场要求变化的能力。它包括：及时把握特定职业在职场中的发展趋势和最新动态的能力；自主学习新的职业技能的能力；掌握最先进的相关职业理念和操作方法的能力；扩大知识面，形成更全面的具有延伸性知识结构的能力。具备这一层次的素质可使高技能型人才不仅成功就业，而且在必要时能顺利转岗或再就业，甚至赢得更好的职位，实现在职场上的进退自如。

(3) 第三个层次可称之为专业创新素质。高技能型人才同样需要具备创新能力，其内涵主要包括：不断发现现存事物的缺陷、不断找出新问题的能力；创造性地解决问题的能力；根据工作的需要提出创造性的设想的能力，并能够进行具体实践、操作和开发；进一步扩大知识面，以适应创新所需的各种相应能力。具备这一层次的素质可使高技能型人才的工作能力在职业生涯中得到更大提升，并把握创业的机会，实现由单纯谋职到自身事业获得发展的重大转折。

2. 高技能型人才三个层次素质的培养

(1) 从社会经济发展对人才的新要求来看。当今世界经济有三大显著特点：一是经济全球

化趋势越来越明显。这给各国的经济主体提供了极其广阔的市场和发展机会,同时也促进了人才市场的充分竞争。因此,高技能型人才在这种形势下一方面将面对更多更好的就业机会,另一方面将面临其他相关人才的多重挑战。二是经济主体间的竞争越来越激烈。各企业争相推出各种新的经营策略、管理方法、运行机制,并加速新技术、新产品的开发。这些都导致了企业对人才要求的各种变化。所以,高技能型人才在这种环境下也不能仅仅满足于拥有最基本的素质。三是产业及产业结构加速变化。随着世界科学技术的飞速发展,任何行业和职业都没有绝对的稳定性,任何所学都只是暂时适用的,人才的技能再好、能力再强也要面临职场变化的挑战,人才只有具备了高层次素质才能顺利迎接各种挑战。

(2) 从当代消费文化的特征来看。当代消费文化兴起于20世纪中期,进入21世纪后,其不仅在发达国家,也在发展中国家兴盛起来。在当今社会生活中,消费文化体现出的显著特点主要有以下几点。①个性化消费越来越突出。②追求产品更高的效率、更多样的功能、更便捷廉价的使用方式、更健康环保的效果,追求流行时尚、审美效果、娱乐效果。③消费方式不断翻新花样。这三个特点有一个明显的共同之处,那就是“更新”。当代消费者对“新”的疯狂嗜好,使创新的任务不再是少数人能包揽的了,而是要求每一个在岗员工都参与其中,经常性地将其体现在日常工作中。因而当代消费文化的特征对人才的要求是:能快速及时地顺应社会需求的变化,具备较强的自主创新能力。所以,高技能型人才素质的培养在面临这一趋势时,必须要把高层次素质摆在越来越重要的位置上。

(3) 从世界职业教育的发展趋势来看。近年来,许多国家的职业教育都在根据经济形势的发展进行改革,尤其是发达国家。如德国根据当今产业结构与劳动组织的变化认识到劳动者除了应具备精湛的职业本领外,还应具备许多原先只有管理者才具备的本领,因此,他们的职教改革以如何培养学生的“关键能力”为核心。新加坡职业教育的改革思路一方面借鉴了德国“双元制”职教方法,以便紧跟行业发展需求,积极培养学生的群体协作精神与实际应用能力;另一方面特别强调培养学生独立的创造性思维。

3. 现代企业对人才素质的要求

现在的企业对人才的渴求越来越迫切。日常生活中我们常说“天生我材必有用”,就是说每个人都是人才,广阔社会存在着无穷无尽的需求,商人、学者、做官的、修鞋的,说、拉、谈、唱不一而终,有多少需求就有多少人才。但是一个企业对人才的要求是有所侧重的。

在企业中,人员可划分为五种:人财、人才、人材、人在、人灾。人财是指为企业带来财富的人;人才是指在某些方面有特殊才能的人,这些人满足了企业的某种特殊需求;人材是指有潜在发展能力的人;人在是指对企业可有可无、人在心不在的人;人灾是指给企业带来灾害的人,这种人不仅带不来社会财富,还会消耗社会财富。人财是企业间争夺的关键,人才是企业保护的对象,人材则需要企业通过培养使他们转化成人才,而人在和人灾,企业不会给他们生存的空间。

由此可见,企业所需要的人才是能够对企业的生产、经营管理及未来建设做出应有的贡献的人。企业对人才的素质有着基本的要求。

(1) 职业道德素质。作为影响企业未来发展的人才,首先应以诚信为本。但企业中时有各种各样有违职业道德的情况发生,如假文凭、假学历、做假帐、报虚帐等,故人才的诚信问题有待考验和培育。

职业道德素质可以说是企业人才重要的素质之一,越来越多的公司首先会看人才的职业道德素质。在市场竞争激烈的今天,一个掌握着公司大量的技术或其他信息的人才如果缺乏职业道德，会对公司造成极大的威胁。现在许多公司在招聘人才时，要求他们有原单位的工作表现证明，以了解其在以往工作中的职业道德素质水平。美国社会学家丹尼尔·贝尔曾说过：任何社会都不可避免的问题是个人利益和社会利益之间的关系，个人动机和社会要求之间的关系。优秀的企业人才应该诚实守信、全心全意为人民服务，具有良好的思想道德、职业道德及强烈的责任感。

(2) 专业技术素质。企业人才的专业技术素质是企业形成企业竞争力的源泉之一。没有任何自然资源的瑞士之所以富有，原因之一是其职业教育和岗位培训紧密结合。在瑞士，9年义务教育结束后，即初中毕业后，学生开始分流，70%的初中毕业生会按照自己的爱好和实际情况走进职院学校，日内瓦州的一位教育官员说：一个国家不能只培养科学尖子，还要培养职业尖子。中国手表行业的某位领导在瑞士考察时发现，同样的零件，中国技工装配出的手表在各项指标上都没有瑞士技工装配得好。因此他得出一个结论：无论科技水平如何高，设备如何先进，都永远不能代替技术工人那双灵巧的训练有素的手。这在一定程度上道出了我国的教育这些年过多地把精力投注在大学生、研究生的高等教育上，而忽视了对技术人才的培养的现象。一个企业不仅需要高精尖的人才，更离不开大批的具有核心专长与技能的人才。

(3) 人际交往素质。21世纪是一个追求双赢的时代。随着世界经济的发展，社会分工越来越细化，独立行侠的时代已成为历史，单打独斗、尔虞我诈的无序竞争即将过去，你中有我、我中有你的合作竞争时代已经来临。在新的环境中，人才需要有较强的人际协调素质和沟通素质，既要明白自己的工作目标，也要知道别人在考虑什么、关心什么，彼此相互理解和支持，在工作中如果能经常与别人进行有效的沟通，就能避免不必要的误解和失误，达到共同的目标。在协作性很强的工作中沉默寡言和固执己见都会影响团队的工作效率。计划经济条件下，企业间缺乏联系，人的作用突显不出来；如今市场竞争激烈，不仅人与人联系密切，企业间联系也非常紧密，人的人际协调素质和沟通能力越来越重要。

(4) 良好的文化素质。企业人才如果具备良好的文化素质，就会加快对企业文化的认同，与企业战略协调一致，更好地为企业工作。企业文化以提高人才的素质为核心，着力于提高人才的政治素质、文化素质和经营素质，不断增强员工对企业的向心力、凝聚力。引导员工不断加强文化修养，升华自己的人格，培养敬业精神、自律意识和责任感。企业应根据自身的实际情况建立一系列的行为规范，为企业的生产、经营、创新、发展营造良好的人文环境，促进和提高内部经营活力，增强人才在市场竞争中求生存、谋发展的后劲。

(5) 更新知识素质。知识经济时代是知识爆炸的时代，知识更新的速度越来越快。不断进行培训是企业和人才学习的主要方式，是改进人才岗位胜任能力和提高企业绩效的重要手段。作为企业人才，只有不断学习才能使企业和个人保持持续的竞争力。滞后的知识和技能会在竞争中被淘汰。一个具有创造能力的人善于在工作中不断学习。人的创造能力是离不开人对新知识、新事物的感知能力和吸收能力的。我国著名教育家蔡元培先生曾说过："人才为国之元气。"如果人才缺乏创造能力，国之元气必然大失。

(6) 身心平衡素质。人才的生理健康和心理健康对企业来说是非常重要的。面对繁重的工作、复杂的人际关系，人才如果善于调节自己的身体和心态，便能应对工作中的各种挑战。我们每个人都有过陷入无端忧虑的体验，通过心理学实验可知我们通常忧虑的事情中：40%是永远不会发生的；30%是对已经过去了的事情的忧虑；12%是对别人无知的忧虑；10%与健康有关；只有8%的所忧虑事情可列入"合理"的范围。所以大多的忧虑是无意义的，对身心有害的。

中国近年来连续不断出现的“过劳死”现象，足以说明人的身心平衡素质的重要性。有些人往往代表的是成功、财富、名誉、智慧，是社会的中坚力量和精英分子。而和他们相关联的词语往往却是过劳死、亚健康状态、心力衰竭、心理危机等。经济环境竞争的日益激烈和不规范，致使人们常常需要在各种关系中周旋，产生过度的疲劳和压力。保持身心健康非常重要，财富有多种，健康最珍贵。

(7) 抗挫折素质。成功的路上充满着困难与挫折、成功与失败。人须有坚强的意志、良好的心理素质，才能在竞争中谋求发展。克服失败的坚定信念是成就事业的重要素质。有一句著名的格言“为了发现王子，你必须与无数个青蛙接吻”。“与无数个青蛙接吻”意味着无数次的失败，但也意味着更接近成功。对于当今的企业来说，经营风险重重，但最大的危险莫过于让员工失去面对失败的勇气和自信。失败是一本书，研究透了为什么失败，才能找到怎样成功的窍门。只有经历过磨练、有头脑、有胆识的人，才能屹立于市场经济的浪潮中。也只有那些经得起失败，并能从失败中奋起的优秀人才，才能与企业共创大业。

(8) 感受生活素质。在未来的社会中，人不仅要具有很强的为社会工作的能力、创造财富的能力，而且还应该具有感受生活的能力。人生有两种智慧：获得财富和感受生活。现代社会里懂得前者的人越来越多，我们希望懂得后者的人也越来越多，如此人生才会丰富得多、美好得多。台湾清华大学校长在学生毕业典礼上给全体毕业生留下了耐人寻味的一番话：在未来的世界，方向比努力重要；能力比知识重要；健康比成功重要；生活比文凭重要；EQ 比 IQ 重要；一个人埋头努力，没有人生方向有什么用；一个人有名校文凭，没有生活品质有什么用；一个人成就卓越，没有健康的身体有什么用；一个人只有知识，没有感受生活的能力有什么用……这是企业对人才综合素质的基本要求。

一个企业的竞争力来源于企业人才素质的不断优化。通过企业人才素质的不断提高来增强企业的竞争优势，已成为企业竞争战略的一个重要组成部分。现代企业越来越青睐的八类人才：对企业忠诚、有归属感的人；综合素质好的人；有敬业精神和职业道德的人；有专业技术的人；沟通能力强、有亲和力的人；有团队精神和协作能力的人；认同企业文化的人；带着激情去工作的人。

【探索与思考】

1. 如何理解职业对人才素质要求中的学会做人？
2. 21 世纪我国急需的是哪 16 类人才？

第四章

职业选择与心理调适

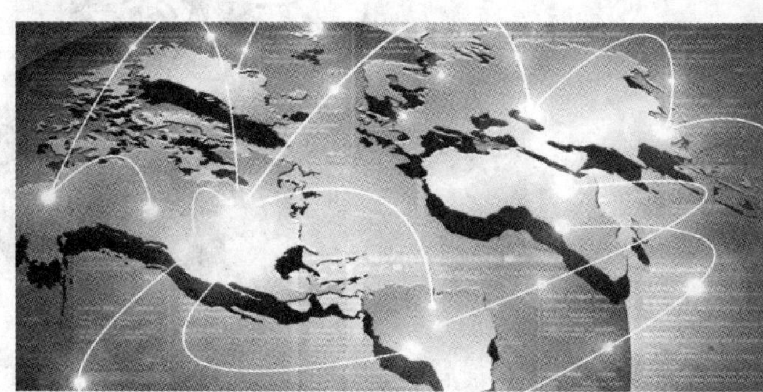

ZHIYEXUANZEYU
XINLITIAOSHI

本章导学

职业选择是一个人对自己将来人生道路和生存方式的选择，是每一位大学毕业生都必须认真思考的问题。面对就业，大学生的心理是复杂多变的，难免会出现种种心理矛盾、心理误区和心理障碍。面临就业的学生必须增强竞争意识，树立正确的择业观念，在就业之前做好多方面的准备。

注重自己的名声，努力工作、与人为善、遵守诺言，这样对你们的事业非常有帮助。

——马云

第一节　大学生职业选择

职业选择是一个人对自己将来人生道路和生存方式的选择。随着大学生就业制度的改革，大学生自主择业已成定局。怎样才能设计出一份为自己量身定做的、最适合自己的职业发展计划，是每一位大学毕业生都必须认真思考的问题。

一、大学生职业选择策略

作为一名即将走上社会的大学毕业生，正面临着人生中重要的选择——职业选择。就业不仅仅是个人对职业的选择，也是个人对将来人生道路和生存方式的选择。从现实情况看，在职业选择策略上应注意以下四个方面。

（1）从现实出发。首先要将个人的职业意愿、自身素质与能力结合起来，并加以充分考虑，评估一下自己能否胜任某项职业的工作，认真评价个人职业意愿的可能性，即进行准确的自我评价和定位。其次要对职业岗位的空缺与需求做出客观分析。

（2）比较鉴别。首先，对职业和就业者进行比较，将职业对人的要求具体化，比如教师职业要求人有较强的语言表达能力，艺术工作者要求有较强的创作能力等。其次，对选出的多种职业目标进行比较。自己的条件可能适合好几种职业，应当选出那些与自身条件相匹配的、更符合自己特长和所学专业的、经过努力能很快胜任的职业。再次，将职业提出的各种条件进行比较。因为人事部门对某种职业所要求具备的多种条件是有主次之分的，每个人进行职业定向时亦须考虑多方面的因素，所以当个人的综合素质符合某种职业的主要条件时，职业选择就比较容易成功。

(3) 扬长避短。在选择职业时，要清楚自己的长处是什么，短处是什么。一般来讲，当职业与个人的理想、爱好、个性特点、专业特长最接近时，个人的主观能动性才最容易被激发出来。因此，在选择职业时应充分考虑到最大限度地发挥自己的专长、有利于个人全面发展等因素，走上能发挥自己专长的工作岗位，才有可能热爱自己的工作，才能把工作当作一件愉快的事情去做，才能卓有成效地开创未来。

(4) 适时调整。依据以上三个策略，有的人可能最初的选择是对的，后来情况发生变化，还有的人最初在选择时考虑不够全面，在实践中行不通，这就要依据新的情况，适时调整，慎重地进行新的选择，以实现自己的职业生涯设计方案。自己心目中的理想单位和职业如果受限于现实条件，不能一步到位，就应该适时调整职业生涯设计方案，采取打好基础、抓住机会、分步跃进、逐渐逼近的策略。

根据这几年从事毕业生就业工作的体会，笔者觉得对目前的毕业生而言，就业的最大问题在于自我评价与定位的不准确和缺乏职业选择的策略。选择职业的过程本身就是一个发现自己、认识自己的过程。可以通过思考以下几个方面的问题进行自我评价和定位：①为什么上大学；②为什么选择现在的这所大学；③为什么选择现在的专业；④对大学的老师、同学、朋友的印象如何；⑤在大学期间通过各种方法所学到的知识和拥有的经验；⑥自己的优点、缺点、兴趣爱好；⑦自己的人生观、价值观和对未来的抱负；⑧周围人包括父母、亲属、老师、朋友、同学对自己的评价、看法和期望；⑨在校生活对自己将来的影响。

二、常用的职业选择策略

1. 试探性策略

当人们刚刚进入职场或开始一项新的工作时，往往会对新工作或新环境缺乏了解，此时可以采用试探性策略，即通过一段时间的具体工作，看看自己对工作内容或工作环境是否适应或能否胜任，然后再决定是否需要全身心地投入该工作。试探性策略帮助人们在多种职业中选择一份较为理想的工作，它是暂时性的试探，是一种尝试，如利用空闲时间做或兼职或在毕业前的实习实训期间临时从事某项工作。通过试探，可以了解自己在某一领域或某一方面的工作能力或工作兴趣以及所能取得的成绩，然后根据自己的体会做出决定——是继续从事该工作还是去尝试其他工作。

建议：试探性策略应在大学就读期间以实习或兼职的形式进行。如果已经参加了工作，则建议采用该策略的时间不宜过久，所选的行业或领域跨越不要太大，跳槽不要太频繁，以免对今后的求职或职业发展产生不利的影响。

2. 以专业为主的策略

人们在选择职业时所说的“专业对口”指的就是以专业为主的择业策略，即寻求与自身所具有的专业知识、技能、经验有直接联系的工作，这是以工作本身的内容、性质为中心的职业选择策略。

采用这种策略的人，通常都学习过一定的专业知识和技能，接受过一定的职业训练。他们在接受教育培训之前，一般对所要学习的专业内容有一定的了解或兴趣，或者在学习过程中逐步形成了对该知识或技能的偏好或经验。在选择职业时，他们基本上已经有了明确的职业目标、足够的兴趣和自信，以及必要的专业知识和心理准备。

建议：在选择企业或单位时，除了考虑专业对口外，还要考虑该企业或单位所能提供的发展机会和发展空间。

3. 以工作单位为重点的策略

现在许多大学生在择业时“非外企不去、非世界500强不入”，这种观念就是基于以工作单位为重点的择业策略形成的。个人无论从事何种职业一般都需要依托一定的企业或单位，不同的企业或单位会提供不同的工作条件、不同的工作机会、不同的工作环境和氛围、不同的待遇、不同的发展机会和不同的成就感。人们意识到了这些差异，因此在选择职业和企业时，往往会将工作单位作为首要或者主要的着眼点来做出择业决定。

建议：不同的企业有各自不同的管理理念、发展背景和企业文化，所能提供的职业发展机会也各不相同，它们各有优势和不足，因此要结合本人的具体情况综合分析自己能否适应该企业的管理理念和企业文化以及自己在该企业能否获得较好的发展机会和发展空间等诸多因素。

4. 稳定性策略

对于职业的稳定性，不同的人有不同的看法：有的人不喜欢流动性强、四处奔波的职业，喜欢有规律的、按部就班的工作；有的人则觉得只要工作岗位、待遇等方面比较稳定且有保障，可以安安稳稳的工作就是挺好的职业。采用稳定性策略的人一般不喜欢那些知识要求、素质水平不断更新的职业领域，那样会使他感到紧张、疲惫和有压力，他希望工作和生活的各方面相对稳定，因此他选择在知识更新比较缓慢的领域工作。

建议：稳定和变化是一对相对的概念，尤其在市场经济的大环境下，企业要随着市场需求的变化进行不断的调整和变革，个人作为企业的成员需要及时跟上企业发展的步伐，不断充实自己、完善自己、提升自己，只有这样才能够使自己在企业中始终拥有比较稳定的职位。

第二节 大学生就业心理调适

面对就业，大学生的心理是复杂多变的。通过几年学生生活，学生们在知识、能力与人格方面有了显著进步，所以许多学生有着强烈的就业意愿和积极的就业动机，为能尽快实现自己的人生价值而感到由衷的欢欣，磨拳擦掌、跃跃欲试，准备在职场领域一显身手。但是在就业过程中，大学生又难免出现种种心理矛盾、心理误区和心理障碍。

一、大学生就业的一般心理问题

就业阶段的大学生是一个处于由青年期到成年期成长过程中的特殊群体。此阶段的大学生集多种特殊性于一身，处于“第二次心理断乳期”，其心理问题易被环境中的因素诱发，其心理健康状况比一生中的其他阶段明显偏低。一般的观点认为“大学生就业期的心理问题主要有挫折心理、从众心理、嫉妒心理、羞怯心理、盲目攀比心理、自卑心理、依赖心理”，以及其他心理如注重实惠、坐享其成的心态、过分强调自我价值等。为了帮助广大毕业生更好地认识这些心理问题，为就业做好心理准备和心理调适，笔者将上述问题归纳成以下几个方面来分析毕业生在就业期的心理问题。

1. 就业心理压力与焦虑

当前激烈的就业竞争环境使得就业问题更加突显，这给学生带来了较大的心理压力，而且这种压力在各年级学生中都普遍存在。清华大学2008年的相关调查显示，个人前途与就业已成为造成大学生心理压力的最大因素，而且压力有随着年级增高而上升的趋势。大学生就业压力体验相当严重，尤其以心理体验最为严重。大学生毕业前心理压力较过去有明显增大的主要原因是毕业方向的选择、就业、考研、恋爱分合、大学期间不愉快的经历、离别感伤、突发事件、经济条件差等；女大学生的心理压力大于男大学生，农村学生的焦虑水平高于城市学生。而大学生面对就业压力的释放方式过于内向化，主要是靠自己解决和求助于同学、朋友。

2. 就业心理期望与失落感

许多大学生都有一种“十年寒窗，一举成名”的心理，因此对择业的期望相当高。大学生大多希望去生活条件好、福利待遇高的大城市、大机关、大公司工作，而不愿去急需人才但各方面条件艰苦的中小城市和基层小单位工作，过分地考虑择业的地域、职位的高低和单位的经济效益等因素。高期望驱使毕业生总是向往高薪水、高职位、高起点，渴求高收入、高物质回报率，并一厢情愿地对用人单位提出种种要求，将自己的就业目标定得很高，即使找不到合适的单位也不肯降低就业期望值。比如，有一些学生说“非北京、上海、深圳不去”，可是现实中的就业岗位大多并不像大学生所想象的那么美好，而当现实与理想的差异较大时，就会容易出现“高不成，低不就”现象，并产生偏执、幻想、自卑、虚伪等心理问题，甚至可能导致择业行为的偏差。

3. 就业观念僵化

大学生的就业观念虽然在总体上倾向于务实化与理性化，但由于就业观念处于转型阶段，因此各种不良就业观念也不同程度地存在着，并影响着大学生的健康、顺利就业。这些不良就业观念主要表现在以下几个方面：

(1) 只顾眼前利益，忽视职业发展。一些大学毕业生在择业标准中只有工作条件、收入等眼前利益，而对自我的职业兴趣、能力、职业的发展前景等因素不做考虑，因而极易选择到并不适合自己的职业。

(2) 职业标准过于功利化、等级化。一些大学毕业生过分强调职业的功利价值，甚至将职业划分为不同等级，而不考虑社会与人才市场的需求，不愿意去名气小的地区和行业工作。

(3) 求安稳，求职一次到位的传统观念根深蒂固。一些大学毕业生仍然喜欢稳定、清闲、福利保障好的单位，希望一次就能选定理想的职业，而不愿意选择有风险、有挑战性的职业。

(4) 过分强调专业对口、学以致用。一些大学毕业生在求职时不考虑与自己专业关系不密切的职业，这样做人为地增加了自己的就业难度。

(5) 对职业的意义认识不当。许多大学毕业生仅仅把工作当作一种谋生的手段，没有充分认识到职业对个人发展、社会进步的重要意义。

4. 就业人格缺陷

(1) 自我同一性混乱。许多大学生在毕业、择业的时候尚未达成自我同一性。具体来说，就是对自己的职业目标、需要、价值观以及自身特点等没有明确的认识；在就业时不能正视自己的能力、素质和择业的客观环境，对自己没有一个客观、清醒、全面的评价。因此，他们在职业选择时往往是茫然、犹豫不决、反复无常、见异思迁、躁动不安的，不能主动、独立地获取职业消息、筛选目标、规划职业生涯，也不能对就业中的问题做出正确的决策。自我同一性混乱在就业中的两个突出表现是盲目从众与过度依赖。

(2) 就业挫折承受能力差。不少大学生在求职过程中只想成功，一旦遭受挫折就会像泄了气的皮球，一蹶不振，陷入苦闷、焦虑、失望的情绪之中不能自拔。他们在求职中对自我估计不足，又缺乏受挫折后的承受能力，不能很好地调节自己的心态，求职失败后不会通过总结求职中的经验教训来求得下一次的成功。

自主择业给大学生提供了通过自由平等竞争获得理想职业的机会。但当真正面对激烈的就业竞争环境时，许多大学生缺乏信心、缺乏勇气，求职时战战兢兢、顾虑重重、畏首畏尾，不敢大胆自荐。有压力没勇气，不敢真正地向用人单位展现自己的实力，从而错过机会，陷入了不战自败的境地。特别是一些冷门专业或学习成绩不佳的大学生更容易出现不敢竞争、不敢尝试的现象。

(3) 自卑与自大。一些大学毕业生在求职中经常会产生自卑心理，对自己的评价偏低，他们总是以为自己的水平比别人差，认为自己的能力不行，肯定达不到用人单位的要求等。求职中的自卑心理一般产生于以下一些情况：①一些冷门专业的大学生看到就业市场需求自己专业的单位少、待遇差，或在求职中遭冷遇，从而悲观失望；②一些性格比较内向、不善言辞的大学生看到其他应聘者口若悬河，而自己什么也说不出来就会自惭形秽；③一些在校成绩与表现一般的大学生看到别人的自荐书上奖励、证书、成果一大堆，而自己什么也没有就会容易自我贬低；④一些女大学生在应聘过程中遭受到用人单位的歧视后就会自怨自艾。总之，自卑的学生不敢正视现实，对自己的长处估计不够，怀疑自己的能力，不善于发现适合自己的职业岗位，在对自己的抱怨、贬低中失去了求职的勇气与可能的机会。

自卑的极端是自大，而且两者有时会相互转化。一些专业较好、就业资本较雄厚的大学生容易从自信变为自负。还有一些大学生既缺乏对自己的客观认识，也缺乏对就业市场、职业生活的了解，一切都凭自己的主观想象。如有的大学生自以为经过在学校几年的学习和锻炼已满腹经纶，任何工作交到自己手中都可以出色的完成，在求职中自觉高人一等，自命不凡、四处吹嘘，一旦出现变故则容易陷入自卑、自责之中而一蹶不振。

自卑与自大是大学生身上常见的人格缺陷，在求职中的表现都是对自己缺乏客观的评价，同时对职业缺乏深入的认识。在求职中，自卑与自大经常存在交织的现象，如：一些大学生在求职比较顺利时容易自大，而一旦出现挫折就自卑；一些大学生虽然对自身条件比较自卑，但是真正遇到用人单位时却又表现为自大，要价很高。

(4) 偏执与人际交往障碍。大学生求职中的偏执心理有不同的表现。①追求公平的偏执。大学生要求公平的竞争环境，对一些不良的社会风气感到气愤是正常的，但有一些大学生表现为对公平的过分偏执，将自己在求职中的一切问题都归结于就业市场不公平，以至于在整个求职过程中心里都笼罩上了阴影。②择业标准高的偏执。大多数大学生对求职有过高的期望，不过多数人能通过在就业市场的体验客观地认识和接受当前的就业现状并调整自己的择业标准。但仍有部分大学生固执己见，偏执地坚持自己原来的择业标准，甚至宁愿不就业也不愿改变其择业标准。③对专业对口的偏执。一些大学生在求职时过分追求专业对口，不顾社会需求，无视专业的伸缩性、适应性，只要是与专业有一定出入的工作一律不问津，只要不能干与本专业相关的工作就不签约。这样人为地减少了自己的就业机会。

5. 就业心态问题

(1) 过度焦虑与急躁。就业时许多大学生既希望谋求到理想的职业，又担心被用人单位拒之门外，还担心自己在择业上的失误会造成终身遗憾，并对未来的职业感到心中无底。在就业过程中存在一定焦虑是正常的，但焦虑过度，成天都充满担心、紧张不宁、忧心忡忡、烦躁不安、意志消沉，行为上就会表现为反应迟钝、手忙脚乱、无所适从。

有些大学生在就业时显得过于急躁，整个就业期情绪始终处于亢奋状态，常常心急如焚、四面出击、东奔西跑，希望尽快找到合适的工作，但由于缺乏对就业形势的冷静观察以及对自我求职的理性思考，做了许多吃力不讨好的事情。而一些大学生在并不完全了解用人单位的情况下匆匆签约，一旦发现实际情况与自己想象的不一样或发现了更好的工作时，则追悔莫及，甚至毁约，给自己带来许多不必要的麻烦与心理困扰。

(2) 消极等待与"怀才不遇"心理。一些大学生在就业问题上表现得非常消极，平时不参加招聘会，有招聘单位来学校了就看看，如果不满意就等下去，满意时也不主动争取，抱着"你不要我是你的损失"的态度，期待着有招聘单位会主动邀请自己。还有些大学生表现为"这山望着那山高"，明明已经找到了工作，但拖着不肯签约，总希望有更好的招聘单位出现。

有些大学生自认为条件很好，"满腹经纶""博古通今""学富五车"，可以大有作为，但在就业时却常常碰壁或对找到的工作不满意，于是抱怨"世上无伯乐"，抱怨自己运气不好，成天闷闷不乐、怨天尤人。

(3) 攀比与嫉妒。在求职中，同学之间"追高比低"的现象时有发生，一些大学生在求职中经常相互吹嘘自己的职业待遇好、收入高，导致职业期望越来越高，就业职位变成了自我炫耀的资本。还有些大学生看见或听说别人找到了条件优越、效益较好的单位而心理上不平衡，抱着"他能去，我更能去"的态度非要找到一个条件更好的单位，而不考虑自身的条件、社会需求、职业发展及就业中的机遇等因素。

一些大学生对别人所找的工作心存嫉妒，特别是看到自认为条件不如自己的人也能找到很好的工作就产生嫉妒心理，有些人故意对别人找到的工作冷嘲热讽、贬低、讽刺和挖苦，更有甚者抱着"我得不到，你也别想得到"的畸形心态在用人单位面前造谣中伤、打小报告。

(4) 抑郁与逆反。在求职中受到挫折后，一些大学生会感到无能为力、失去信心，表现为失落抑郁、不思进取、情绪低落、意志消沉，他们常常会放弃一切积极的求职努力、听天由命。严重时还会对外界的环境漠然置之，减少人际交往，对一切都无所谓，并进而导致抑郁症。

一部分大学生则对正面的职业教育、职业信息存在逆反心理。对来自辅导员、班主任、学校就业指导中心以及同学和用人单位的正确信息、善意批评与建议一概不相信、不听从，偏要对着干，按自己的想法一厢情愿地去求职。比如，当别人为其推荐某工作单位时，这些人总是抱有戒心，别人讲得越多他们越不相信。当求职失败时，这些人不总结自己的问题，甚至明明知道自己失败的原因也不改正，在以后的求职中依然我行我素，听不进去别人的任何批评与建议。

(5) 说谎侥幸与懒散心理。有些大学生认为用人单位不可能去查实每个人的自荐书是否真实，加之面试时间比较短，用人单位不可能对自己做全面的考察和了解，只要自己面试时充分地表现一下，把工作骗到手，签好就业协议书就行了。于是，一些大学毕业生把别人的获奖证书、成果证明等偷梁换柱地复印在自己的自荐书里，自己明明没有当过什么干部，没有参加过什么社会实践活动，也按照别人的简历内容写自己的简历，甚至胡编乱造一番，以致有时用人单位收到的自荐书中一个班级竟出现了五六个班长。还有的大学生在面试时把自己吹得天花乱坠、无所不能，结果在现场实践考核或在试用时立马现出了原形。

有的大学生签约比较早，在离毕业半年或更长时间前就落实了工作单位，故认为工作单位已定，没有什么事情可以担心了，应该松口气、歇歇脚了，于是学习没了动力，组织纪律散漫，考试仅仅追求及格，毕业论文只求通过，甚至长期旷课、上网、夜不归宿。乃至有极少数大学生因此受到学校的处分，甚至被开除或勒令退学，已找到的工作也因此丢了，悔之莫及。

（6）心理不满与行为失态。由于在就业市场中确实存在一些不公平现象以及某些专业不易找工作的客观现实，一些大学生在遇到就业挫折时就容易出现各种不满心理，在这些不满心理的影响下会出现一些不良行为和生理反应。常见的不良行为有故意旷课、喝酒、起哄、闹事、损坏东西、打架对抗、进行不良交往、行为怪异、过度消费等，严重时还可能导致严重违纪与违法行为的出现。有的大学生还会出现一些生理症状，如头痛、头昏、心慌、消化紊乱、神经衰弱、血压升高、身体酸痛、饮食障碍、失眠等。

二、大学生就业心理的自我调适

就业本身就是我们认识和适应社会的一个过程，在求职过程中遇到困难，甚至经过几次挫折之后才获得成功是正常的；在求职中遇到许多心理冲突、困惑，产生一些不良情绪也是正常的。大学生在求职过程中要学会调节自己的心态，使自己能从容、冷静地面对就业这一人生重大课题，并做出正确、理智的选择。大学生调节就业心理可以尝试从以下几个方面入手。

1. 接受客观现实，调整就业期望值

许多大学生对就业市场残酷的一面认识不足，对就业市场的客观实际了解不够。经过对就业市场、就业形势的了解与深刻体验后，大学生需要明白现实情况既然如此，无论是抱怨还是气愤都不可能在短时间内改变现状。与其一味地怨天尤人，既浪费了时间，又影响了自己的心情，还不如勇敢地承认和接受当前所面临的现实，彻底打破以往的美好想象，脚踏实地地寻求解决问题的好办法。

目前，在就业市场上用人单位找不到想要的人才、大量的大学毕业生又无处去就业的“错位”现象普遍存在。大学生想要顺利就业必须首先根据自己的实际情况和就业形势调整自己的就业期望值。调整就业期望值就是在职业生涯规划和职业发展观念的基础上重新修订自己的人生轨迹。这就是说大学生要树立长远的职业发展观念，放弃过去那种择业就是“一次到位”，要求工作绝对安稳的观念。现在再好的单位将来也有倒闭的可能，因此，大学生在择业时要看得长远一些，学会规划自己整个人生的职业生涯。在当前获得一个理想职业的时机还不成熟时，应采取“先就业，后择业，再创业”的办法。也就是说，在首次择业时不要期望太高，可以先选择一个职业，以此不断提高自己的社会生存能力、增加工作经验，然后再凭借自己的努力，通过正当的职业流动来逐步实现自我价值，取得事业的成功。

2. 充分认识职业价值，树立合理的职业价值观

传统观念认为，人们工作就是为了满足生存需要，但是对于现代社会的人来说，职业的意义已经远远不如此简单，职业可以满足人们从低层次到高层次的多方面需要。如最近有人对职业的价值结构进行了初步研究，发现了交往、义利、挑战、环境、权力、成就、创造、求新、归属、责任、自认等 11 个类别的职业价值因素。职业的价值是丰富的，职业对个人发展、社会进步起着重要作用。

大学生在择业时不能只考虑工作的经济收入、工作条件、地点等因素，更要考虑职业对自我

一生发展的影响与作用，应看职业能否帮助自己实现自我价值。要在考察社会需求的基础上，树立重视自我职业发展才能促进事业成功的职业价值观。对于那些虽然现在工作条件不怎么样，但发展空间大、能让自己充分发挥作用的单位要优先考虑；对于那些现在经济发展水平不太高，但发展潜力大、创业机会多的工作地点要重视。总之，切忌盲目到一些表面上看来不错，但不适合自己、自己的作用不能得到有效发挥的单位去工作，与其将来后悔，不如现在就改变自己。大学生应该建立适应当前市场发展、人才需求规律的合理的职业价值观，以指导自己正确择业。

3. 认识与接受职业自我，主动捕捉机遇

大学生求职中的许多心理困扰都与其不能正确认识和接受职业自我有关。正确地认识自我的职业心理特点并接受自我是调节就业心理问题的重要途径，并可以帮助大学生找到适合自己的职业方向。大学生要知道自己喜欢什么样的职业、社会需要什么样的职业、自己的择业标准以及依自己目前的能力能干什么样的工作，这样才能知道什么样的工作更适合自己。许多大学生通过亲身的求职活动才发现自己的能力与水平并不像自己以前想象得那么高，并容易出现各种失望、悲观、沮丧、不满等情绪。因此在认识到自我特点后还要接受自我，对自我当前存在的问题不能一味抱怨，也没有必要自卑，因为自己当前的特点是客观现实，在短短的毕业期间要有大的改变是不可能的，故要承认自己的现状，学会扬长避短。要用发展的观点看待自己，要知道有些缺点并不可怕，可以先就业然后在工作岗位上不断完善自己。

大学生求职中的机遇也是非常重要的，要学会抓住属于自己的机遇，要多收集有关的职业信息，多参加一些招聘会，并根据已定的择业标准进行选择。发现就业机会时要主动出击，不能犹豫，也不要害怕失败，应有敢试敢闯的精神。

4. 坦然面对就业挫折，提高心理承受能力

面对市场竞争、就业压力，大学生的求职总会遇到许多困难、挫折甚至是委屈，要调整自我心态，提高自己对各种突发事件的心理承受能力。其实，就业的过程也是大学生重新认识自我、认识社会，并主动调整自我适应社会的过程。如果能通过求职经历增强自我心理调节与承受能力，对大学生今后的职业生活无疑是非常有用的。

大学生在求职中遇到挫折时，要用冷静和坦然的态度客观地分析自己失败的原因，进行正确的归纳。首先，在就业市场化、需求形势不佳、就业竞争激烈的条件下，出现求职失败是在所难免的，不能期望自己每次求职都能成功。要对可能出现的求职挫折有充分的心理准备。同时，应把就业看作是一个很好的认识社会、认识职业生活、适应社会的机会，应通过求职活动来提升自己，促进自我成熟，不以成败论英雄。其次，求职失败并不一定都是因为自己的能力不行。出现求职失败有许多原因，可能是因为你选择的求职单位的方向不对，也可能是因为你的价值观与单位的企业文化不符合，还有可能是其他一些偶然因素。总之，要正确分析自己失败的原因，调整自己的求职策略，学会安慰自己，以便在下次的求职中获得成功。

5. 调整就业心态，完善人格

在求职阶段，自己和身边的同学出现一些不健康的心态是正常的，没有必要过度担心、害怕自己有心理障碍。当然对于不良心态要学会主动调适，必要时还可以寻求有关心理专家的帮助。进行自我心理调适的方法有很多，可以进行积极的自我心理暗示，鼓励自己、相信自己，帮助自己渡过难关；也可以向朋友、老师倾诉，寻求他们的安慰与支持；还可以通过体育锻炼、听音

乐、郊游等方式转移自己的注意力，排解心中的烦闷，放松自己的心情。

通过对自己在就业时出现的种种不良心态的分析，可以发现自己平时不容易察觉到的一些人格缺陷。这些人格缺陷是产生就业心理问题的根本原因，如果现在不能很好地完善自己的人格，那么这些人格缺陷还会在今后的工作、生活中继续给自己带来困扰。因此，有关问题其实是暴露得越早越好，同时也不必为自己所存在的人格缺陷而懊恼，因为很少有绝对人格健全的人，关键是要在发现自己问题的基础上，积极改变自己、发展自己，使自己的人格更加成熟，使自己将来的人生道路更顺利。

6. 开拓进取，勇于创业

大学生是有理想、有抱负、有创新精神、敢做敢为的青年先锋。因此大学生要有自主创业的打算，此打算既可以在毕业后马上实现，也可以通过在社会上积累力量后再施行。大学生要有开拓自己事业的信心与勇气。当前的一些大学毕业生在创业中虽然遇到了一些困难，但也有相当数量的成功案例。大学生创业肯定是值得鼓励的，关键是要有准确的观念与思路，要对自己有一个合理的规划与定位，要与有市场经验的人合作，要摆脱学生公司的意识，要进行科学化、职业化的管理来获取事业成功。

三、师范生生理与心理素质

学前期是幼儿身体和心理迅速发展时期，可同时幼儿身心发展仍尚未成熟。在身体方面，幼儿身体生长发育比较柔弱，免疫功能还未形成，容易感染疾病；骨骼富有弹性，肌肉软弱无力、易疲劳、易受损伤；心脏、肺脏功能也尚未完善，负荷能力较差；幼儿各种运动技能和脑功能承担一定负荷等。在心理方面，此阶段是幼儿心理发展的飞跃时期，以具体形象性为主，抽象概括性逐步发展，但对危险的辨别能力差、应变能力缺乏等。幼儿具有对成人依赖性较大、天真、幼稚、可塑性极大等特点，幼儿每天大部分时间生活在幼儿园里，与教师朝夕相处，他们的游戏、学习、生活都由教师指导、管理和培养，教师不仅是幼儿知识、智慧的启蒙者，而且是幼儿情感、意志、个性的塑造者，在幼儿眼中，教师是无所不能的权威。正是由于教育对象的特殊性，幼儿教师的身心健康对幼儿身心健康的发展有着重要影响，而学前期幼儿身心健康关系到幼儿今后一生的健康和幸福，因此，幼儿教师应具备良好的生理心理素质，这对幼儿的发展具有不可低估的作用。

1. 生理素质

根据我国《幼儿园教育指导纲要（试行）》的有关要求，结合幼儿生长的生理特点和全面发展的教育目标，幼儿教师不但要有良好的职业道德素质、智力技能素质、科学文化素质、教育和艺术活动素质外，而且要有良好的身体素质和心理素质。

幼儿教师的身体健康是幼儿身体健康的重要保证，身体素质是幼儿教师进入幼儿园工作的第一必备条件。国家在《中华人民共和国教师资格条列》中明确规定，教师要具有良好的身体素质和心理素质，无传染性疾病，无精神病史，适应教育教学工作的需要，在教师资格认定机构指定的县级以上医院体检合格，传染病、精神病患者不适宜在幼儿园工作。《托儿所幼儿园卫生保健管理办法》（卫生部、教育部令第 76 号）中规定，对申请认定幼儿园教师资格人员，除其他体检项目外，增加淋球菌、梅毒螺旋体、滴虫、外阴阴道假丝酵母菌（念珠菌）（后两项指妇科）检查项目。各地省市对幼儿教师身体素质的把关也更为严格，如广东省规定，无论“大小三阳”，只要转氨酶正常并排除肝硬化者就可当老师，但却不宜从事幼儿工作。此外，幼儿园每年定期组织教师进行身体检查，以保证教师群体的健康化。

2. 心理素质

健康的身心素质是教师从事教育教学工作的基本保证，幼儿健康的心理与幼儿教师健康的心理状态密不可分。幼儿教师的职业特殊性使得教师在与幼儿的交往中要耗费大量的心力，容易陷入紧张、焦虑、压抑、苦闷之中。因此，幼儿教师必须要有良好的心理素质，即积极、主动、乐观、自信、灵活、宽容，能勇敢面对竞争的压力和工作的挫折，善于化解人际沟通中的矛盾，努力改善日常生活的氛围，调节紧张、压抑的情绪和心境，使自己在从事的工作中始终保持一种积极向上的精神面貌，给幼儿营造出宽松、和谐的教育氛围。大量事实证明，教师健康的个性品格、坚强的意志、高尚的情操、积极乐观的态度、幽默开朗的性格和愉快的心境，能感染他人，使幼儿活动起来心情舒畅、劲头十足；若教师心理失调，无论如何也不能正确地理解幼儿的行为，更谈不上矫正不良心理。因此，良好的心理素质和人格特征是幼儿教师全面提高素质的有力支撑。

幼儿教师多以女性居多，她们同时扮演着母亲、妻子、女儿和幼儿教师等各种角色，不仅承担着非常复杂而繁重的家庭职责，而且还承担着艰巨的教育任务，面临着多重角色的压力。幼儿教师的工作繁重、复杂，承担的责任很重，需要随时处理突发事件，工作特点要求她们要投入大量的时间和精力，需要她们付出极大的爱心、耐心和责任心，加之女性特有的生理和心理上的特点，使得幼儿教师更容易产生心理问题。大多数幼儿教师认为工作琐碎，身体疲惫，容易产生职业倦怠感和职业厌恶感，容易产生多种心理压力和心理障碍。有研究表明，幼儿教师普遍存在心理健康问题。她们要承担繁重的家务劳动，有些幼儿教师的孩子年龄小需要培养，夫妻双方的老人需要照顾，多方面的压力可能促成了多方面的心理健康问题。社会评价也会给幼儿教师带来压力，社会对教师期望值过高与教师评价体系不够完善对教师心理产生了很大的影响。

3. 自我生活能力

自我生活能力即在生活中的自我管理能力，包括生活自我管理能力和生活自理能力。生活中的自我管理能力是在生活中人际交往、为人处事、遇到问题时对出现的问题能恰当妥善处理的一种能力。例如，人际交往中遇到不如意等问题时，能够合理地宣泄自己的情绪，并能冷静地处理事情。生活自理能力差是当今大学生身上普遍存在的问题，尤其在当代独生子女政策下，经调查显示在不少幼儿园教师中，与非独生子女教师相比，独生子女教师往往表现为自我生活能力较差和责任心较弱，且自我中心和依赖意识较强。

4. 自我身心素质测评

无论从事哪种职业的人都必须具备一定的身心素质，否则用人单位提供的个人发展条件再好，自身恐怕也难以胜任工作要求。一名教师需要有综合、全面的素质，既包括显性的素质，如身体素质、组织管理能力、沟通能力等，又包括隐性的素质，如爱心、耐心、责任心等良好的心理品质，沉着、执着、自制等自我控制能力等。近年来，随着一些校园伤害事件的出现，教师的心理健康问题越来越受到社会的关注，教育部已经出台了有关规定，要求在公开招聘新人教师的过程中，尤其要注意考核应聘人员的思想政治素质和职业道德，凡是有不良行为记录的或者经严格测评存在心理问题的，一律不得录用。心理素质决定岗位的适应性，且今后的发展趋势是心理健康合格与否对教师能否上岗起决定性作用。因此，幼师生通过一定方式进行自我身心素质测评将有助于其更好地了解自我，完善自我，提前为将来的职业生涯做好准备。

虐童事件为何接连发生

近一段时间，各地幼儿园频频曝光"虐童"事件："广东番禺女童被摔导致全身瘫痪""太原儿童被老师狂扇数十耳光""温岭幼师以虐童取乐"。这一起起教师虐待孩子的事件触痛了我们每个人的神经。原本应该是护花园丁的幼儿教师，为什么变成了让人恐惧和痛恨的虐童魔鬼？山东卫视《调查》栏目对此予以了关注。

2012年7月2日上午，有语言障碍的瑶瑶在番禺子惠儿童康复中心做康复，老师许立欢因为瑶瑶不配合，故拉起瑶瑶的双手将其凌空吊起，然后快速地扔在地上，之后踢了瑶瑶一脚，再拉起瑶瑶的双脚将其进行原地360°翻转。

事后检查，瑶瑶左侧脑组织受损严重，造成其右侧肢体全部瘫痪，经过两次手术、电疗、针灸等康复治疗，瑶瑶的右手有了些感觉。但是原本活泼的瑶瑶现在只能靠固定才能站起来。目前最需要解决的是瑶瑶的巨额医药费问题。

2012年10月10日，广州番禺区子惠儿童康复中心许立欢涉嫌故意伤害幼童瑶瑶一案，一审在番禺区法院公开审理，被告人许立欢对指控事实供认不讳，据许立欢说事发当天她看到瑶瑶不听话，心里很急躁，加上心情不好就动手打了瑶瑶。出事以来，瑶瑶的前期治疗费一直由番禺子惠儿童康复中心垫付。

据记者调查，今年27岁的许立欢初中毕业后一直在一家物流公司工作，2012年5月才应聘进入番禺子惠儿童康复中心。在这之前，许立欢没有任何从事特殊教育的经验。

与此类似的虐童事件并不少见，最近有一张照片在网络上被疯狂转载达30多万次，照片上面带微笑的女老师和痛苦万分的小男孩形成了强烈的视觉对比。"扯耳照"发生在浙江温岭市的蓝孔雀幼儿园小二班。照片上年轻的女老师叫颜艳红，她面带微笑地拧着一名小男孩的双耳，将他凌空提起十几厘米，小男孩的面部通红，举着双手，张大嘴巴，脸上现出痛苦的表情。

陈君燕是"扯耳照"上小男孩的母亲。她说，儿子今年四周岁，一直在这个幼儿园上学。以前性格活泼开朗，尤其爱和幼儿园的小朋友一起玩耍。可自从颜艳红带班后，儿子变得越来越不"听话"，几乎每天都要想方设法逃避上学。

面对颜艳红有失师德的行为，人们愤怒了，是什么让她如此对待只有几岁的孩子呢？

"我没有考资格证，又不做一辈子"，这是颜艳红跟一个网友聊天时说过的话，除此之外她还透露自己是凭关系进幼儿园当教师的。网友经过人肉搜索曝光了更多关于颜艳红虐待孩子的信息：把孩子扔进垃圾桶里，用宽胶带封住孩子的嘴巴，让孩子头顶着簸箕，男孩女孩互相亲吻，孩子跳舞时被脱掉裤子等，不仅如此，每张照片下面都留有标注，比如不听话、罚站、阿姨让你这么做等。

大家在责骂这个无良老师的同时，也有很多人在猜测，只有高中学历的颜艳红是不是在心理或精神上存在问题呢？这样一个人是怎样当上幼儿老师的呢？院长回答说是通过面试进来的，而且她的录用分数还挺高。

（来源：http://news.sina.com.cn/c/2012-11-01/112025487652.shtml）

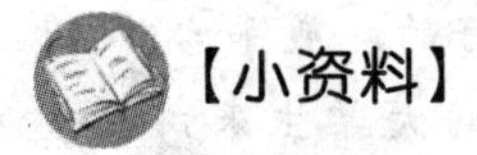

【小资料】

大学生频繁跳槽，"跳早族"跳出职场尴尬

当不少应届生感叹"工作不好找"的时候，许多往届毕业生正在上演着"频繁跳槽"的怪事。他们中大多工作几个月就辞职，已然从"跳蚤"升级成"跳早族"，他们中不乏有得偿所愿的，但更多的却是跳得越快，得到越少。究竟是什么原因让众多大学生成为"跳早族"？

频繁跳槽，她成了职场"漂流瓶"

去年7月份，小娇从一所工程院校的信息科学专业毕业，不到一年的时间里，她辗转了湖州、杭州、宁波、台州等多个城市，换了7份工作，且现在仍处于失业状态。

毕业后，小娇陆续在宁波、杭州、湖州的几家信息公司工作了几个月都不满意，最后在家人的劝说下回了台州老家，托亲戚帮忙在一家机械厂找了一个财务的岗位。然而非科班出身的小娇工作起来非常吃力，在年终核算中频繁出错。无奈之下，在年初的时候，小娇又跳槽了。

可这次跳槽后再找工作时，小娇发现自己的情况有点尴尬，"在杭州、宁波这些大城市的信息技术公司面前，我资质太浅，又不是名校毕业，人家不要我，可如果是小公司，工资、福利又不高，基本生活都很难支撑，我又不想去。"尝试向几家正规的公司求职无果后，小娇一边在宁波这个熟悉的城市过着漂泊生活，一边通过考公务员等渠道寻找新的出路。

跳槽意味着选择，跳还是不跳

"跳槽就是一个人生选择的过程，不跳怎么知道什么是适合自己的。"这是我们在调查采访中，许多大学生认可的一个观点，只不过他们中有些人通过不断选择，寻找到了属于自己的职场坐标，有些人则像小娇一样，越跳越迷茫，成了职场"漂流瓶"。

小蒋前年从一所工商职业技术学院毕业，在惠普电脑公司找了份软件工程师的工作，做了不到一年，小蒋发现这份工作稳定有余，收入却不高，后来小蒋经朋友介绍到另一个电脑品牌的销售公司做业务员，可这家公司经常拖欠工资、克扣提成，公司的员工一起来了个"集体跳槽"，小蒋也跟着大家辞了职。

接下来，小蒋并没有马上开始找新工作，而是有了新的打算，"我学历不高、能力不算出众，要想成功，得要再给自己充充电。"在家人的支持下，小蒋去电大报了名，准备考一个管理类的本科文凭，另外考一些计算机类的专业证书。

相比之下，小成算是毕业生里面的幸运儿，去年从一所工程学院物流专业毕业后，他就到一家知名的生产企业做销售工作，薪资、福利等各方面都还不错，如今他已经是这家工厂驻温州地区的销售代表，月薪近万元。小成觉得，第一份工作要非常重视，根据自身情况和行业特征综合确定，"现在想来最感谢自己当时的明智，没有在一开始随便挑一个工作来做，而是在仔细斟酌之后才找到了适合自己的工作。"

第一份工作很重要，大学生要做好职业规划

"现在刚毕业的大学生跳槽频率比以前高了很多，一年跳三四次的都有，跳槽甚至相互影响成了一种习惯。"宁波大学就业指导中心主任胡宝华分析，大学生缺乏职业规划是造成跳槽频繁的主要原因，"他们对社会发展及用人单位需求状况不了解，对自己的性格、兴趣、特长、优势、劣势、潜能也缺乏科学分析，求职并没有明确目标。"

除了大学生自身的原因，我们认为，一些企业用人管理制度不规范也是大学生跳槽频繁的诱因,"有些企业用人机制并不完善,对员工培养不够,很难为大学生提供良好的发展平台。"对于频繁出现的大学生"跳早族"现象,我们认为,"第一份工作对于初入职场的大学生来讲很重要,频繁离职很难赢得未来雇主的信赖,也失去了在行业内积累专业技能和人脉的机会。"

建议:大学毕业生在求职前务必要准确评估自己掌握的专业知识和技能,弄清楚自己的优势与劣势、擅长与不足,在充分了解求职信息的基础上,结合当前的职业机会设定职业目标,并制订短、中、长期的职业规划,职场新人可以"尝试",但一定要把握好"度",如果出现了职业困惑和不适应,应及时调整心态或尽快到专业机构寻找帮助。

【探索与思考】

1. 大学生常见的职业选择策略有哪些?
2. 大学生频繁跳槽给你什么样的启示?
3. 师范生生理心理素质如何调适?

第五章

大学生职业生涯规划实施方案及评估修正

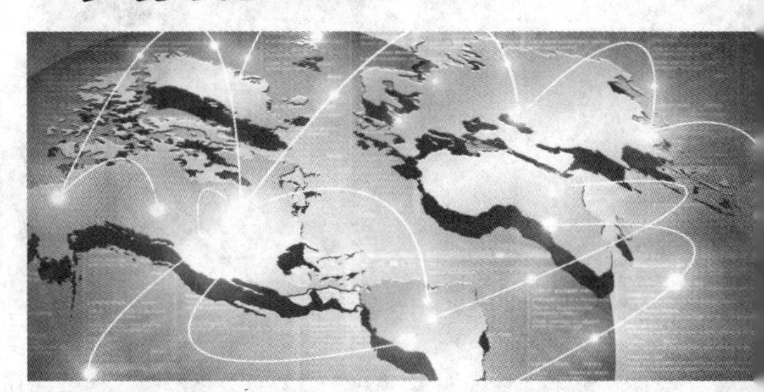

DAXUESHENGZHI YESHENGYAGUI HUASHISHIFANG ANJIPINGGUXIU ZHENG

本章导学

大学生在求学期间应制订合理的学习生涯规划方案并实施方案，只要坚持实施这些阶段性方案，实现这些阶段性目标，在大学期间的生涯目标就一定能实现。必须了解和掌握的是，生涯规划是一个动态变化过程，规划方案的超前性包含了方案实施过程中的诸多不确定因素，因此必须重视规划方案在实施过程中的行动反馈和结果反馈，以便随时对制订的生涯规划方案进行评估与修正。

在职业生涯发展的道路上，重要的不是现在所处的位置，而是迈出下一步的方向。

——程社明《你的船，你的海》

第一节　制订大学生生涯规划的实施方案

拿破仑说："想得好是聪明，计划好是聪明，做得好是最聪明。"成功人士的秘诀是：行动、行动再行动！唯有行动才能决定你的价值。行动可以让你的梦想和目标从思想领域步入现实领域。不论是朝向自己心中的圣地，还是那使命的征途，抑或那平凡的不朽，这一切都需要我们现在就迈出行动的步伐。实施方案不等于目标，而是根据目标所制订的为达到目标而必须采取的行动措施。实施方案必须具体。

在现实生活中，许多人信誓旦旦要实现的理想经常会半途而废，往往不是因为实现目标难度过大，而是觉得成功离自己很远。因此，大学生制订生涯目标实施方案时，应该把三年（五年）的最终目标分解成一个个阶段性目标，相应地制订一个个阶段性目标实施方案。

一、大学三年的行动方案

大学三年的整体规划是根据自己的毕业去向这一总目标制订的行动方案，其可以以年度为单位来制订行动计划，大学三年行动规划表和大学五年行动规划表分别如表 5-1、表 5-2 所示。

表 5-1 大学三年行动规划表

实施时间		学业方面		生活成长方面		社会实践方面	
		目标	方案	目标	方案	目标	方案
第一学年	上学期						
	下学期						
第二学年	上学期						
	下学期						
第三学年	上学期						
	下学期						

表 5-2 大学五年行动规划表

实施时间		学业方面		生活成长方面		社会实践方面	
		目标	方案	目标	方案	目标	方案
第一学年	上学期						
	下学期						
第二学年	上学期						
	下学期						
第三学年	上学期						
	下学期						
第四学年	上学期						
	下学期						
第五学年	上学期						
	下学期						

二、年度(或学期)行动计划

年度(或学期)行动计划是为了完成年度(或学期)任务而制订的配套的实施方案。比如学生本年度要想争取到国家级的一等奖学金，那其每月要完成多少学习任务，例如前三个月完成各学科需要做的准备，中间三个月认真突进学习，再用三个月巩固和消化知识点，最后一个月进行模拟考试和考试技巧的培训等。年度行动计划表如表 5-3 所示。

表 5-3 年度行动计划表

实施时间	学业方面		生活成长方面		社会实践方面	
	目标	方案	目标	方案	目标	方案
1月						
2月						
3月						
4月						

续表

实施时间	学业方面		生活成长方面		社会实践方面	
	目标	方案	目标	方案	目标	方案
5月						
6月						
7月						
8月						
9月						
10月						
11月						
12月						

三、月度计划

月度计划围绕月度目标制订，它应以每周为单位来制订相关内容（见表5-4）。比如，我计划本月完成四首钢琴曲目的弹唱，那前两周每周安排三首曲目学习，第三周安排一首曲目学习和训练等，第四周则安排四首曲目的巩固和练习等。这些计划都包括了对要做的工作、应完成的任务在质和量方面的要求等。

表5-4 月度计划表

实施时间	学业方面		生活成长方面		社会实践方面	
	目标	方案	目标	方案	目标	方案
第1周						
第2周						
第3周						
第4周						

四、周计划

周计划围绕周目标制订，其应以天为单位来制订相关内容（见表5-5）。比如，我一周要完成一支舞蹈学习，那我每天至少要完成两个动作的训练。

表5-5 周计划表

实施时间	学业方面		生活成长方面		社会实践方面	
	目标	方案	目标	方案	目标	方案
星期一						
星期二						
星期三						
星期四						

续表

实施时间	学业方面		生活成长方面		社会实践方面	
	目标	方案	目标	方案	目标	方案
星期五						
星期六						
星期日						

五、日计划

日计划是生涯规划中最细小的单位，它围绕每天的目标来制订，一般细化到每小时的工作安排(见表5-6)。比如，我每天安排早上6:00—7:00一个小时、晚上9:00—10:00两个小时练习简笔画等。每天晚上进行当日计划总结和考虑明天的计划。

表5-6　日计划表

实施时间	学业方面		生活成长方面		社会实践方面	
	目标	方案	目标	方案	目标	方案
6:00—7:00						
7:00—8:00						
8:00—12:00						
12:00—14:00						
14:00—17:00						
17:00—18:00						
18:00—19:00						
19:00—21:00						
21:00—22:00						
22:00—6:00						

总之，有了科学合理的在校期间生涯规划和与之配套的行动方案，就必须严格实行该行动方案，如此才能使自己的生涯规划目标得以实现。在许多情况下，学习生活中可能出现许多特殊情况(如运动会、艺术节或身体不适等)干扰我们的计划和安排，这时我们应该加倍地珍惜时间，把耽误的时间补回来，同时，在制订具体方案时，要留有一定的机动时间来处理这些特殊事件。为了保证自己的行动与努力的目标一致，我们需要最大限度地根据所制订的生涯发展规划约束自己的行为。

下面提出几项措施来帮助幼师生更好地实行自己的大学生涯规划实施方案。

(1) 经常回顾构想和行动规划，必要时做出调整。

(2) 如果自己的理想蓝图发生变化，职业生涯构想和行动规划也要做出相应的变动，从而目标和策略也应随之改变。计划毕竟是计划，往往需要和现实结合起来实施动态管理，否则，缺乏灵活性也会导致计划落空。

(3) 把学业构想和任务方案存入计算机文件或贴在床头等可经常看见的地方。同时为了避免自己忘记重要的学习目标和时间表，最好将这些内容放在自己经常能看得见的地方，如写在日历上时刻提醒自己。

(4) 当做出一个对学习和生活极其重要的决定时，要考虑一下职业生涯构想和行动规划，并确保正在仔细考虑的决策与自己的本意相符。有的情况下，可能有一些重要的诱因能获得短期内的收获，但从长期考虑有损失。比如，很多大学生在对待毕业后是升本还是就业的问题上犹豫不决，这时就应拿出自己的规划表好好看一下，明确自己的本意和设想，从而避免出现随大流的盲目行为。

(5) 与亲朋好友讨论自己的职业生涯构想和行动方案，并询问实现该构想的途径。向亲朋好友公开自己的职业生涯规划往往能督促自己行动。如果计划只是自己知道，往往在遇到困难时容易退步，而且心理上没有压力。反之，如果事先将自己的设想告诉亲朋好友，先征求别人的意见和建议，再采取行动，一方面集体的智慧可以帮助自己设计最优的策略和方案；另一方面，可对自己进行约束，增加责任心及激励力量。

(6) 保证至少每三个月检查一次自己的学习进度。过程监督十分重要，可以发现职业生涯规划中存在的问题，可以考察计划的落实情况，可以有针对性地提出解决方案。如果感到自己的生活过于轻闲，那就意味着目标定低了，需要进行调整，适时适当地调高目标。这样可以使自己的目标难度更合理，使成就水平更高。如果感到自己的生活节奏很慢，效率很低，没有实现职业生涯规划的目标，首先要考虑自己的动机水平是否足够。

(7) 要有毅力。有些大学生有计划，但总是不将计划放在心上，学期初制订好的学期计划因意志力不够坚定而半途而废，影响了职业生涯规划的进一步实施。

第二节　大学生职业生涯规划方案的评估与修正

影响落实职业生涯规划的因素有很多，有的变化因素是可以预测的，而有的变化因素则是难以预测的。在此情况下，要使职业生涯规划方案行之有效，就需要不断地对职业生涯规划方案进行评估与修正。

一、职业生涯规划评估

职业生涯规划评估主要是对各阶段的预定目标和实际结果之间的差距进行分析，找出差距产生的原因。

(一) 差距产生的原因

预定目标和实际结果出现差距的原因主要有以下几点。

(1) 目标定得过高或过低。目标定得过高超过个人能力，再努力也白搭，这时要适当调低自己的目标，否则会伤害自己的自信心；目标定得过低，自己不需要花费很大的精力就可以实现，那这种目标也没有什么价值，这时就要及时调高自己的预期目标，使自己的能力充分发挥出来。

(2) 目标合适而行动方案与之不匹配。当目标合适而行动方案与之不匹配时会导致目标无法实现。例如，入学之初学业规划目标中有通过普通话二甲考试这一项，但在实施方案的过程中没有安排足够的普通话训练时间。

(3) 目标和行动方案都合适,但执行不力。例如,目标是通过普通话二甲考试,实施方案中亦安排了普通话训练的具体时间,但由于其他许多事情耽误了普通话练习,导致目标没法实现。

(二) 职业生涯规划评估的要点

一般来说,职业生涯规划的评估都可以归结为自我素质和行为对现实环境的适应性判断,分析自己的现状,特别是针对变化的环境,找出偏差所在,并做出修正。

1. 抓住主要矛盾

猎人如果同时瞄准几只兔子,那么他可能一只兔子也打不到。同样,在大学生职业生涯规划的评估中也不必面面俱到,而是抓住一两个关键的目标和最主要的策略方案进行追踪。在求学生涯的某一阶段,总有一个最重要的目标,其他目标都是指向这个核心目标的,故我们完全可以通过优先排序重点评估那些可能达到这个核心目标的主要策略的执行效果。

2. 分离出最新的需求

针对变化了的内外环境,要善于发掘最新的趋势和影响。俗话说“跟上形势”,大学生在做职业生涯规划的过程中,要善于抓住外部环境的最新变化来制订适当的策略,保证自己的职业生涯规划不落伍。

3. 找到突破口

有时候,在某一点上取得突破性的进展将使整个局面发生意想不到的改变。想一想,你先前规划中的策略方案,哪一条对于目标的达成可能有突破性的影响?达到了吗?如何寻求新的突破?

4. 关注最弱点

管理学中有个著名的木桶理论,即一个沿口不齐的木桶,其容量的大小不取决于最长的那块木板,而取决于最短的那块木板。在反馈评估过程中,当然要肯定自己取得的成绩与长处,但是更重要的是切合变化的环境发现自己的素质与策略的“短木板”,然后想办法修正,或者把这块短木板换下,或者把它加长,唯有如此,你的职业生涯这只桶才能有更大的容量。你可以在1年、2年或者3～5年后回过头来看看你在制订实施策略前,通过SWOT分析发现的劣势如今是否通过阶段性行动的努力而有所改观。如果没有,策略为什么会行而无效或者行不通?差距又在哪里?

一般而言,你的“短木板”可能存在于下列方面:

(1) 观念差距。观念陈旧往往会造成策略的失误,导致行动失败。因此,要不断检查自己的观念、更新自己的观念。

(2) 知识差距。按照实施策略所积累的知识仍然不够?还是学错了方向?要取得职业的成功,需更加注重建立合理、科学的知识结构。

(3) 能力差距。环境在变化,市场对人的能力的要求也是不断变化的。彼一时你通过种种努力提高了某些能力,但此一时可能又会出现新的差距。另外,前一阶段是否坚持按计划措施来提高能力了?提高了多少?遇到了什么困难?这对以后都是一个重要的启发。

(4) 心理素质差距。很多时候,我们没有取得预期的进步,并不是因为规划得不够好或者措施不够得当,而是因为心理素质不够。一个人职业生涯的发展过程其实是其心理素质的成长过程。大学生要不断加强心理素质锻炼,提高心理的适应力、承受力,树立良好的职业心态以及阳光的心态。

二、职业生涯与发展规划的修正

人生目标往往是基于特定社会环境和条件确定或实现的，社会环境和条件总是在变化，故确定了的目标也应该随之进行修改和更新。对大学生来说，就业环境的不断变化使得不断修正和更新自己的职业生涯与发展规划成为必需。

(一) 职业生涯与发展规划评估与修正的目的

通过评估与修正，应该达到下列目的：

(1) 对自己的强项充满自信(知道自己的强项是什么)；

(2) 对自己的发展机会有一个清楚的了解(知道自己在什么地方还有待改进)；

(3) 找出关键的有待改进之处；

(4) 为有待改进之处制订详细的行动改变计划；

(5) 以合适的方式答复那些给予反馈的人，并表示感谢；

(6) 实施你的行动计划，确保你能够取得显著的进步和商业成就。

(二) 职业生涯与发展规划修正的内容

上述问题的答案将作为修正职业生涯与发展规划的参考依据，对职业生涯与发展规划进行修正的内容包括：

(1) 职业的重新选择；

(2) 职业生涯路线的选择；

(3) 阶段目标的修正；

(4) 人生目标的修正；

(5) 实施措施与计划的变更。

(三) 在职业生涯与发展规划的修正过程中应注意回答以下问题

(1) 你的性格特点是什么；

(2) 你最感兴趣的事情是什么；

(3) 你有哪些就业技能和条件；

(4) 你想做的工作和你能做的工作是否有差距；

(5) 你是否好高骛远；

(6) 你建立了自己的就业信息网络吗。

总之，职业生涯规划完成并实施后，我们必须对阶段性的结果进行评估，根据评估的结果找出规划与结果之间的差距，分析出差距产生的原因，并有针对性地对计划进行调整，并按新调整的方案有效地围绕目标行动。评估和修正可以按表5-7所示的模式进行。

表5-7 规划与实施结果评估表

阶段目标(预计结果)	实施结果	评估差距	分析差距产生的原因	修正措施

第三节 大学生职业生涯规划现状与对策

在我国,随着大学教育由精英教育逐步转化为大众教育,大学毕业生就业困难问题日益凸显,对专科层次的高职高专院校毕业生来说,就业形势尤其严峻,越来越多的高职毕业生站在就业的十字路口茫然无措。造成这种现象的其中一个非常关键的原因就是高职毕业生在大学期间缺乏对未来生活和职业目标的规划与准备。因此,对高职大学生开展系统、全面的职业生涯规划教育具有很强的现实意义。

一、高职院校学生职业生涯规划存在的问题及解决策略

对高职学生加强职业生涯规划教育是为了提高学生的综合素质与创业、择业的竞争力,实现高职教育与市场需求的无缝对接。要准确理解这一概念,需要明白以下几点:①规划的前提是全面客观地认识自身和外在环境;②规划的首要任务是确定个人的职业生涯发展目标;③规划是一个连续系统的动态过程,包括理想职业目标的确定、自我评估和环境分析、选择职业生涯路线、制订行动计划以及反馈调整等步骤;④规划的实现是渐进的,必须遵循一定的时间安排;⑤规划的最终目的是实现最初的职业目标。

(一)高职院校学生职业生涯规划存在的问题

(1)职业生涯规划教学形式单一、手段落后。目前,我国高职院校开展的职业生涯规划指导工作存在的普遍问题就是指导方法和手段的单一。调研发现,开展知识讲座和举办人才交流会是高职院校进行职业生涯规划指导的主要方法和手段。这样的方法和手段忽略了针对学生个体特点的专门咨询和有效指导,也使得职业生涯规划指导工作在我国各高职院校的发展基本停滞不前。这种停留在原始层面的职业指导方式等同于功能单一、内容狭窄的就业指导工作,已经不能充分满足社会需要了,职业生涯规划指导作为一个内容更广泛、内涵更丰富的理念应该反映出当前社会的需求。职业生涯规划指导是帮助学生正确认识自我、认识专业和职业发展需求、培养学生创业能力与自我职业生涯规划能力的教育,它不能简单地传授一些就业信息。

随着就业形势的变化和高职教育在我国的发展,以往的就业指导越来越不能满足高职院校学生们的需求,通过对各高职院校师生对就业指导工作评价的调查可知,就业指导工作人员、在校学生、已毕业学生对学校就业指导工作的满意度不高。可见,当前高职院校现行的就业指导工作已使得很多高职院校的师生感到不满意。

(2)职业生涯规划指导工作的内容不足。现阶段高职院校的就业指导工作主要集中在毕业前或在学期中短暂进行,其形式局限于就业指导式的讲座,另外,在课时上的严重不足使得指导内容缺乏实质性的东西,学生在学习后感觉收获较少。临近毕业,很多学生仍对自身职业生涯发展潜力的认识模糊,对自己的优势、劣势认识不清,并且也不知道自己的兴趣所在,常常误把羡慕的职业当兴趣,不会处理个人理想、兴趣、特长、专业与社会需求的关系。从课程设置和指导内容来看,绝大多数高职院校的职业生涯规划指导工作的内容仅停留在对就业形势的一般介绍和就业政策、规定的诠释上,与职业生涯规划指导工作所应包含的丰富内容相差太多,要取得成效十分困难。

造成职业生涯规划指导工作内容不足的主要原因是在我国传统就业指导工作中一直缺乏职业生涯规划指导的内容。职业生涯规划指导在上世纪中叶开始在西方国家盛行,我们国家对其研究起步较晚,进行职业生涯规划指导的院校就更少。由于我国传统的教育体系中根本没有设置职业生涯规划指导的内容,致使高职大学生在入校前几乎得不到任何形式的职业生涯规划指导。因此,从某种意义上来说,对高职大学生进行职业生涯规划指导就成了一项从零起步的工作。在就业形势日益严峻的社会背景下,传统的就业指导已不能满足高职大学生的需要。

充足的职前准备能够提高高职大学生的就业率。但事实上,高职大学生的职前准备不充分。高职大学生中对与所学专业相关的各种职业了解不多和很不了解的学生占相当部分,同时高职大学生在校期间考取职业资格证的人数也不是很多。系统性、全方位的高职大学生职业生涯规划指导的任务之一就是运用多方力量帮助高职大学生在求学期间完成各方面的职前准备。在高等教育大众化的今天,社会及用人单位对高职大学生的要求一般是"有一颗平常心,从零做起",但这往往是高职大学生难以做到的。就业期望值过高、择业过于挑剔使得高职大学生越来越难找对工作。

(3) 高职院校开展职业生涯规划指导工作的师资严重不足。高职院校的师资力量是高职大学生职业生涯规划指导工作的主要承担者,同时也是高职大学生职业生涯规划指导政策的主要实施者。因此,师资力量的水平直接关系着高职大学生职业生涯规划指导工作的效果。在我国高职院校现在的就业指导部门中具有专业知识的职业生涯规划指导工作人员普遍缺乏。职业生涯规划指导是一项系统而又复杂的工作,也是就业指导的较高阶段,它要求教育工作人员不但具有扎实的就业指导基本功,而且还要掌握职业生涯规划指导的相关理论和实践技巧,对人力资源管理和招聘制度也要有一定的了解。根据这样的要求,我国高职院校的师资水平相差甚远。

(二) 高职院校学生职业生涯规划实施策略

高职高专院校应该把职业生涯规划指导作为当前教育的一项核心内容,贯穿于大学教育的各个阶段,将大学生职业生涯规划的理念贯彻到学校教育管理的方方面面。进行大学生职业生涯规划指导的具体步骤包括以下几个方面。

(1) 大学一年级完成从高中生到大学生的角色转变,重新确定自己的学习目标和要求。熟悉环境,参加新生与高年级学生座谈,在职业认知方面向高年级学生,尤其是大三毕业生询问就业情况,听取他们在学习和就业方面的建议和经验。认识自己的需要和兴趣,确定自己的价值观、动机和抱负。通过参加团组织、学生会或社团等培养和锻炼自己的领导组织能力、团队协作精神,同时检验自己的知识技能;尝试做兼职、参加社会实践活动,并持之以恒,通过在课余时间长时间从事与自己未来职业或本专业有关的工作来提高自己的责任感和受挫能力。学年末写自我总结,剖析自己对个人、对未来职业等方面的认识和体会。

针对大一年级学生,通过课堂讲授相关"大学生就业指导"的内容,辅以"大学生思想道德修养和法律基础"课程的内容来帮助他们适应大学生活,初步进行职业生涯规划。为此要开展成人成才职业规划教育和职业意识培养,通过问卷调查、职业兴趣测定、专场讲座等活动来弥补中学阶段教育的缺陷,争取帮助大一年级学生对大学三年的学习生活有一个初步的认识,合理设计大学生活,认清自己将来所要从事的工作和自己的不足,进而制订学习目标、确立职业目标。

(2) 大学二年级学生在加强专业知识学习的同时应参加与目标职业有关的职业资格考试,

通过职业技能鉴定。根据个人需要收集与就业相关的信息，目标应锁定在提高求职技能、搜集信息上。参加和专业有关的假期工作，参与各种职业技能活动。同学之间交流求职心得体会，学习写简历、求职信等求职技巧，了解搜集就业信息的渠道，通过举办校友会向已经毕业的校友了解往年的求职情况。

通过“马克思主义原理”课程的学习，学生应端正心态进行专业知识的学习，并进行职业道德规范的学习，重在自我认知和做好从事职业前的心理准备。通过与师长的交流和结合本专业的职业定位，努力建立扎实的基础知识和合理的知识结构，在参与实习、兼职、暑期工作或志愿者活动中获得一些工作经验作为参考。

(3) 大学三年级学生应对前两年的求职准备做一个总结。检验自己已确立的职业目标是否明确，准备是否充分。开始毕业工作申请，积极参加招聘会，在实践中验证自己的积累和准备情况。利用学校提供的条件了解用人单位的资料信息，强化求职技巧，进行模拟面试训练，尽可能在做好充分准备的情况下施展演练。

大学三年级学生在参与毕业实习或撰写毕业论文时，可大胆地提出自己的见解，锻炼自己独立解决问题的能力。重视实习机会，通过实习从宏观上了解单位的工作方式、运转模式、工作流程；从微观上明确个人岗位的职责要求及规范，为正式走上工作岗位奠定良好基础。

大学三年级学生的专业知识已经基本具备，主要是进行职业适应训练，学校要经常通过问卷调查了解大学生的就业意向及其心里想法，帮助他们落实职业规划。通过模拟或参加人才市场招聘、搜集求职信息、撰写简历、参加面试等实践活动进行职业分析、准备，有计划地学习一些基本的职业技能技巧，培养创新能力、创新精神以及独立思考和继续学习的能力。学生要进一步认识自我，与师长探讨工作选择和职业发展，在求职前准备好一切“软件”和“硬件”，为即将从事的工作积极搜集信息和材料，抓住所有可能的机会，参加招考。

(4) 强化毕业生的角色意识。教育他们安心本职、虚心学习、勇挑重担、乐于奉献、团结合作等，以便他们更快地适应社会，更好地实现由“校园人”到“社会人”的转变。本阶段的职业生涯规划指导应该以提供具体的职业决策和规划的知识与技能为主，帮助学生在职业分析和自我分析的基础上做出适合自己的职业决策，并形成完善的职业生涯规划。本阶段学校还应该开展创业教育，为学生提供创业训练基础课程，帮助有创业意向的学生策划自己的项目。同时还应该积极联系用人单位，不断推销各专业的学生；举办招聘会，为学生提供优质的就业机会。同时通过各种缓解就业压力的心理指导方法帮助毕业生调整就业前的心理压力。

(5) 将职业生涯规划教育的理念贯穿于大学阶段。随着中国高等职业教育的迅猛发展，各高职院校之间的竞争也越来越激烈。除了抢夺到维持学校发展的生源，还要考虑到学生的就业。由于高职院校以就业为导向，所以毕业生的就业率也成为评价一所高职院校优劣的重要指标。在当前严峻的就业形势下更是如此。就业不仅关系到学校的发展，还关系到整个国家的稳定与和谐。

没有系统的职业生涯规划和科学的就业指导教育的做法极大地损害了学生的利益，使得不少学生在就业几年后就失业了，降低了毕业生的社会竞争能力，从而影响到学生的整个职业生涯的发展。学校必须认识到，毕业生的就业率仅仅反映了培养的学生的基本素质，而教育成功与否更大程度上要通过更长的时间以学生在社会上长期发展中的竞争力、适应力等综合素质来体现。如果其学校只重视学生毕业时的就业率，而忽视了整个大学期间对学生就业指导的培养，那么该校毕业生很可能在步入社会头几年就遭受打击，形成恶性循环。

实践表明，全程职业生涯规划指导贯穿于学生成长的每一步，在学生思想中形成一个对读书与做人、职业与道德、学业与就业的完整概念，从观念、心态、知识、技能等方面做好应对职业挑战的准备，使学生的学习有方向，奋斗有目标，最终把握就业的主动权。学校必须从传统的观念中转变过来，将职业生涯设计理念贯穿于学生三年的学习生涯，根据学生的不同年级、不同专业、不同社会环境和就业形势等进行有针对性的指导；努力整合各方资源，创设各种工作和实践环境，为大学生的成功就业提供实习场所，使他们在具体的活动中认识自我、掌握职业技能、设计职业生涯。

实践锻炼可以使学生反思自身的不足，及时调整知识和能力结构，建立合理的知识和能力结构，使职业生涯规划更加科学化、具体化，为今后的职场生存奠定良好的基础。

二、女大学生职业生涯规划与就业意向

女大学生职业生涯规划能力不强的原因是多方面的，既有大学生本身的原因，也有家庭和社会的原因。

（一）女大学生职业生涯规划存在的问题

（1）男女相对平等的社会氛围。虽然我国设有《中华人民共和国劳动法》《中华人民共和国劳动合同法》《中华人民共和国妇女儿童权益保护法》等法律法规，为女性在学习、生活和工作等方面与男性享有同等权利提供了法律保障，但是在现实生活中这些法律法规的执行力度不大，在市场经济的今天，很多企业因为大部分女性要经过孕期、产期、哺乳期三个生命周期，为了自身利益的最大化和节省人力资源成本，拒绝录用女大学生或者拒绝为女性提供更高级的职位晋升。我国实行男女退休年龄不同的政策，在工人编制方面，女性比男性提前 5 年退休；在干部编制方面，女性比男性提前 5 年退休。这些规定缩短了女性的工作时间，降低了其收入水平。而收入水平高的女性往往较收入水平低的女性在家庭中的地位高，幸福感也较强。

男尊女卑的陈旧观念。受传统思想“男尊女卑”和“男主外女主内”的影响，人们对女性的职业期望明显比男性低，觉得应该将工作和事业托付于男性。受这种陈旧观念的影响，许多女大学生放松对职业的追求，有的甚至把“干的好不如嫁的好”“女子无才便是德”作为自己的人生信条。社会上有些人将事业成功的女性称为“女强人”，这暗喻着女性不用或不必把人生的重心放到工作上，而应该把做一个好妻子和好母亲作为自己的职业。所以当工作和家庭发生冲突时，许多女性选择了“回归家庭”的做法，这种做法严重制约了女性的职业生涯发展。

职业性别隔离，社会刻板。从职业角度来看，部分职业存在着一定的性别特征和歧视。例如，销售行业是就业人数最多的行业，但是公司在选择销售人员的时候喜欢招收男性，而对女性较为歧视。客观上就形成了职业性别隔离，而这种性别隔离却广泛地存在于女大学生就业的过程中。更有甚者，公司在招聘时明确注明只招收男性，使得女大学生的就业问题更为严峻。造成这种现象的原因主要是社会刻板，认为女性在某些岗位上发挥的效能不如男性。正是由于社会刻板的观念存在，进一步造成了女大学生职业生涯规划的不畅通，致使女大学生不能准确地进行职业定位和职业准备，导致其职业生涯受阻等问题。

（2）家庭观念中父母的观点左右着女大学生的择业观。父母是孩子的第一任老师，在女大学生完全成熟之前，父母及其亲属对她的择业观念和职业期望会有所影响。女大学生有整体依赖性和从众心理，较高学历女生会更强，特别是女大学生正处于职业探索阶段时，父母的意见对

其职业规划尤为重要。女大学生一旦形成了对某职业的兴趣,她们就会进入职业准备阶段。而且在我国传统文化之中,父母之命必须听从,所以在职业规划方面,家庭因素会一直伴随职业生涯。

家庭背景会影响女大学生的职业生涯规划目标。社会上流传着一句话“学好数理化,不如有个好爸爸”,于是有的女大学生将找工作的重心放在了社会关系和家长身上,而忽略了自身的成长才是职业成功的最好保障。而且父母的受教育水平明显影响着女大学生的职业生涯规划水平,这可能与父母的知识面和知识层次有关。

(3)女大学生自身因素的影响。女大学生职业生涯规划的主动性即主观能动性较差,从近年来高校录取的女生的情况看,一部分女生只喜欢穿衣打扮并且缺乏人生目标,且自身刻苦钻研的精神不够;也有部分女生的学习能力、智力、记忆能力与高中时期相比,有一定差距;有的女生虽然显得聪明伶俐,但对以课堂、书本为主的灌输知识的教育方式不适应;更有一部分女大学生对任何学习都不感兴趣。也就是说,女大学生这个群体整体上存在着学习被动的局面,所以其职业生涯规划的主动性较差。

择业依赖感强。面对日趋紧张的就业形势和自身生理的弱势,女大学生过分依赖家长和学校帮其择业和就业,不能做到积极调整心态去迎接挑战,一味消极等待。用朋友的、父母的、老师的观点来代替自己的观点,不能独立思考,缺乏主见,不注重自身职业素养的提高,因此可能最终失去展现自己风采的职业舞台。还有些女生想做“毕婚族”,把婚姻当作自己的事业,将职业幸福与婚姻幸福连接到了一起,这种思想是要不得的,工作和家庭都是女性幸福感的源泉。正如舒婷所说,绝不做攀缘的凌霄花,而要做一棵并肩站立的木棉。

(二)提升女大学生职业生涯规划能力的方略

(1)建立专门的女性职业生涯指导机构。女大学生的职业生涯与男大学生的职业生涯主要有两个不同点:一是多数女大学生在职业过程中会经历生命中的三个周期(孕期、生产期、哺乳期);二是有的女大学生的职业生涯呈断续状。这些特点从人力资源角度看,增加了人力成本,降低了经济效益,所以很多企业拒绝接收女性从业者。而专门的女性职业生涯指导机构可以为女性提供就业状况分析、二次就业培训、合理安排生育时间等全方位的服务,促进女性充分就业。通过专门的女性职业生涯指导机构为广大的女大学生提供更为专业的职业生涯规划。避免女大学生因为自身规划不足或者规划能力较弱造成职业生涯规划失败的问题。

构建正确的社会性别文化体系,避免职业性别隔离。针对社会刻板以及职业性别隔离问题,应该建立正确的社会性别文化体系,加强宣传,让女性在职业选择方面与男性有同样的权利。通过构建社会文化体系的方式改变用人单位重男轻女的旧观念,积极倡导男女平等的社会性别文化,让社会认识到女性同样可以在某些岗位上发挥积极的作用,女大学生在某些专业方面同样可以和男大学生做得一样好。社会性别文化的传播不是一蹴而就的,需要一个漫长的过程,需要各个岗位的人员积极宣传和倡导。社会性别文化不仅需要国家的支持和倡导,而且需要社会传媒力量以及高校的教育和支持。此外,企业也需要在社会性别文化传播过程中构建男女平等、择优录取的用人机制。打破传统用人理念,切实避免社会性别隔离等问题。

(2)高校要重视职业生涯规划,加强职业生涯规划教育。高校要提高对职业生涯规划重要性的认识,转变教育观念。首先,学校要明确职业生涯规划的重大意义。职业生涯规划不仅可以培养女大学生的人生规划能力,还可以培养其创业意识,对其未来发展具有深远的意义。其次，学校要转变办学理念。有必要开展专门针对教育行政部门和学校领导的职业生涯规划培训，提高他们对职业生涯规划的认识，让他们充分认识到职业生涯规划给女大学生带来的巨大挑战，及时抓住职业生涯教育给学校发展提供的难得机遇，切实把女大学生职业生涯规划作为学校改革和发展的突破口，更新观念，落实职业生涯规划教育必需的人力资源和物质资源。最后，端正教师对职业生涯规划的认识。职业生涯规划对于女大学生文化基础课和技能课的学习具有促进作用。通过职业生涯规划，女大学生可以进一步认识到掌握技能的重要性，从而提高自己学习文化科学知识的自觉性和兴趣。

重视师资建设，注重教师专业成长。职业生涯规划课程具有高度综合性，强调各门学科、各种知识间的联系与综合运用，对教师的综合素质要求很高，对现有教师队伍构成了一个巨大的挑战。首先要有专业化的师资队伍。建设一支数量足够、具有专业素质和教育能力、稳定的教师队伍是成功进行职业生涯规划教育的关键，教育主管部门应采取积极有效的措施稳定职业生涯规划课程的教师队伍，建立职业生涯规划教师人才库。在任课教师的确定上，要配专职教师，利用多种方式建立职业生涯规划课程的教师队伍。其次，加强教研教改。学校、系、部业务主管部门要成立职业生涯规划课程教研中心组，定期组织集体备课、互相听课、说课、论文讨论和案例评选、作品展览等交流活动，对教育教学、教研给予指导。要充分利用网络的作用，积极主持筹建“职业生涯规划课程网”、成立“职业生涯规划群”，鼓励教师相们互交流成功经验，汇集优秀教研成果，实现资源共享。最后，拓宽成长渠道。各级领导应该注重鼓励教师参加各种形式的培训、进修和学习考察活动，并将其记入教师继续教育学时。

(3) 家庭要关爱女孩，关注女孩的职业兴趣发展。培养良好的家庭氛围，引导女孩的职业兴趣。家庭教育是职业生涯规划教育的起点和基点。有句名言说的好“好妈妈胜过好老师”，父母是孩子的第一任老师，从品德教育方面看，家庭教育的重点是培养女孩良好的道德品质，养成生活、学习等方面的好习惯，教会女孩如何“做人”。从职业生涯规划教育方面看，家庭教育的重点是引导女孩进行职业探索，培养职业兴趣。家庭是社会的细胞，与学校教育、社会教育相比较，家庭教育具有早期性、贯穿性、及时性等特点。所以父母在家庭中对女孩进行职业生涯规划教育是很有优势的。

塑造女孩优秀品质。良好的家庭教育是造就女孩优秀品质的必要条件。高职院校的多数女生从小学到中学一直表现欠佳，有的从没得到过老师的表扬，所以存在着自卑心理。有的家长更是破罐子破摔，对女孩失去了信心。家长应该有男女平等的意识，将健全的人格、团结协作的能力、吃苦耐劳的精神作为女孩的培养目标。积极引导女孩敢于争先，把兴趣爱好和以后想从事的职业联系在一起。

(4) 女大学生要做好职业生涯规划，提高自身的就业能力，树立女性自尊、自信、自立、自强的“四自精神”。自尊就是自己尊重自己，正视自己的价值。自信就是自己对自己有信心，不存有依赖心理和自卑心理，发挥自身优势，敢于自我表现。自立就是自己能吃苦耐劳，学得一技之长，这样走到社会上才能有立足之地，才能保持经济和精神上的“双独立”。自强就是自己要积极参与社会竞争，发奋图强，成就一番事业。

注重提升女性的综合素质。从生理角度看，性别差异是永恒存在的。但是职业没有男女之分，女大学生不应该在概念上将自己定义为弱者，应该真正地独立起来，要有勇气撑起半边天。女大学生要培养自己独立生活的能力，将自己定义为一个独立的个体，培养自己的综合素质。女大学生应该注意避免四种心理：性别自卑心理、社交恐惧心理、一劳永逸心理、依赖依附心理。

充分发挥女性的优势。科学家通过研究证明，女性和男性在智力上的差别微乎其微；在语言、人际关系、合作精神、直觉力上，女性明显占优势。良好的合作精神可以让女性善长于协调组织内部上下左右的关系，使组织成员间达到有机配合，产生团结一致的协作力。敏锐的直觉力可以让女性抓住机会，实现事业的飞跃。

第四节　大学生职业生涯规划实施方案应用举例

有这样一个故事：三个人，分别是美国人、法国人和犹太人，他们将要被关进监狱三年。依照当地的法律规定，他们每人可以提一个要求。美国人爱抽烟，要了一箱雪茄；法国人爱浪漫，要了一位美丽的女子相伴；而犹太人要了一部与外界沟通的电话。

三年后，第一个从监狱里冲出来的是美国人，他的嘴里、鼻孔里塞满了雪茄，大喊道："给我火，给我火！"原来他忘记要打火机了。接着出来的是法国人，只见他怀里抱着一个小孩，身旁美丽女子手里牵着一个小孩，肚子里还怀着第三个孩子。最后出来的是犹太人，他紧紧握住监狱长的手说："这三年来我每天与外界联系，我的生意不但没有停顿，营业额反而增长了200%，为了表示感谢，我送你一辆劳斯莱斯！"

这个故事告诉我们，什么样的选择决定什么样的生活。如果你是一名刚跨入大学校门的新生，那么请你记住：你今天的生活是由三年前的选择决定的，而今天的选择又将决定你三年后的生活。如今，很多大学生在毕业时会感慨地说："假如时光可以倒流，我会选择另外的生活方式。"还有一些毕业生说："回首三年的大学生活，我浪费了太多时光，好像什么都没有学到，好像自己什么都不行。"为什么会这样？因为他们在入学初没有做好大学期间的学业、生活、社会活动等规划，在茫然、混沌中凭感觉度过了三年宝贵的大学时光，结果自然可想而知。

当今，高校和大学生都开始意识到职业生涯规划的重要性，不少大学生从大一开始制订自己的大学生涯规划，开始规划自己的人生蓝图。

一、制订大学期间的整体目标

所谓整体目标，就是大学三年需要完成的任务。例如：通过英语应用能力考试，考取导游证，普通话证，计算机二、三级证及机动车辆驾驶执照等；参加学生组织，争取担任学生会或班级里的重要职务；每学期获得一等或二等奖学金；通过自学、函授等方式提升学历。

二、进行自我分析

（1）自我评价：本人属于完美型和力量型性格。追求完美，稳重，有活力，待人热情、真诚，有领导才能。工作认真负责，积极主动，能吃苦耐劳，勤奋务实，具有较强的专业理论知识，基础扎实，实践能力强，能在专业领域提出自己独特的见解，有较强的适应能力和团队协作能力，富有责任心和正义感，热爱集体，愿意服从集体利益的需要，热爱公益事业，具有奉献精神。

（2）兴趣爱好：旅游、音乐、体育活动。

（3）优势：时间观念非常强，做事有计划、有条理，忠诚，有责任心，有说服人的能力和较强的领导能力。好强的性格促成了越挫越勇的工作态度，凡事力求完美。

（4）劣势：做事情不够大胆，遇事有些犹豫不决，决策不够果断坚决，考虑问题不够细致周全。

三、进行工作能力分析

(1) 工作中的优势:诚实正直,从而鼓励着人们重视我的想法;对事情专注且执着;有领导能力,并有较强的组织能力;能根据眼前现状预测事情发展的宏观趋势及意识与行动间未来的潜在联系;有做出成绩、不达目的不罢休的干劲。

(2) 工作中的劣势:决策不够果断,方法不够灵活,做事太过认真,有时过分的专心致志可能会导致死板;很难做与自己价值观相冲突的事;有时会过分关注自己的观点是否被尊重和采纳,而不是以结果为导向。

(3) 适合的类型:本人属于力量型性格,有权力欲和领导欲,希望加入学生组织,进一步培养自己的领导才能;喜欢挑战性工作,愿意接受实践锻炼,如参加营销或导游带团活动等。

(4) 个人发展建议:在工作中注重培养自己坚决果断的处事风格,以便更有时效地促进事情的正面转化;和他人一起检讨自己,更客观地看待自己的不足和进步,在检讨中获得动力和源泉;放松心态,对于目前情况下能够完成的事情,应当抱有更开放的态度。

四、制订目标

参加一个学生社团,一年内争取担任该社团的委员以上职务;教育学、心理学、学前卫生学、幼儿英语、职业生涯规划这五门基础课的成绩要得优秀,担任其中一门的课代表;熟悉校园环境、城市环境;保持身体健康;建立良好的人际关系。

五、职业生涯规划行动方案

人活着不应该庸庸碌碌,要有理想、有勇气、有追求梦想的毅力与恒心。大学阶段是人生中最灿烂美好的年华。为了不虚度光阴,为了不使自己日后为这三年的碌碌无为而后悔,为了不让自己被目前安逸的生活冲昏头脑,我决定,以冷静的头脑、高度的热情为这三年的大学生活做一个全面的规划。

(一) 自我盘点

1. 兴趣爱好

(1) 爱好:读书、听音乐、无线电维修、画画。

(2) 喜欢的文学作品:《红楼梦》《战争与和平》《老人与海》《平凡的世界》。

(3) 喜欢的歌曲:《爱拼才会赢》《红日》《流年》。

(4) 心中偶像:周恩来、比尔·盖茨、邓小平、柳传志。

2. 优势与优点

学习成绩优秀,担任班干部,在班级中群众基础好,有亲人、班主任、任课老师的关爱;动手能力较强;友善待人,做事仔细认真、踏实、锲而不舍,勤于思考,考虑问题比较全面。

3. 劣势与缺点

目前经济状况较为窘迫;身高偏矮,体质偏弱;性格偏内向,交际能力较差,过于执着、固执、胆小;思想上偏于保守,缺乏自信心和冒险精神,积极主动性较差;做事爱拖拉,惰性较大。

4. 生活中的成功经验与失败教训

(1) 成功经验:成功竞选为班委会一员;成功组织过学习研讨主题班会;个人学习成绩、综合素质积分均为班级第一;通过考核,以较大优势加入了系学生实验室。

(2) 失败教训:一位好朋友因与我有误解而和我形同陌路;竞选系学生会学习部部长失利;经常听别人侃侃而谈,自己却接不上话。

改正自我劣势与缺点的方式:所谓"江山易改,本性难移",内向并非缺点,它使我少一份张扬,多一点内敛。但应该加强与他人的交流沟通,积极参加各种有益活动,使自己多一份自信、激扬,少一份沉默、怯场。充分利用一直关心、支持我的庞大的亲友团的优势,真心向同学、老师、朋友请教,及时了解自身存在的各种不足并制订相应的计划加以改正。

加强锻炼,增强体质,提高体育成绩,以弥补身高不足而带来的负面影响。积极争取条件,参加校内外的各项勤工俭学活动,以解决短期内的生活费问题并增强自身的社会工作阅历,为以后创造更多的精神财富和物质财富打下坚实的基础。

5. 职业取向分析测试

为了进一步认清自我,初步确定个人未来数年内更适宜从事的工作,我查阅了霍兰德职业兴趣量表,并对其中的相关内容进行了认真的测验,初步得出了自己未来的职业取向。

心目中想从事的理想职业:公务员、科技工作者、医生。

测验所得的职业倾向:木匠、农民、操作 X 光的技师、工程师、飞机机械师、鱼类和野生动物专家、自动化技师、机械工(车工、钳工等)、电工、无线电报务员、火车司机、长途公共汽车司机、机械制图员、机器修理员、厨师、林务员、跳水员、潜水员、染色员、眼镜制作员、纺织机器装配工、服务员、装玻璃工人、发电厂工人、焊接工。

综上所述,本人未来所适宜从事的职业类型主要为工程技术类,即无线电服务、电工类人员。

(二) 未来职业规划

1. 确定职业道路

根据已确定的职业发展领域,确定自己的职业道路及发展计划。

(1) 职业类型:工程技术类。

(2) 个人典型特征:性格内向,喜欢独立思考,做事谨慎细致。选择职业时,主要侧重点是工作的实际技术。即使提升,也不愿提升到全面管理的岗位,而只愿在技术职能区域内提升。

(3) 个人成功的标准:在所从事的专业技术区城内达到最高管理者位置,保持自己的技术优势。

(4) 主要职业领域:工程技术、电工类。

(5) 个人职业道路设计:一线操作员—技术维修员—助理工程师—工程师—高级工程师—副总工程师—公司总工程师。在担任高级工程师两年后,如果在本企业发展不佳,就跳槽到其他企业发展。

(6) 培训和准备:3 年内取得助理工程师资格,7 年内取得工程师资格,担任工程师后 5 年内成为高级工程师;在业余时间进修管理学知识;提高处理信息的能力,保持积极的心态。

2. 未来人生职业总规划

围绕可能的职业发展道路,本人对未来 50 年的职业生涯做如下初步规划。

(1) 2017—2020 年学业有成期:充分利用校园环境及条件优势,认真学习专业知识,培养学习、工作、生活能力,全面提高个人综合素质,并做好专升本或就业准备。

(2) 2021—2023 年熟悉适应期:利用 2 年左右的时间,不断地努力尝试,初步找到适合自身发展的工作环境、岗位。

(3) 2024—2034 年稳步发展期:在此 10 年左右的时间里,努力奋斗,使自己在岗位上业务精湛,并小有成就。

(4) 2035—2054 年事业有成期:此阶段为职业生涯发展的黄金时期,应把握好这一阶段,使自己发展到个人事业的顶峰。

(5) 2054—2059 年发挥余热期:此时本人已退休,若体力、精力还不错,可继续参加业余工作,为社会尽自己的一份力量,同时也要充实自己的老年生活,但注意劳逸结合,千万不能过度劳累,工作时间视具体情况而定,身体若有不适就提前停止工作,进入下一时期。

(6) 2059 年以后颐养天年期:忙碌了一辈子,该多多休息了。可在家养花弄草,闲庭信步,儿孙膝下承欢,亦可外出游览祖国的大好河山,尽享天伦之乐。这时候,我可以慢慢回顾自己一生走过的路,有可能的话还可以写一部个人回忆录。无论在别人眼中,我的一生过得如何,我总可以很自豪地在个人回忆录的最后一页写上两个字:成功!

(三) 短期目标规划

千里之行,始于足下。本人以目前在校的三年短期目标规划作为自己职业生涯总规划的起始点。希望能够走好第一步,为以后更长的路打下坚实的基础。

1. 在校期间的总目标规划

(1) 思想政治及道德素质方面:以马列主义、毛泽东思想、邓小平理论和“三个代表”重要思想为指导,树立正确的人生观、价值观、道德观、奋斗观、创业观,坚持正确的人生价值取向。定期向党组织递交对党章的学习、认识及实践的感悟,以及自己的言、行等感受,积极参加党团活动,争取早日通过审核,加入中国共产党。

(2) 社会实践与志愿服务方面:适时参加社会调研活动,下厂参观实习;适时参加义务献血、植树、青年志愿者服务等公益活动。

(3) 科技学术创新创业方面:认真学习专业技能,同时,充分利用校内图书馆、校外购书城及网络信息开阔视野,扩展知识范围,以此激发灵感、开拓思路,尝试开展学术创新、科技创新活动。

(4) 文体艺术、社团活动与身体发展方面:积极参加校内外文体艺术活动、校内社团活动、演讲比赛、辩论比赛、书画比赛等,以此充分锻炼自己的胆量、能力,展示个人风采。积极锻炼身体,参加校运动会,每周平均进行体育锻炼 3～4 次,每次半小时左右。

(5) 技能培训方面:为了日后踏入社会、参加工作时具备一定的基本能力,并具有较为扎实而全面的专业基本技能,要加强并力争做到:大二上学期通过计算机二级考试;大二下学期通过全国大学生英语四级考试;大三上学期力争通过全国大学生英语六级考试;大三学年在技能培训方面注重电子信息技术专业英语的学习、积累,参加并通过无线电调试工(高级)、用户通信终端维修员等专业考试。

(6) 学业方面:无非常特殊情况,绝不迟到、请假,更不旷课,保证学习听讲时间及学习质量。充分利用课余时间,除去必要的适当的身体锻炼、娱乐活动及休闲时间外,均应安心、踏实、专注地攻读职业方向类、专业类书籍和其他类别的实用书籍。学习时应注意预习、听讲、复习,综合分析、对比联系。知识积累不仅要做到广、博,还应做到专、精,博采众长。

2. 大学三年各阶段规划

（1）大学一年级试探期：初步了解职业，特别是自己未来可能从事的职业，即自己所学专业——电子信息技术对口的职业，并通过参加选修课的方式学习文学艺术类课程，努力提高自己的人际交往能力。多和师长们进行交流，多参加学校、院系组织的各种活动，以学习人际交往的技巧，丰富社会阅历。

（2）大学二年级定向期：做好两手准备：①继续学习深造，专业方向为电子信息技术类；②就业，在有合适单位、岗位的情况下，可以考虑先工作。围绕这两个方面，本学年一方面做好专升本考试的准备工作，了解与之相关的要求，做好迎考复习；同时注意提高自身的基本素质，通过参加学生会或社团等组织，锻炼自己的各种能力，同时检验自己的知识技能；开始尝试做兼职、参加社会实践活动，在课余时间从事与自己未来职业有关的专业类工作，提高自己的责任感、主动性和受挫能力。

（3）大学三年级分化、冲刺期：若大二专升本考试成功，则到新的学校继续学习专业知识；若不幸落第，则把成功毕业并找到工作锁定为主要目标。注意提高求职技能、搜集就业信息。在平时的学习、研讨中，锻炼自己独立解决问题的能力和创造性；学习写简历、求职信的技巧，了解搜集工作信息的渠道。尝试向已经毕业的校友了解往年的求职情况，开始毕业前工作的申请，积极参加招聘活动，在实践中检验自己的积累和准备情况；最后，模拟面试。充分利用学校提供的条件，了解学校就业指导中心提供的用人单位的资料信息，强化求职技巧，进行模拟面试等训练，尽可能做好充分准备，为自己大学三年的学习生涯交上一份令自己和所有关心我的人满意的答卷。

（四）结束语

规划订好固然好，但更重要的在于其具体实施并取得成效。对于任何目标，若只说不做到头来都只会是一场空。现实和未来是未知多变的，订出的目标规划随时都可能受到各方面因素的影响，每个人都应该有充分的心理准备。

在遇到突发因素、不良影响时，要注意保持清醒冷静的头脑，不仅要及时面对、分析所遇问题，更应快速果断地拿出应对方案；对所发生的事情，能挽救的尽量挽救，不能挽救的要积极采取应对措施，争取做出最优矫正。相信如此一来，即使将来的作为和目标相比有所偏差，也不至于相距太远。其实，每个人心中都有一座山峰，雕刻着理想、信念、追求、抱负；每个人心中都有一片森林，承载着收获、芬芳、失意、磨砺。一个人，若要获得成功，必须得拿出勇气，付出努力。成功，不相信眼泪；成功，不相信颓废；成功，不相信幻影；成功，只垂青有充分磨砺、充分付出的人。人生好比是海上的波浪，有时起，有时落，三分天注定，七分靠打拼！爱拼才会赢！

一位计划毕业后就业的大二学生的职业生涯规划

（一）自我分析

1. 我的性格

我的性格很复杂，具有综合性，内向外向兼备，但是外向稍占上风。比较开朗活泼，易与人交往。喜欢结交新朋友，而且一旦与别人建立了朋友关系，便会全身心地去经营一段友谊，所以在朋友中有着较好的评价。

我一直都不甘于落后，有着较强的上进心，不甘心屈居人后，一旦落后便会奋起直追。高中以前对一切都看得很重要，不允许自己在任何方面做得不好，而且非常重视别人对我的评价。但是上高中之后渐渐明白了，山外有山，人外有人。随着接触到的人越来越多，我发现了自己越来越多的弱项，在好多方面是无法和其他同学比较的。于是，从那时候起，我就开始渐渐改变自己，不再要求自己在各个方面必须做得优秀，因为人不是全能的。

这种价值观使我的生活不再像之前那般累，也使我开始正确认识自己，开始变得有些现实。应对挫折的能力也因此而变强了，懂得了微笑着面对生活，不会斤斤计较一些不开心或失败的事。遇到高兴的事情喜欢与朋友分享，但是遇上悲伤的事情便会自己一个人独自哀叹而不愿将其倾诉，因为我认为悲伤不应该属于朋友。

2. 兴趣爱好

我的兴趣可能受到家庭环境的影响，自认字起便喜欢读书，哪怕是不认识的字也会看得津津有味。所以说直到现在读书仍然是我最大的爱好，没有别的事情可以取代它在我心中的地位。我读书的范围比较广泛，不会拘泥于一个或几个固定的范围，每个范围领域只要有兴趣都会涉猎，但是很遗憾，不清楚是自己读书的方法有问题还是别的什么原因，虽然读过很多书，但现在能记得的内容不太多，掌握的知识也是一知半解，每次提笔想运用看过的东西时，都感觉无法很好地驾驭，故以后还需要加强读书能力的锻炼。

3. 优势所在

能结交各类朋友且会与他们维持牢固的关系是我的一大优势，毕竟人脉关系在如今社会有着举足轻重的地位。还有，喜欢不断追求新奇事物和知识的思想会促使我不断地补充和提高自己，不断地丰富自己的内涵以更好地适应现代社会的需求。而且我的适应能力很强，不论到了什么样的陌生环境，我都会在短时间内适应新环境。

4. 劣势所在

如同上面所述，自从高中开始懂得正确且现实地认识自己之后，我学到了很多，但也失去了很多……我处于不断的自我怀疑中，不再相信自己有着能与别人竞争的能力，确切地说，是有些不敢再去与别人竞争。于是，我变得越来越沉默，渐渐对任何活动都没有了激情和兴趣。这是我上大学以来一直想改变的弊端和缺点，但是到现在仍毫无起色。

5. 改进思想

在以后的日子里，我会积极地抓住各种适合我的机会去证明和提升自己，不会太在乎失败和与别人比较。可能这对我这个早已习惯沉默和观看的人来说有很大的困难，但是我要拼一下！经过很长一段时间的思考，我开始懂得，大学就是一个给我们提供各种机会去提前体验失败的试验场，它给我们提供一切机会为以后做准备，以使我们在将来踏入社会的时候不会太仓促和紧张。

（二）职业选择及决策理由

1. 职业选择

虽然说当初填报志愿时，新闻学专业不是我自己的选择，但是我在深入学习之后，发现其实我还是很喜欢这个专业的，所以我未来的职业选择应该是新闻媒介从业人员，从事记者、编辑或其他新闻媒介工作。

2. 选择理由

我发现自己很矛盾，有时候想要安静一点的生活，但是大部分时间在骨子里却很讨厌平平淡淡、毫无激情的生活。我渴望过一种丰富多彩的生活,不喜欢自己的日子如同白开水一样乏味,这是我选择从事新闻媒介从业人员的原因之一。

还有,我从小就很崇敬记者,我羡慕他们可以用自己的笔和思维来揭示一些问题,解决一些普通人无法触碰的问题,可以伸张正义,可以了解很多普通人永远无法知道的事情,这对一直追求新奇的我来说是一种诱惑。而且,如今新闻媒介行业的工资水平与其他行业比起来是很不错的,这符合我的需求和父母的期望。

掌握多种技能的社会活动型记者是现代社会的需求。社会高度开放、信息高度发达、经济趋向全球化、生活节奏加快的时代,对记者能力的要求越来越高。

记者要有快速反应能力,要有抢新闻的意识,在关键时候,听到一种新精神、新提法、新题目,就要立马在头脑中有所反应,有探索新闻的能力。新闻工作者的分辨能力渗透于新闻报道的各个环节,如选题、角度、主题等,要在瞬息万变的信息面前迅速分辨其是否是新闻事件,从而在有限的时间内抓住新闻的本质。

记者还要有一颗冷静而清醒的头脑、一腔充满正义的热血、一双敏锐而深邃的透视眼、一对善听八方的顺风耳、一张能说会道的巧嘴巴,总之,现代社会要求记者的综合素质过硬,各方面都要有很好的技能。如果综合素质不过关,应聘记者会是一个很大的挑战。

面对如此苛刻的要求,我也想过自己与之存在一定的差距。就我目前来讲,不安心于平淡的生活,渴望激情,可能会对将来发掘新闻有一定的帮助。但在很大程度上,我的很多能力都不符合要求。记者要求实践能力强,而我现在恰恰处于实践的旁观者阶段,主动性不强。记者还要求具有较强的沟通能力,这就要求我提高个人修养和素质,从而使自己的人格魅力得以提升。

总结一下,我之所以选择这个行业,首先从我自身来讲,我认为虽然我目前对参加一些活动不够积极和主动,有些不太适合新闻媒介从业人员对素质的要求,但我知道,我不是一个轻易服输和不思进取的人,我不会对自己的未来不负责任,我会用自己的坚强和思考前行。而且,我有很好的人际交往能力和较不错的沟通能力,可能还有很多的不足,但我可以继续进步。此外,从外部因素来说,新闻媒介行业在社会上是一个不错的职业选择,同时这也是父母对我的一种期望,我不想辜负他们的期望。随着我国社会的发展和进步,加之我国正处于各种制度或政策的转型期,未来的新闻媒介行业不缺少新闻、不缺少工作机会。

(三)未来二年的计划

总纲:不会如同大一的时候,得过且过。我首先要努力学好专业知识,打好扎实的基础。充实地度过每一天,今天必须要比昨天有进步。不再迷茫,设定清晰且现实的目标,每天为之努力。

1. 大二阶段

在学习专业课的同时,多读与所学专业有关的书籍,以补充课堂上老师所讲知识的不足,扩展自己的视野。每天认真预习和复习,不要把学习任务全部堆在一起直到期末才开始做。同时,我还要加倍努力学习英语,以应对全国大学生英语四级考试。每天为自己制订英语学习计划,保证单词量,每天练习听力,以弥补听力之不足。

每天早晨早起去操场大声朗读英语,以提高自己的英语发音和听力水平。平时有机会要强化口语的练习,争取不再因为张嘴而吐不出英语句子或单词而苦恼,更为自己日后的职业奠定基础。毕竟,新闻工作者要接触的人很多,用到英语的场合非常多。还有,要考取计算机二级的证书以及普通话的等级证。

加强实践能力的锻炼——积极参加各种实践活动，不再做一个看客。在各种实践活动中锻炼参与和动手能力。在闲暇时间，自己找机会去一家新闻媒介单位进行实习，以了解未来工作的能力需求和工作流程。当然是一些简单的实习工作。

2. 大三阶段

在大三阶段，我必须面对的是就业压力，这是无法逃避的。所以我大三的主要生活方式，除了做好实习工作外，还会将精力放在就业准备上。争取在实际工作能力提高的同时进一步提高就业能力和职业素质，更好地开始自己的职业生涯。

点评：通过这些计划达到一个非常成功的境界是很困难的。但计划是为了让我们自己每天都会有事情去完成，每天都会有新的收获和发现，每天都会有比前一天更大的进步。抓住每一天，充实度过每一天，为梦想奋斗。

【探索与思考】

1. 结合自身实际情况拟订一份近一年内的学习生涯规划方案。
2. 依照实施效果及时对题目1中的规划方案做出评估与修正。
3. 如何提升女大学生的职业生涯规划能力？
4. 按照下表进行大学职业生涯设计。

大学生职业生涯设计表

<table>
<tr><td>专　　业</td><td colspan="3"></td></tr>
<tr><td>学习成绩</td><td></td><td>外语水平</td><td></td></tr>
<tr><td>学生工作</td><td colspan="3"></td></tr>
<tr><td>社会实践
（实习、兼职）</td><td colspan="3"></td></tr>
<tr><td>奖励情况</td><td colspan="3"></td></tr>
<tr><td>优　　势</td><td></td><td>优势使用</td><td></td></tr>
<tr><td>劣　　势</td><td></td><td>劣势弥补</td><td></td></tr>
<tr><td>将来希望从事的职业
（可多选）</td><td colspan="3"></td></tr>
<tr><td>大学三年的计划</td><td colspan="3"></td></tr>
<tr><td>大学毕业后五年计划</td><td colspan="3"></td></tr>
<tr><td>大学毕业后十年计划</td><td colspan="3"></td></tr>
</table>

5. 以小组为单位，围绕“大学生应该树立什么样的就业观”进行讨论，最后由老师进行综合点评。

第六章

求职途径的掌握

QIUZHITUJINGDE
ZHANGWO

如何迈出求职就业的第一步呢？就业信息是毕业生求职择业的前提和条件，关系到求职择业的成败。选择正确而有效的求职途径，能大大增加择业的成功率。应在顶岗实习岗位上不断锻炼自己、成长自己和丰富自己，把握自身的优势，不断学习，认清自身的身份，尽快融入社会，实现自我成长和人生、社会价值。

现在的青年要紧的是“行”，不是“言”。

——鲁迅

人要随时随地利用所有的方法，使用各种手段，在有生之日，尽力为善。

——韦斯利

成功者一遇到问题就马上动手去解决，他们不花费时间去发愁，因为发愁不能解决任何问题，只会不断增加忧虑、浪费时间。

——比尔·盖茨

第一节 就业信息的收集、筛选和处理

就业信息是职业选择的基础，是选择职业的重要依据。大学生要善于收集和处理各种就业信息，将就业信息转变成就业现实。

一、就业信息的类型

（1）书面信息。书面信息是指通过书面材料获取的就业信息。比如，毕业生通过有关就业工作的指导性文件、学校和用人单位的书面通知、函件等获取的就业信息。书面信息比较正式，权威性强，可信度高，是毕业生必须重视和把握的就业信息。

(2) 媒体信息。媒体信息是指通过各种公开发行的媒介载体获取的就业信息。比如,通过报纸杂志、电视广播、网络等发布的就业信息。在现代社会,媒介是承载信息的主要载体,特别是网络,因其信息更新速度快、信息量大而受到广大毕业生的青睐。但是,媒体信息,尤其是网络上发布的就业信息,混杂着众多失效信息和失真信息,甚至混杂着诱人进入"陷阱"的误导信息,毕业生对此一定要慎重,及时向就业指导老师和有关部门咨询,以免上当受骗,误入圈套。

二、就业信息的收集渠道

就业信息的获取对职业选择起着举足轻重的作用,获取的就业信息越广泛,择业的途径就越宽阔,就业信息的准确性越高,择业成功的把握就越大。总体来说,目前毕业生可以通过以下渠道获取就业信息。

1. 学校就业指导部门

校园内多处设有就业信息栏,其上经常张贴着就业信息,学校的就业指导网站上也会发布就业信息,并不断更新。

2. 各级政府主管部门

为了适应大学毕业生就业制度改革的需要,县以上各级政府部门一般都设立了劳动人事职业介绍服务中心。这些主管部门的主要职责就是制定所辖区域的毕业生就业政策,为毕业生就业提供各种咨询与服务。

3. 职业介绍中心

随着近年来的经济发展,我国的人才中介机构发展迅速,各地区都建立了劳务市场和人才交流中心。它们的主要任务就是收集、发布人才供求信息,为单位招聘和个人求职提供契机。

4. 各种新闻媒体

毕业生就业已经成为全社会关注的热点之一,在传媒业高速发展的今天,广播、电视、网络、报纸、杂志等新闻传媒都开设了专题和专刊报道,深受用人单位和求职者的喜爱。毕业生可通过各种媒介查找自己所需要的用人单位的信息。

5. 计算机网络

随着网络信息时代的到来,网上求职已成为毕业生求职的一种时尚。教育部已经开通了全国高校毕业生就业信息网。网络作为一个庞大的信息和服务资源基地,已发挥了巨大的作用,对于用人单位和求职者来说,它都是一个双赢的平台。毕业生收集就业信息的主要网站有以下几类:

(1) 专业求职网站。在这类网站上可以查到上千条招聘信息。求职者可以在线填写简历,并被存入数据库,用人单位可便捷地查询到符合他们需要的求职者的信息。

(2) 用人单位网站。随着社会的进步,许多用人单位尤其是企业越来越重视建立自己的人才招聘主页,该主页除了介绍企业文化和所经营产品之外,随时提供招聘信息。

(3) 门户网站的求职频道。如搜狐求职频道,不仅容纳了许多用人单位的招聘信息,而且提供有关人才政策、就业方面的信息。

三、就业信息的筛选与处理

毕业生要从大量的就业信息中筛选出对自己有用的就业信息,应学会鉴别,有针对性地进行整理分析，清理、排除那些过时的、虚假的就业信息，充分利用有效的就业信息资源。

1. 毕业生筛选就业信息时要注意以下三点

(1) 就业信息积累与比对。针对通过多种途径获取的就业信息，将自己感兴趣的真实就业信息进行排序，去伪存真，从中选出最重要的就业信息作为自己的重点求职目标。

(2) 分析就业信息的利用价值。面对一条自己感兴趣的招聘信息，要冷静地分析自己与职业要求是否匹配，分析确认该信息对自己的利用价值及其可行性，尽力争取求职主动权。

由于就业信息的时效短、数量大、品种多、范围广，故在选择就业信息与处理就业信息的过程中，务必把握好人职匹配。

2. 在就业信息的处理上要注意以下几点

(1) 及时反馈。就业信息具有很强的时效性，及时使用是财富，过时启用是垃圾。毕业生应把握时机，及时将自己的就业信息传递给用人单位。

(2) 适合自己。有用就业信息的核心所在就是"双向选择"的共同标准。有的毕业生不顾自己的专长，盲目求职，即使暂时在求职中取得"成功"，在未来的职业发展中也会逐渐暴露出自己的弱势，职业发展后劲不足。

(3) 平稳起步。毕业生第一次面临就业时，都会感到迷惑，因此准确定位至关重要，应找一个让自己有发展空间的平台来展示自己的才能，这样工作起来才会得心应手，如鱼得水；否则，容易受到挫折，并因此降低或丧失对工作的兴趣。

(4) 修正自我。将收集到的信息要求与自己对照，发现自己的欠缺和不足，不断地进行知识和技术的补充，完善自我，顺应社会的需要。

(5) 资源共享。有些就业信息对自己没有用处或用处不大，但对他人有用。为了避免资源浪费，应学会资源共享。

四、面试前如何收集相关资料

知己知彼，百战不殆。面试之前，毕业生一定要广泛收集各方面的资料与信息。有了充分的资料准备，即便临场发挥也会是相对精彩和出色的。

(1) 收集用人单位的资料：尽可能了解清楚用人单位的性质和背景，了解其属于哪个行业、生产何种产品，是独资企业还是合资企业，它的企业文化(包括口号和形象)是什么。同时还要尽可能了解清楚用人单位的业务情况，比如：过去的业绩好不好，业务往来的对象有哪些，现在该单位的主营方向是什么，如果是工厂，该厂产品的注册商标是什么，该单位的发展前景如何，另外，对用人单位的内部组织、员工福利、一般底薪、工作地点等也应该尽可能了解清楚。

一个对用人单位一无所知的求职者，面试时必遭失败。

(2) 自己的资料准备充足：有些行业在学历、能力、年龄各方面都有限制，事先要核查一下自己的资格是否符合招聘条件，千万不要抱着碰碰运气的念头。如果你觉得自己符合招聘条件，还得确定自己可以胜任哪种职位；然后准备好自己的毕业证书、学位证书、资格证书、获奖证书、身份证、推荐信等资料。去面试时，应把这些资料和一些有关工作或有助于谈话的资料一起放进一个公文包里随身携带以便面试官随时查看，这些资料说不定会在面试中起到积极的作用。假如面试官问了你意想不到的问题，你可以拿出自己的资料并回答："我前些时候看到一篇和这个问题有关的文章，尤感兴趣，因而做了笔记，您是否有兴趣翻看一下？"这样，面试官便会对你另眼相看。

第二节　毕业生求职的主要途径

毕业生的就业工作已成为社会经济发展的一个重要环节,逐步实现在市场供求规律的调节下,实行双向选择。求职途径就是用人单位和求职者相互联系的桥梁。选择正确而有效的求职途径,能大大提高择业的成功率。针对应届毕业生的特点,介绍以下几种求职途径。

一、学校就业指导部门

学校就业指导部门是学生毕业就业工作的主管部门,专门从事毕业生就业工作,与许多用人单位建立了长期友好的合作关系。在毕业生就业过程中,学校就业指导部门在对毕业生进行就业指导的同时,还会有针对性地向各用人单位发布毕业生资源信息函、联系电话,会参加各种就业信息交流活动,通过各种方式收集大量就业信息,并及时向毕业生发布,在毕业生和用人单位之间架起一座信息桥梁。

学校就业指导部门获得的信息有以下几个特点:

(1) 针对性强。一般用人单位是在掌握了学校的专业设置、生源情况、教学质量等信息后,才向学校发出需求信息的,这些需求信息是完全针对该校应届毕业生的。在人才市场和报纸杂志上获得的信息,大多是面向全社会的,往往要求求职者具有几年以上的工作经验,不适用于应届毕业生。

(2) 可靠性高。为了对毕业生负责,把用人单位提供给学校的需求信息向学生公布之前,学校就业指导部门事先会对就业信息进行审核,从而保证就业信息的可靠性。毕业生在找工作的同时要写毕业论文,时间有限,不可能对所有的就业信息都一一验证,学校就业指导部门的筛选为毕业生保证了信息的可靠性。

(3) 成功率大。学校就业指导部门发布用人单位的需求信息和召开供需见面会的时间一般都会安排在社会上召开应届毕业生大型招聘会之前,这段时间学校就业指导部门发布的用人单位的需求信息最集中,信息量也最大。一般情况下,毕业生只要符合条件且善于把握机会,在学校就业指导部门召开供需见面会时,供需双方洽谈合适,马上就能签好就业协议。这是广大毕业生收集就业信息最方便、最直接、最有效的途径。只有全面及时地掌握学校就业指导部门发布的各种就业信息,才能够充分有效地利用就业信息和选择职业。

二、社会实践和毕业实习

毕业生在求职择业过程中,有一个很大的障碍就是对用人单位缺乏了解。而社会实践和毕业实习阶段是毕业生与用人单位相互了解的最佳阶段和最好途径。毕业生可通过自己的努力来赢得用人单位的好感和信任,从而获得职业信息或直接就业。

三、招聘会

用人单位会针对招聘项目进行校园招聘、社会招聘、专场招聘等,其中毕业生专场招聘会和行业专场招聘会最多,这是毕业生和行业间人才流动所支撑的。政府不断加大促进毕业生就业的力度,各地区都在积极举办针对毕业生就业的专场招聘会。

招聘会最大的优势是毕业生能与招聘人员面对面沟通，能进一步了解企业和岗位的信息，同时也能了解到一些职场和行业的相关信息；免去了简历的预考程序，直接进入正考，有时毕业生和招聘人员还会先见面，招聘人员对毕业生有了一定印象后，回去再详查简历。不过招聘会的缺点也很明显，其大多数职位面向有工作经验人士，毕业生要从数以千计、眼花缭乱的岗位信息中寻找到适合自己的岗位不是一件易事，往往会晕头转向。

应届毕业生招聘会有校园招聘和网络招聘两种方式。这两种方式比较而言，前者比较方便，招聘地点在校园里面，应届毕业生能够当面了解到各个企业的状况，也免去了工作经验要求的压力，大家都是在同一起跑线上竞争，相对来讲，毕业生的表现会比较自然，更能反映出毕业生的真实想法，同时用人单位通过面对面交流可以了解到毕业生的真实情况。为了拓宽毕业生的就业思路，合理规划职业生涯，一些学校特意邀请了资深人力资源专家和经理为毕业生指点迷津。

四、自主求职途径

自主求职就是求职者主动出击。这种途径针对性强，目标明确。求职者可以利用自己的社会关系网进行引荐，还可以通过电话询问自己的应聘机会，表达自己的就业意愿，主动向用人单位推销自己。

1. 社会关系网

步入社会，在人的社交网中不外乎三种关系，即“血缘”“地缘”“学缘”，这样的关系网，对于毕业生收集就业信息来说，也是非常重要的途径。毕业生可通过亲戚、朋友、熟人、邻居、师长、校友等社会关系，来了解自己感兴趣的职业，获取信息。建立关系网对于刚刚踏上求职之路的毕业生来说，是非常有益的途径。许多用人单位也愿意录用经人介绍和推荐来的求职者。在求职的过程中，如果在关键时刻有关键人物引荐，无疑效果会更好。真才实学也需要人际关系的辅助，而且通过引荐，求职者对用人单位的情况会更加了解。

2. 电话求职

求职也可以通过电话进行，选定自己感兴趣的行业、单位，然后及时与这些行业、单位进行电话联系，询问自己的应聘机会。

3. 直接登门自荐

在没有任何人介绍和推荐的情况下，毕业生可以带着自己的简历直接到一些自己选定的公司登门拜访，勇敢地把自己介绍给对方，争取赢得用人单位的赏识和青睐。

4. 网上求职

随着互联网的发展、国内人才市场网站的不断完善，网上求职渐入人心，已成为毕业生求职的又一重要方式。

网上求职首先要准备一份能够吸引用人单位的简历，发送简历是在网上求职的关键，如果是通过电子邮件投递简历，则应该在邮件主题栏内写上相关信息，以免被对方当成垃圾邮件处理。

制作个人主页是网上求职的新方法，很多毕业生喜欢这种求职途径。这种途径联系方便，求职者和用人单位可以在任何时候、任何可以上网的地方接收和发送信息，从而更好地相互沟通和了解。

5. 创意求职

除了上述几种求职途径外，还有很多其他的求职途径，其中，有人通过一些独特的有创意的求职途径取得了求职的成功。例如，有人用参加各种大赛并取得名次的方法来引人关注，从而找到工作；有些人通过在报纸上刊登求职广告来取得求职成功。毕业生应该不拘一格地开辟求职途径，找到理想的就业岗位，为自己未来的职业生涯发展打下坚实的基础。

第三节 就业心得

一、求职礼仪

在求职过程中，求职礼仪最能让用人单位了解毕业生的礼仪知识，也影响着毕业生是否能引起用人单位的注意。

（一）服饰礼仪

1. 服饰亮出你的自信

面试的着装要郑重一点，但也不必为此而改变你日常中一贯的形象。比如，如果你从来不穿西装，大可不必为了面试而开创自己的一个新纪录。要学会从你的日常形象中选择和面试相匹配的地方。要相信自己的审美能力和身旁众多“参谋”的审美能力。

虽说人不可貌相，但应聘者面试时的穿着打扮对录取与否有着举足轻重的影响。给用人单位留下完美的第一印象未必会被录取，但若留下不好的印象，极有可能名落孙山。所以，随着面试日期的到来，求职者应花费心思为自己塑造一个良好的外在形象。有以下注意事项。

（1）头发整洁，如果过长，应修剪一下。

（2）避免穿着过于老旧的西装，颜色以素净为佳。

（3）正式面试时，以长裤并熨烫笔挺为好。

（4）衬衫以白色为好。

（5）尽量选择颜色明亮的领带，以能带给他人明朗印象为适宜。

（6）若领带不平整，应尽可能别上领带夹。

（7）西装胸袋放条装饰手帕，这样看起来颇为别致。

（8）西装和皮鞋的颜色以保守为原则。

（9）戴眼镜的朋友，镜框最好能给人稳重、调和的感觉。

一般来说，着装打扮应求端庄大方，稍事修饰，男生把头发吹得整齐一点，皮鞋擦干净一些。最好的表现应是：平视面试官，彬彬有礼，不卑不亢。

2. 仪容展现你的气质

仪容能给人留下直接而敏感的第一印象，美好的仪容总能令人敬慕和青睐。当年尼克松和肯尼迪竞选美国总统时，尼克松带病参加竞选，体重大减，脸上棱角突出，好出汗，又拒绝电视顾问费尽心机为他设计的补救措施。结果，观众在电视屏幕上看到的尼克松是两眼深陷、面颊苍白、汗流如注、声嘶力竭的形象。相反，肯尼迪经过电视导演的精密筹划，养精蓄锐，精心彩排，则显得意气风发，红光满面，从容论道，挥洒自如。这是美国历史上第一次在电视上呈现总统竞选，选民们注意的并不是双方政见，而是他们的仪表风度。选民们对两人形象的好恶在一定程度上决定了选票的投向，最终尼克松在竞选中败北。可见仪容美对事业的成功具有举足轻重的作用。在面试时一定要注意自己的仪容美，争取赢得面试官的好感，促使面试成功。

有人说“女人的美一半在头发”，的确，女性若有一头秀发，能为其增添无限的风韵和魅力，“头上青丝如墨染”就是形容中国美女的千古佳话。对于男士而言，头发也非常重要，俗话“男头女腰”就道出了男士仪容美的首要标准。头发的造型是仪容美的重要组成部分，美容学家认为“发型是人的第二面孔”，恰当的发型会使人容光焕发，风度翩翩。总之，发型的设计只有与你的风度、气质、脸型相一致、相协调，才能达到和谐美。

另外，面试前一定要精心梳妆打扮，不必涂抹得过于油腻，要去除头屑和闪亮的首饰。

女性一般不留披肩发，男士不烫发、不卷发。如果戴有眼镜，应擦干净眼镜片。男士应剃去胡须。面试时服装的选择在自我表现中起举足轻重的作用。美国行为学专家迈克·阿盖尔曾经做过这样一个实验：他本人以不同的衣着打扮出现在某市的同一地点，当他手执文明棍，头戴礼帽，西装革履、风度翩翩地出现时，很多人向他点头致意、打招呼，而且大多是穿着讲究的绅士阶层。但是，当他破衣烂衫、蓬头垢面地出现在同一地点时，接近他的多是流浪汉和无业游民。这个实验表明，同一个人穿着不同的服装会产生不同的社会效果和礼仪效果。所以，日本的推销大王齐藤竹之助在他的自传《高明的推销术》中提出：服饰虽然不能造出完人，但是，初次见面给人留下的印象产生于服装。服饰不仅反映了你的个性、习惯、爱好、审美情趣和文化修养，而且反映了你的道德和礼仪修养水平。在面试中，你的服饰可以让面试官了解到你诸多方面的情况：审美能力，鉴赏能力，对工作环境的理解能力等。所以面试着装，一定要三思而后行，“为获胜而着装”是穿着的准则。

（二）行为举止礼仪

面试是面对面的情感交流，面部表情是一个人情感的“晴雨表”，人的内心世界的复杂活动都是通过面部表情的不断变化来表现的，而且比语言表达得更丰富、更深刻。

狄德罗在《绘画论》中指出：每一个人心里的每一个活动都表现在他的脸上，刻画得很清晰，很明显。由于面部表情能反映出人的喜、怒、哀、乐，所以在面试过程中，不仅要把握好自己的面部表情，而且还要善于观察面试官的面部表情，洞察他的情绪变化。面试者应保持礼仪表情，先吸一口气，两边眼轮肌同时极力伸展，而后一边用鼻子呼气，一边放松眼轮肌，眼神传达出温柔、诚实的感觉。这种表情适用于各种年龄，不论性别，也不论面对什么样的面试官，都绝对不会失礼，也不会给人阿谀谄媚的感觉。礼仪式的表情，关键是要面带微笑，笑容适度。

微笑是一种世界通用的语言，它是善意的标志，友好的使者，成功的桥梁。它不仅能沟通情感，融洽气氛，以柔克刚，以静制动，缓解矛盾，消融坚冰，而且还能给人以力量，增强人的自信，掩饰和战胜自卑和胆怯。在面试中，面带微笑不仅能增强自己的自信心，还可温暖面试官的心，引起他对你的注意和好感。

微笑是一种乐观之人特有的表情，它意味着自信、宽容、富有情趣。如果在面试前还不能面带微笑，应调整自己的情绪，设法改变自己的心境，想想过去快乐、成功的瞬间，勉强露出笑容，然后再小声地吹吹口哨、唱唱歌，装成快乐的样子，在不知不觉中，心情会大受影响，真的高兴起来，脸上自然会露出轻松、愉快的笑容。

面试者还要仔细观察主面试官的面部表情，并根据他的表情变化及时调整自己的面试内容。当他对你的谈话心不在焉时,你应立即中止谈论;当他对你所谈论的某一话题不感兴趣时,你应转换话题;当他对面试显露出疲劳厌倦情绪时,你应起身告退,另约时间。总之,要善于观察,仔细"阅读"面试官的面部表情,洞悉他的内心情感,迎合他的情绪变化,顺应他的感情迁移,以避免引起他的反感,争取给他留下轻松愉快的印象。

(三) 交谈礼仪

交谈一般从面试者的自我介绍开始。自我介绍是展示自我的重要机会,如果一个人连自己的情况都搞不清楚,又怎能干好别的事。虽然面试官已看过你的求职信和个人材料,但自我介绍仍是面试中不可缺少的一个环节,面试官可以通过它考察你的口才和气质。自我介绍一般很短,两三分钟就够了,但其不仅涉及第一印象,而且涉及后续的问答,关系到面试的成败。因此要坚定自信心,努力稳定情绪,准确把握自己的特长和优势,并用简短却能给人留下强烈印象的语言流畅地介绍自己的各方面情况,主要包括姓名、毕业学校、专业、学习成绩、担任职务、获奖情况、特长、兴趣、爱好。

自我介绍是面试双方交谈的引线,从礼仪的角度看,在交谈中,求职者不要打断面试官的说话或抢其话头,否则面试官会认为你不尊重他。对于面试官的提问应予以重视,听清楚问什么再回答,不能答非所问。如果有好几个面试官,则对于每一个面试官的提问应一视同仁。一般情况下,要面向居中的面试官,首先回答他提出的问题。当旁边的辅助面试官提问时,应调整坐姿,面向他,以示认真对待,让他感受到你对他的重视和尊重,以赢得他的好感。

若面试官问你被录用后愿意做什么工作,最好不要回答得太具体。有许多求职者愿意从事与所学专业相符合的工作,这本无可厚非,但这很可能被认为工作适应范围太窄而导致面试失败。最好回答自己适宜做什么性质的工作,哪一方面的工作,但不要具体到某一个职位。

面对意想不到的提问必须迅速回答,面试官提出这类问题的目的是考察你的应变能力,最容易留下不良印象的莫过于你以尴尬的表情应对或坐着发呆。应抓住问题的症结所在,一边分析一边思考对策,做出不同的回答,即使出现一点小差错,也关系不大。

(四) 技能展示礼仪

在面试过程中,绝大部分用人单位都会要求求职者进行技能展示。当出现这种情况时,你大可不必紧张或害怕,因为用人单位让你展示的技能都是你在校期间学过的长项。故你要有绝对的自信,切不可推诿或紧张。

技能展示前,可以轻声地问面试官"我可以开始了吗?"待面试官示意后,方可进行技能展示;需递交个人资料时,应站起身双手捧上,表现得大方、谦逊和尊敬。技能展示结束时,应道声"谢谢",回到原座位;就坐后,可适当调整坐姿,注视主面试官的眼部和脸部以示尊重。

(1) 如在展示舞蹈时,切记要事先把音乐、服装等必备东西准备好,一定不要耽误别人过多的时间。

(2) 如在展示书法、绘画作品时,不仅要主动双手送上作品,而且作品要保持干净、整洁,以表示你的真诚和对面试官的尊重。同时,应主动介绍你的作品。

(五) 告别礼仪

当主面试官示意面试结束时,应微笑起立,感谢用人单位给予自己面试机会,然后道声"再见",没有必要握手(除非面试官主动伸手)。如果之前进入面试室时有人接待或者引导,离开时也应一并致谢。

告别时，如果面试官主动与你握手的话，要注意握手的基本礼节。一般来说，握手告别要讲究先后顺序，握手的先后顺序是根据握手人双方所处的社会地位、身份、性别和条件来确定的，其基本原则是：上级在先，长辈在先，女士在先。握手时间通常以三五秒钟为宜，并且要注意把握好力度，双目要注视对方，面带笑容，不可目光四顾，心不在焉，同时应配以适当的敬语，如"再见""再会""谢谢"等。

(六) 电话求职礼仪

许多求职者在找工作时会事先通过电话与用人单位接洽。在打电话时，对方看不到你的容貌，印象的好坏全凭声音语调及说话的方式来判定，所以，电话交谈中保持礼貌尤为重要。

早上刚上班和下午快下班这两个时间段，通常都是用人单位最忙碌的时候，故打电话要注意避开这两个时间段。通话后先礼貌地打招呼，比如"我有几个问题想要请教，请问您现在方便吗?"以免干扰对方工作，留下不佳的印象。

在安静的场所打电话。如果是使用公共电话，要特别注意周围环境，在嘈杂的环境中，除了听不清楚对方说话之外，也会容易焦躁。所以要慎选通话场所，以免失礼。

在相关人员接通电话后，先报上自己的姓名，然后开始谈相关事情。挂断电话后，将询问到的各项信息做成备忘录。尤其是同时应聘好几家单位的时候，备忘录对调整自己的行程表或比较几家单位的情况会有很大的帮助。

要以面试的心态通电话。一般用人单位在电话询问后通常会要求求职者寄简历，但也有些用人单位会在电话中询问相关问题以决定是否进一步面谈。所以应该事先准备一些应聘理由和自我推荐的说词。

在电话中应避免问到的问题：薪水的多少、有关加班及休假时间的安排。

二、求职者如何打开企业的"金锁"

在求职过程中，机遇对每个人都是平等的，就看你如何用手中的"钥匙"把企业的"金锁"打开。

(1) 转变择业观。有两位求职者在找工作的过程中发现与专业相关的事业单位人满为患，于是其中一位利用自己所学的知识在县城开了一家动物诊所，干起了个体经营。另一位则认为上了四年大学后干个体经营会脸面无光，故千方百计地挤进了市农业局下属的农科所，然而第二年，单位机构改革，这位求职者无奈下岗。而那位干个体经营的求职者经过一年苦心经营已小有盈余，更重要的是，其所学知识在实践中得到了应用。

(2) 寻找机遇。张强是一名高职院校毕业生，临近毕业时他并不是到处参加招聘会，而是到校就业指导中心为企业免费做义工。有一次，一知名企业的人力资源部来学校招人，张强被安排负责为该企业组织面试、通知复试人选等工作，工作中他总是能按要求以最短的时间完成工作。招聘工作结束后，该企业人力资源部的负责人很欣赏他热心、能干的工作表现，结果张强顺理成章地被录取了。

(3) 寻求帮助。一名大学生从大二起，每个假期都通过同学的帮助去北京、广东、上海、浙江等地联系工作，有时还短暂试岗，结识了很多用人单位的人力资源部的人。毕业时，他收到好几家用人单位的用人意向书，最后他选择了一家自己心仪的企业。

(4) 主动争取。某公司向学校发布了将来校招聘人才的信息，许多毕业生得知后，有的用特快专递送求职材料，有的主动上门自荐，但有一部分同学一直在等待，认为等到该公司来校招聘时再投简历也不迟。终于盼来该公司，结果该公司人事部负责人却非常抱歉地说："真对不起，其实我们前几天就已来到贵校，刚在贵校招待所住下，就接待了一拨接一拨闻讯而来的毕业生，所以我们的招聘名额提前录满了。"在场的毕业生无不后悔，机会就这样在等待中错过了。

(5) 突出亮点。有两个学营销专业的求职者，他们应聘的岗位与所学专业对口。第一个求职者在应聘过程中，天南海北地高谈阔论，却没有对招聘岗位最需要的能力进行说明，更没有表明自己在这方面的才华，使人觉得他是一个面面俱到但没有突出能力的人。第二个求职者在很短的时间内，根据招聘岗位所要求的才能，结合自身的实践经历，展示了自己在这方面的能力。于是，第二个求职者被公司录用了。后来，第一个求职者得知时，惊讶地说道："我也有这样的能力，只是当时我没有讲啊！"

(6) 果断抉择。有这样一个真实的故事：一个刚毕业的求职者，来到一家公司应聘心目中理想的工作。刚进该公司，他就被另一家月薪不错的公司所吸引，且另一家公司人力资源部的负责人很欣赏他热心、能干的工作表现，于是他果断地选择了另一家公司。

小小举动博得西门子青睐　知名企业看重细节

现在市面上有本书叫《细节决定结果》，是讲成功方法的，很畅销。找工作也要讲究细节。西门子(中国)有限公司人力资源部的孙女士告诉记者，很多时候，细节决定结果。在2004年西门子招收应届大学生时，一位来自北京理工大学学计算机的学生，就因为一个小小的举动而博得了西门子很多部门经理的青睐。孙女士说，那天西门子在总部的一个办公室进行集体面试。办公室的门需要打卡才能进入，在大家进入的时候，这位同学始终站在门里面，主动帮助每一个人开门。他一直坚持到最后一个人走进了门才放手，他所服务的人中有一些就是来挑选新员工的部门经理。结果当他最后出现在面试考场上时，好几个部门经理对他表示有好感，都在争抢他。

金山软件股份有限公司人力资源部总经理也表示，应聘时的细节表现往往能帮助求职者成功就业。他回忆说，在2004年的一次招聘会上，有一个应届毕业生在面试时表示，他希望能回到广州工作，原因是他觉得，一手把他带大的单身母亲受了很多苦，供他到北京读大学，如今他需要回到妈妈身边照顾妈妈。该总经理表示，当时他听了这番话，他被打动了。他说，一个心地如此善良的孩子，一个知道报恩的孩子，一定也是一个非常正直的人，而企业现在就需要这样非常正直的员工，所以，在面试现场立即录用了这名新员工。

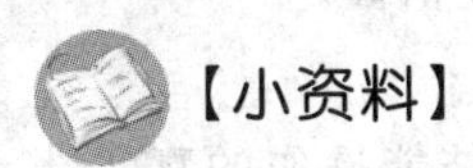
【小资料】

最有效的求职途径

——张敏强：《大学生职业规划与就业指导》

《求职圣经》一书中介绍了5项最有效的求职方法：

创意求职法——成功率86%。它的主要特点是根据自己的特长和专业知识，在向有兴趣的公司查询职位空缺情况前，设法拜会公司的决策人。事实表明，那些愈不爱登广告招聘人才的公司，竞争对手愈少，如能得到雇主的垂青，对方可能会为你度身打造一个职位。

直接找公司的负责人——成功率47%。这种方法对大学毕业生来说有较大的难处，因为你很难找到与那些跨国公司、大公司老板会面的机会，你很可能要锲而不舍地花上几星期，甚至更多时间，对方才肯见面。

找朋友介绍——成功率34%。俗话说“多一个朋友多一条路”，可请教认识的每位朋友，了解哪些公司正有空缺职位。由于朋友对自己各方面的情况比较了解，所以朋友的介绍是找到理想工作的一条重要的途径。

找亲戚介绍——成功率27%。向亲戚打探各种工作机会，这样可扩大找工作的范围，事前应该给亲戚一些较详细的个人资料，如你要求的工作类别、个人专长等。

利用母校就业指导中心——成功率21%。由于近几年毕业生市场化就业经验的积累，各个学校的毕业生就业指导中心与不少大的用人单位建立了良好的合作关系，他们对就业资讯、职位空缺情况等信息掌握得比较全面，加上是自己学校的毕业生，学校的“胳膊”终归往里拐。

有4项最为人们熟悉、为多数人使用的求职方法，但其失败率却比想象中高，分别为：

靠招聘广告——失败率76%～95%，职位愈高失败率也愈高；

靠职业介绍所——失败率76%～95%；

靠行业内专业或贸易刊物的招聘广告——失败率93%；

靠大量寄出简历——失败率92%。

第四节　师范生初涉职场

职场生活是人生路途的重要组成部分，而顶岗实习是即将迈出校园的“准职业人”——师范生的一次重要的职场生活初尝试。师范生需要在实习岗位上不断锻炼自己和丰富自己，弥补自身的不足，认识自我、发现自我和超越自我，尽快融入社会，实现自我成长和人生、社会价值。

一、顶岗实习

顶岗实习是大学生实现理论知识与实践相结合的重要途径之一，其目的是促进毕业生由在校大学生向社会职业人员的转变，顶岗实习的意义不仅在于使得毕业生渐渐认识社会，同时也使得毕业生逐渐认清自己，变得更加成熟。在顶岗实习的过程中，大学生不仅需要知识、能力，还需要注意工作的方法、语言的技巧、角色定位，明确各自的责任分工，协调处理各种关系等非智力因素的影响，增强自己的职业观念、职业情感、职业道德、职业责任和职业信仰。

1. 顶岗实习的基本特征

(1) 大学生实习身份的双重性、大学生实习内容的针对性、大学生实习技能操作的真实性和大学生实习管理的复杂性等。湖南省第一师范学院的校训是“要想成为人民的先生，先做人民的学生”，也就是说受教育的人首先必须成为教育自己的人，对别人的教育必须成为这个人自己的教育。顶岗实习的一项重要工作就是让大学生知其然更知其所以然，努力培养大学生的创造力、生存能力、竞争能力。顶岗实习的教师需要具备良好的素质和职业情操，引导、启发和激励学生，具备教学设计能力、语言表达能力、驾驭课堂能力、板书绘画能力、组织管理能力以及掌握先进的教育教学方法和手段。

(2) 顶岗实习在师范生由一名在校大学生快速转变为一名合格的教师的过程中起到了承前启后、继往开来的重大作用。通过顶岗实习，师范生拓宽了知识面，增加了感性认识，把所学知识梳理归类，不断进行总结纠正，增强了人际交往能力、语言表达能力和沟通能力，实时关注当前教育的现状和发展愿景，为今后从事实际教育教学和管理工作打下了坚实的基础。

(3) 顶岗实习是学校安排在校大学生走出校门进行工作实习的一种方式。大学生按照现代教师的岗位规范，履行其职责，独立完成一定的教育教学任务，把实习与教学工作统一起来，进一步提高教育教学技能的熟练程度、解决问题的能力和职业心理的成熟度。

2. 实施“顶岗实习”工程的意义

大学生顶岗实习是指在校大学生到学前幼儿学校以及中小学学校的具体工作岗位上工作，一边学习理论知识，一边进行实践，是一项顶岗学生、就读学校、实习学校三方共赢的系统工程。与传统意义上的实习不同，参加顶岗实习的大学生在实习期间即有正式工作岗位。从顶岗学生自身角度分析来看，顶岗实习对其成长、成才和增值有重要的现实意义和作用。

(1) 有助于提高大学生的实践能力。顶岗实习使大学生将理论知识融入到实践中，进一步提高了其对理论知识的认识水平，促进了大学生学习理论知识的积极性、针对性和有效性。

(2) 有助于提高大学生的创新能力。在顶岗实习的过程中，大学生在提高技能的同时，培养了创新能力，将新的理念和方法带到实习学校，将先进的理念进行宣传和发扬，在实习学校领导和老师的帮助下，锻炼专业基本功，提高技能，发挥师范生的创造性。

(3) 有助于提高大学生的就业能力和创业能力。顶岗实习注重同专业和不同专业大学生之间的互助协作，培养他们的全局意识、集体观念和团队精神，有助于他们在工作、学习和生活中互帮互促，共同提高。同时也培养了大学生处理突发事件的能力和吃苦耐劳的精神。大学生在参与未来职业的实践活动中，认识自己的社会角色，在身份转换中健全心理素质，在艰苦环境中锻炼身体素质，在文明教育中完善人格素质，培养正确的自我意识和自我评价，为今后缩短职业适应期、尽快熟悉工作岗位打下良好的基础。

(4) 有利于加强大学生在大学教育中的主体性作用。众所周知，高等师范教育的主要功能是为社会培养人才，使人实现社会化，具备职业能力。学校和实习单位的角色由原来的主导性角色转变为辅助补充性角色，主要在宏观上起到管理指导作用，在具体实习教学中，则让大学生发挥自身的主体性：在实践中提高对理论的感性认识，在实习中学会自我管理，以及学会融入实习单位(小型社会群体)，从而有效提高职业技能。这是“顶岗实习”这一新的教学模式最重要的积极意义——使大学生的主体性作用得到全面的展现。

(5) 有利于加强大学生的职业独立性和创新能力。顶岗实习有利于加强大学生的职业独立性，提高了大学生的职业技能。组织大学生进行毕业后所要从事的相关管理、技术等工作岗位的实习，大学生实践多了，在技术方面会更加自信，工作起来会更加积极、主动、认真，进而发现问题、分析问题，不断提高自身解决问题的能力。

(6) 有利于培养大学生的社会责任感。顶岗实习提供了一个使大学生能更好地与社会群体进行深入交流的平台，是锤炼大学生独立性、责任感、优良品质的重要形式。顶岗实习从客观上增强了大学生独立生存的信心、为家庭贡献一份力的自觉性，以及积极贡献社会的社会责任感。

【小资料】

顶岗实习的六大误区

其一,顶岗实习是高端技能型人才培养的教学"环节",而不单是教学"方法"。从本质上讲,顶岗实习更应该看作是高职人才培养的一个重要环节,即前两年以文化课学习、专业基础理论学习及校内实训为主,第三年到企业中真实的岗位上真刀真枪地磨练,使理论知识在实践操作中融会贯通,实践技能在理论知识的指导下得以有效提升,进而综合凝炼为大学生的职业能力、职业素养。

其二,顶岗实习不应由学校一手包办、统一"安排",而应由企业与大学生"双向选择"。眼下,社会上有一种"责怪"比较流行,但凡大学生顶岗实习出了问题,社会舆论都会一边倒地指责学校"没有组织好"。在这一思维的指导下,大学生成为被动接受顶岗实习安排的客体,而学校则需要为每一个大学生落实实习单位或岗位,这就必然会导致大学生对实习单位或岗位不满意,学校无法找到足够的实习单位供大学生实习等问题。其结果是学校两手一摊,自认无能为力;或是大学生养成了挑肥拣瘦的习惯,缺乏自我担当意识。如果能够形成一种用人单位与大学生双向选择的实习机制,让双方在顶岗实习前就达成共识,则可有效化解顶岗实习中产生的许多未知的、不可预料的矛盾。

其三,顶岗实习是大学生在"顶班",而不是"顶岗"。大学生到企业到底干什么?这是学校、企业、家长都很纠结的问题。考虑到大学生的廉价以及大学生比社会招工易于管理,在人力资源普遍比较匮乏的大背景下,绝大部分企业都倾向于安排大学生到流水线"补缺",做操作工,而学校迫于大学生"难找实习单位",只能被动接受企业的安排,明知大学生成年累月在流水线上根本学不到技能,却也奈何不得,最终受到伤害的是大学生。所以,有一个概念必须理清楚,即大学生到企业是"顶班"而不是"顶岗"。"顶班"的目的是在实践中学习,而长期超负荷的"顶岗"则主要是为了挣"加班费"。据此,大学生的顶岗实习需要定期变换岗位,而不能整个实习期都固定在某一岗位上。

其四,顶岗实习应该是"有偿劳动",而不是"廉价奉献"。因有部分学校克扣大学生顶岗实习报酬的丑闻报道在先,故大学生顶岗实习该不该获酬、以什么标准支付等,便一直是舆论关注的焦点。之所以会产生这一现象,是因为在很多人的潜意识中,一直认为大学生是消费者、是求学者,因此不应获得报酬;而很多企业亦以"实习生不能签订劳务合同"为由,把大学生当成廉价劳动力,公然与校方合谋克扣、截留大学生的劳动所得。从《中华人民共和国劳动法》的角度看,大学生在顶岗实习过程中真实地承担了营利性的生产任务,就应该获得相应报酬,而且应该享受同工同酬待遇。

其五,顶岗实习是正常的"教学",而不是两不管的"放羊"。不少院校认为,大学生一旦"进厂实习",学校就"卸了担子",不用再去操心,省了许多麻烦,只要不出安全事故,即可万事大吉。有些学校借顶岗实习"节约"办学成本(相当于缩短了一年学制),有些学校甚至趁机"腾仓"扩招,超容量办学,结果带来很多隐患和矛盾。事实上,在顶岗实习期间,大学生既是学校的学生,又是企业的员工,因而应由学校与接纳实习的企业双重管理,而不应由任何一方来单独管理,更不能因"两不管"而"放羊"。

其六，顶岗实习应由校企联合指导，而不应由企业或学校唱“独角戏”。顶岗实习究竟是为了什么？比较普遍的说法是培养大学生的专业技能。而当许多学校成批遣送大学生到流水线上做没有任何技术含量的操作工，进行“富士康式”实习被质疑无益于技能培养时，有些学校最权威的解释竟然是顶岗实习是教育部的“规定”，无意中暴露了这些学校根本没有想到过要承担“教学”责任，此乃顶岗实习的重大误区。这几年不断有大学生投诉学校不发教材不上课却要全额收取第三年的学费，原因即在于此。严格来讲，按照顶岗实习的制度设计，学校在大学生离校实习前应该制订出科学严密的实习计划，让大学生带着学习任务或毕业设计项目走向企业，有目标、有步骤地完成既定的实习模块的学习任务。

（来源：http://zqb.cyol.com/html/2011-12/19/nw.D110000zgqnb_20111219_3-11.htm）

3. 如何应对顶岗实习出现的问题

(1) 转变观念，增强岗位意识，积累社会经验。大学生从大学的生活、学习转换到现实社会，首先要在思想观念上适应社会，了解社会对大学生的要求，特别是要明确应当具备的职业素养，以便做到缺什么补什么。其次坚守职业之道，从基层做起，干一行、爱一行、专一行，培养岗位责任感和职业道德品质，在顶岗实习过程中要脚踏实地、兢兢业业地工作，只有这样，才能磨练和增强自身的岗位责任感。最后要积累社会经验和工作经历。

(2) 加强学习，提升自身专业水平，提高自身素养。在顶岗实习期间，大学生具有双重身份，既是学校派出的学生，又是实习单位的员工。因此，工作在一线，大学生应加强学习，提升自身的专业水平和能力素质。不要因为自身的学生身份而放松自己，要严格遵守实习单位的有关规章制度和纪律，积极争取和努力完成领导交办的各项任务，从小事做起，向有经验的同事虚心求教，尽快适应环境，不断寻找自身差距，拓展知识面，培养实际工作能力。与此同时，要把眼光放长远，稳定心态，了解实习单位及其文化，积极探索理论与实践相结合的途径，关注最新行业动态，有组织、有计划地提高自身的综合水平。

(3) 积极应对，调适心态，努力解决实习工作中的挫折。大学生顶岗实习时，一方面担心自己做不好，另一方面又迫切渴望自己的工作得到肯定，取得成功。这样的矛盾心理使得大学生患得患失，怀疑自己的能力，厌恶眼前的工作，自尊心受挫，进而产生不必要的失落感，甚至过激行为。因此，大学生在顶岗实习过程中应正确面对岗位之间的分工和岗位之间的调整、轮换，不挑肥拣瘦，深入基层，扎扎实实地干好自己的本职工作，积累工作经验，为以后的职业生涯打下坚实的基础。

林映娜：在育苗中育己

在春暖花开的时节里，带着一份既欣喜又紧张的心情，伴着明媚的阳光，清新的空气，我踏上了实习的征途。

走进阔别已久的小学校园，一种熟悉而又陌生的感觉迎面扑来，相似的操场，相似的教室，相似的课桌椅，这里曾经留下我奔跑的身影，朗朗的读书声，嬉戏的足迹……无限的回忆填满了整个脑袋。而今，不同的是一张张陌生的面孔映入了我的眼帘，充满着稚嫩的气息，这就是我的学生吗？真不敢想象，昨天还是学生的我今天就成了一名老师了。手不自觉地放到了背后，头也昂了起来，大概老师都应该是这个模样吧！

一个多月的实习经历令我感受颇多。深深感受到了课本知识应用于实际的艰辛，无论是备课还是课堂教学，一切都不是想象中的那么完美。短短40分钟的课堂教学，既可折射出一名教师对职业的责任感和热情，更能反映其专业水准、知识视野及组织课堂、语言表达等方面的能力，甚至还能后映其个人气质所散发出的独特魅力和感召力。这对我启迪很深，使我对自己的要求更加严格。教书育人，如果自身修炼不够，怎配当老师？以前一直认为当老师是一件很简单的事情，其实不然，当你面对那一双双求知的眼睛，就会意识到教师的重要性和责任的重大。

初为人师，总是有些紧张。听了一周其他老师的课之后，我怀着羞涩与忐忑的心情抱着课本和教案走上三年级2班的讲台上时，尽管我做了很多准备，但当我真正面对那么多双眼睛时，我还是紧张了。由于经验不足和应变能力不强，课堂上出现了“讲课重点不突出，课堂组织不连贯，师生交流不够默契”等诸多问题。针对出现的问题，指导老师要求我多听其他老师的课，多向经验丰富的教师学习，并且面对面地指出教案的不足以及上课时存在的缺点。为了弥补自己的不足，我严格按照学校和指导老师的要求，认真备好课，写好教案，经常向其他老师请教，把握好每次上课的机会，锻炼和培养自己的授课能力。

俗话说得好“知之者不如好知者，好知者不如乐知者”。兴趣对于一个小学生来说是至关重要的。我的体会是必须把学生的学习兴趣调动起来，使他们在快乐中主动学习。小学三年级的学生喜欢表现自己，于是我根据他们的个性和年龄特点，非常注重鼓励他们。只要他们回答问题，我都会用鼓励性的语言对他们说“good”“great”“you are smart”等，他们得到我的赞扬后，积极性提高了，学习语言的兴趣也提高了。有几个经常在课堂上捣蛋的学生也开始举手回答问题，久而久之，同学们就养成了敢于举手回答问题的习惯，而且，当某学生回答问题很好时，我就让其他所有的同学用“good，good，you are very good”等鼓励话语或手势来鼓励他，这样，充分活跃了课堂气氛，学生情绪饱满，取得了很好的教学效果。

整个实习期间，我觉得班主任工作是最令我难以忘怀的。由于小学三年级的学生都还小，自我组织和约束能力都还很差，需要老师引着走，告诉他们应该怎样做。我特别注重对成绩较差学生的工作，因为我相信没有教不好的学生，只有不会教的老师。在这方面，我绝不训斥他们，而是耐心地教育他们，跟他们聊天，了解他们，对症下药，制造机会让他们参加班里的活动，让他们感受到我对他们的重视。在我的用心努力下，班里的几位成绩较差的学生不仅成绩都有了显著的进步，还对英语产生了兴趣。从中我深深体会到，对待成绩较差的学生，就是要走进他们的内心世界，对症下药。

尽管听了很多次“老师好”了，但每次回应的时候我依然带着欣喜的笑容，每当站在讲台上，被一双双纯净的眼睛聚精会神地望着时，作为一名教师的价值感和成绩感就会油然而生。在实习中，我还发现，有些东西不能选择，有些东西却是可以选择的。分内的工作当然要认真完成，但勇敢地“主动请缨”却能为自己赢得更多机会。只要勤问、勤学、勤做，就会有意想不到的收获。

在为人师的这条路上，我已经迈出了第一步，接下来还有第二步、第三步……不管怎样，我都会以人为本，把实习中受到的锻炼融合到今后的事业中去，我会以我的真心去呵护学生，因为我面对的是一颗颗纯真的心。实习的经历虽已过去，但在以后的岁月里，我会经常回看在那里留下的脚印，我相信那不会是我旅途的归宿，而是我充满挑战和希望征程的开始！

（来源：黄坚——《高职院校学生职业发展案例精选》）

二、自我成长

师范生初涉职场，要想成为一名优秀的教师，关键在于自我个体本身。对于自我个体本身来说，如何发挥自我个体的主观能动性，实现自我成长才是关键。

1. 不断学习，增强专业技能水平

作为初涉职场的师范生，应不断学习，掌握全面的教育教学基本技能。扎实的基本功是师范生得以自我成长、自我完善和自我提升的重要基石和其工作能力得以展现的强大后盾，是师范生感受美、认可美、表现美的源泉。师范生只有不断加强训练，拥有扎实的基本功，其水平才能在工作中发挥得淋漓尽致。理论知识是一切教育活动的基础，是一个教师教育理念的体现，是其教育孩子的依据，所以提高师范生的理论素养也势在必行。应强化学习的专业技能主要包括岗位职业道德、操作技能知识、行业所需要的专业知识和职业工作规范等。

在顶岗实习期间，师范生应虚心学习，踏实钻研专业技能，要善于向领导学习，向同事学习，向实习同学学习。此外，师范生应保持一个良好的学习习惯，以缩短适应期，减少盲目性，更快更好地进入工作角色。提高自己的知识水平，与时俱进，以获得实习单位的青睐，为实习期满后继续工作赢得机会。

在顶岗实习期间，师范生要不断通过自己的努力展示自己的特长和能力，将大学期间学到的知识运用到自己的实际工作中去，突显自己的竞争优势，另外，还要尽快适应新环境，熟悉业务知识，通过不断总结和学习，积累实践经验。所以在顶岗实习期间和以后走入社会，师范生都应不断学习，增强专业技能水平，提高自己的学习能力，如此才能不断超越自己。

2. 认清自身身份，实现自我角色的转变

师范生初涉职场，首先需要对自己的身份有一个清楚深刻的认知与定位，珍惜自己来之不易的工作岗位。虽然理论知识较为丰富，思维敏捷，勤于思考，易于接受新生事物是师范生最大的优势，但是许多师范生也容易眼高手低，不肯脚踏实地，不愿意从基层做起。与在学校相比，初涉职场的师范生会有种种抱怨，抱怨地方偏僻、交通不便、食宿条件差、经常加班等。在职场中，师范生普遍存在浮躁心理，刚开始工作时还比较有新鲜感，时间一长，就感觉工作枯燥乏味，不愿意做下去了。

初涉职场之后，大学生应时刻摆正心态，主动适应社会，实现从学生到职员的角色转变。现代职场需要的是合适并且上岗就能马上适应岗位要求的人来踏踏实实工作，而不是一定要找最优秀的人。

美国前总统肯尼迪曾说：不要问国家能为你们做些什么，而要问你们自己能够为国家做些什么。其实对于一名初涉职场的大学生而言，往往需要经受一两年的磨练，在职场的不断磨合中逐渐走向成熟。作为一名适合岗位要求的人才，除了要具备较强的专业知识和能力之外，还要耐得住寂寞，静得下心来，去寻找工作的乐趣。在现实的职场生活中，有些工作做起来其实是比较枯燥乏味的，每天不停地重复一样的工作。其实对于初涉职场的每一个人，不管从事哪一类工作，面对的情形都是一样的，在要求我们熟练掌握专业技能外，还需要我们从工作中发现问题、解决问题，获得乐趣。只要我们对自身做出清楚深刻的认知和定位，就能耐得住寂寞，静得下心来，从而在工作中不断地寻找到乐趣与满足，在平凡的岗位上做出不平凡的成绩来。

初涉职场的大学生应认清自身的身份，不要还把自己当成在学校学习的学生，觉得工作只是走走过场。应该保持“只问耕耘，不问收获”的心态，树立目标，找准未来的发展方向，缩短初入职场的浮躁期、适应期和盲目期。如果一味盲目浮躁，对将来的发展和自我成长非常不利。故而，大学生应该调整好心态，规划好职业方向和目标，对自己的职业目标有明确的认识，主动去适应社会的需求，而不是一再选择逃避。

3. 融入社会，营造良好的人际关系

初涉职场，大家都会常常碰到一个问题，就是在职场工作中如何和同事搞好人际关系。人际关系是我们职场生涯中的一个非常重要的课题，因为良好的人际关系是舒心工作和安心生活的必要条件。如今大部分初涉职场的大学生都是独生子女，自我意识比较强，初入社会，很容易感到不适应，从而碰到各种各样的问题。进入职场工作和生活，其实是每一个人都必须要面临的，是人的社会实践活动的重要体现，也是人的社会化过程的重要方式。在职场中，应增强在社会中的竞争意识，学会与他人合作共事，学会在社会职场中独立生活。人际交往能力差、处事能力不强必然会影响初涉职场的人的社会化进程。

在处理与职场同事和领导之间的关系时，要遵循真诚的原则、主动的原则、交互的原则和平等的原则，多做与人为善的事情，在现实的人际关系实践中践行自身的承诺，构建良好的人际交往环境和工作环境，逃避人际关系而又想得到别人的友谊只能是缘木求鱼，不可能达到理想的目的。

4. 讲究礼仪礼貌，留下职场好印象

初涉职场，礼仪礼貌是人和人之间相互尊重的表现。文学家歌德曾说：一个人的礼貌是一面照出他的肖像的镜子。礼仪礼貌所代表的是一个人的品行修养，人们总是根据你的言谈举止评价你，所以应该在自己的位置上做好自己，提高自己的礼仪意识，重视礼仪礼貌。

在职场中要谨记一些常用的礼貌用语，随时随地将它们加以运用，比如“您好”“早上好”“非常感谢”“这是我应该做的”“请问”“拜托您帮我一个忙”等。在职场上永远记住自己是新人，要遵守职业规范，每天提前到达岗位，工作中做到腿勤、手勤、眼勤，树立良好的个人形象，按高标准做事，摆低架子，待人处事和善，虚心学习，刻苦钻研，礼貌待人，尊重同事和领导，培养良好的职业道德，合理使用职场工具和材料，廉洁自律，勤俭节约，努力培养高尚的道德观念，在职场生活中注意交往分寸，铭记自身身份，学会适时婉拒。

职场不需要个性，每一个初涉职场的人都需要不停地磨练自己，尽量约束自己，主动工作，善于沟通，做到眼尖、脑勤、手快、脚快、耳灵，从基础做起，从杂事做起，对职场工作不挑剔，对大事小事都要力求做到最好，力求做到让同事、上司喜欢你、认可你，甚至离不开你。初涉职场，怎样才能在职场生活和工作中留下良好的印象呢？初涉职场时要想留下良好的第一印象，尽量表现得勤奋、谦逊，准时或提早上班，对自己所在的工作环境做一些基本的打扫和清洁工作，熟记同事的名字，掌握单位常用设备的基本使用方法，以便随时为大家服务。

初涉职场后，要虚心求教，积极主动与单位同事和领导交往和沟通，用诚恳的态度向他们问问题，时刻保持微笑，用真诚的态度赢得认可、接纳。在职场中要注意一言一行，注意细节，树立一个良好的形象，这样有利于自身的职业发展。

李文梅：只为心中那个梦

昨天已随着太阳的悄悄离去而远去，今天将随着太阳的又一次升起而到来。不知不觉中我们的实习生活已经过去好几个月了，回想这段实习的日子，感觉自己长大了许多，也成熟了许多。我尝到了生活中的酸甜与苦辣，实习生活的点点滴滴都将成为我人生路上宝贵的财富。

记得当初我和另外一个女生实习的学校有由许多瓦片盖成的七间教室，遇到下雨天总是外面下大雨，教室里面下小雨，每间教室大约有七八个平方米大，且只有一个不到一平方米大的窗户，每间教室里面歪斜地摆着破烂的桌椅，这些桌椅在上课的时候偶尔会发出坍塌的声音。学校没有篮球板，只有上课、看到红领巾和飘扬的国旗、听到琅琅的读书声的时候，我才感觉这是一所学校。

这个学校里住校的人只有我们两个实习的女生，其他老师都是本地人，放学后他们都回家干活了，只剩下我们两个女生待在学校里，当地的村民都会开玩笑地说我们是“两个守学校的天使”。说实话，当初来的时候，我很难过，因为离开了父母和许多好朋友而来到大山深处的一个角落里，我感觉很孤独、很寂寞，放学后也没有什么事可做，也没有电视可以看，总是面对大山发呆，以前过着衣食无忧的生活，而现在柴米油盐酱醋茶都必须自己亲自动手。尤其是每天晚上在狂风呼啸的声音中难以入睡的时候，心里难免会担心害怕，再加上适应不了这里的天气而生病时，心里总不是滋味，很伤心、很无奈。也曾躲在被窝里悄悄地流过眼泪，也曾有过放弃的念头。但是转念又想：作为一名人民教师是我一直追求的梦想，难道就这样被困难熄灭了那颗火热般的心吗？更何况作为一名教师，“放弃”这两个字是不能随便说的，总是问自己：“难道别人的理想和梦想就是一朝一夕实现的吗？别人能生活下去，难道你就不能吗？你能经过春的明媚、夏的浪漫，就不能经过秋的萧瑟、冬的严寒吗？你能为昨天的惨淡而哭泣，就不能为今天的真实而振作、为明天的辉煌而奋斗吗？”其实每个人都要经过无数的坎坷才能实现自己心中的那个梦，所有我不能放弃，我要振作起来，更何况这里还有那么多善良的村民和可爱的学生陪在我身边。

后来我开始了解这里的村民，也被他们感动了，在他们身上我看到了一种朴实，在宁静的山村里，感觉一切世俗纷争、得失忧患、人情冷暖都如旧梦般淡去，只觉置身于简单淳朴的大自然，这种感觉不知胜读多少修身养性的书篇。面对那一双双渴望知识的眼睛时，我感到一种责任压在肩上，怕自己教不好他们，怕自己当不好一个老师。但是，当和学生们一起解开一道难题，看到一张张笑脸时，我心里是快乐的；当看到学生在自己的耐心教导下，不再犯同样的错误时，我心里是快乐的；当看到班上的最低分由 3 分变为 10 分、18 分、26 分、35 分时，我心里是快乐的，也很有成就感，这种感觉真的很好，真想一直拥有它。

也许，每个人都在经历着不同的坎坷，不必为生活的玩笑而悲伤却步。如果我们静下心来，坦然地正视生活，以关爱的心欣赏周围的万物，不论是江南的清冽，还是高原的旷达，不论是山涧的小草，还是娇羞的花儿，就都会令我们感动。如带队老师说的“得意、失意，切莫在意，逆境、顺境，切莫止境，人生的每一种经历都是通往成功的阶梯。”在这里我要感谢所有关心我们的老师，谢谢你们！你们辛苦了！

总之，我觉得这次顶岗实习非常有意义，感谢学校给我这次机会去认识自己、发现自己、改变自己。这次顶岗实习让我学到了好多以前在书本上没有学到的东西，让我对生活充满希望，我会更加珍惜剩下的实习时间，努力完善自己不足的地方，使我一年的实习生活更有意义。

（来源：陶仁，杨其勇——《顶岗支教实习：地方高校师范人才培养新模式》）

【探索与思考】

1. 如何进行有效的顶岗实习？

2. 分析大学生求职的主要途径。

第七章

毕业生就业准备

BIYESHENGJIUYE
ZHUNBEI

本章导学

随着高校毕业生就业制度改革的不断深化，形成了毕业生通过与用人单位进行双向选择来确定就业去向的就业格局。双向选择的过程，实际上就是毕业生与用人单位相互认识、相互了解、相互认可的过程。毕业生在了解认识对方的同时，也让用人单位认识自己、了解自己、选择自己，从而实现自己的就业愿望。为了达到这一目的，毕业生需要利用各种途径和方法正确展示自己。

不打无准备之仗。

——毛泽东

冬天并不可怕，可怕的是我们没有准备！

——马云

第一节　大学生就业形势分析

随着社会主义市场经济的发展，高校毕业生就业制度正在逐步改变“统包统分”和“包当干部”的就业模式。因此，面临就业的大学生，必须增强竞争意识，树立正确的择业观念，在就业之前做好多方面的准备。

一、大学生就业现状与趋势

我国是世界上劳动力资源最丰富的国家，近年来一直面临十分严峻的就业形势。我国就业方面的主要矛盾是劳动者充分就业的需求与劳动力总量过大、素质要求高之间的矛盾。当前主要表现为劳动力增长速度快，劳动力供求总量矛盾和就业结构性矛盾同时并存，城镇就业压力大与农村富余劳动力向非农领域转移速度加快同时出现，新成长劳动力就业问题和失业人员再就业问题相互交织。另外，持续不断的经济结构调整、技术进步和产业升级，造成部分行业和企业不断减少就业岗位，持续产生新的就业问题。

（一）当前就业面临的压力和挑战

1. 劳动力供求总量压力与结构性矛盾依然十分突出

首先，“十三五”期间劳动力供大于求的矛盾更加突出。

其次，青年就业、农村劳动力转移和下岗失业人员再就业“三碰头”聚焦矛盾。

第三，就业的结构性矛盾更加突出。劳动力素质与产业结构优化升级、转变增长方式的需求矛盾更加突出，劳动者的职业技能与岗位需求不相适应。同时，不同地区的就业结构性矛盾突出，西部地区、贫困地区、少数民族地区城镇就业难的问题严重存在。东部沿海地区企业用工需求增长，部分企业出现“招工难”现象。

2. “十三五”经济社会环境的变化对就业提出了新的挑战

首先，经济发展方式的转变对就业提出了挑战。落后的和过剩的产能将逐渐被淘汰，部分污染严重、能耗高的企业面临关闭和破产，由此产生新的结构性失业，要求劳动力在各产业之间实现有序转移。要通过发展第三产业吸纳第一、第二产业实行集约化后富余的劳动力。产业升级、科技进步和管理创新等将对劳动者素质提出更高的要求。

其次，城镇化的加快对农村劳动力转移的就业服务提出了新要求。大批农业富余劳动力需要向第二、三产业转移。

3. 劳动关系矛盾凸显，协调难度加大

经济社会转型造成劳动关系矛盾上升。劳动者对提高工资水平、调整工资收入分配结构提出新要求。劳动者的利益诉求发生新的变化，诉求的内容转向改善劳动条件、实现体面劳动等。集体利益争议增多，劳动关系冲突性增强，协调劳动关系的难度加大。劳动关系整体体制不完善的问题依然突出。

二、端正就业观念

当前我国处于全面建设小康社会，开创中国特色社会主义事业新局面的新的历史时期，大学生应有正确的就业观念。国家提供的各种就业岗位只是社会分工不同，没有高低贵贱之分，只要在各自的职业岗位上为国家、人民做出贡献，就会受到社会的尊重，从而实现自身的人生价值。

（一）转变重全民、轻集体、鄙视个体的就业观念

目前我国在积极促进国有经济和集体经济发展的同时，允许和鼓励个体、私营、外资等非公有制经济的发展，并形成了多种就业渠道并存的格局。高职大学生在求职就业的过程中，必须摒弃“重全民、轻集体、鄙视个体”的旧就业观念，自觉树立起只要从事社会所需求的职业并由此获得劳动报酬或收入的都属于就业的新就业观念。

高职大学生在求职就业中虽然面临很多困难，但转变了就业观念，就容易克服这些困难了。虽然传统就业的主渠道变窄了，但各种非公有制经济对高职大学生的需求量正在迅速增加。虽然大企业已经人才济济了，但中小企业还求贤若渴。

（二）转变一次就业定终身的就业观念

高职大学生在求职就业的过程中，要改变一次就业定终身，稳定工作到退休的传统就业观

念。对职业岗位的挑选要适度，就业期望值不可过高。迟就业不如早就业，不求一步到位，先将就业放在首要位置。在工作一段时间后，知识、能力有所提高和工作经验有所增多后，再根据自己的实际状况重新选择更理想的职业岗位。

随着社会主义市场经济的逐步完善，劳动者的流动率将逐步提高。如果劳动者不能为用人单位创造效益，用人单位可以终止或解除劳动合同。在经济发达的国家，劳动者的年流动率在25%以上，而我国劳动者的年流动率还不到5%。高职生在求职就业的过程中，欲一次就业定终身，稳定工作到退休，这是脱离市场经济运行规则的错误的就业观念。

（三）转变眼高手低、盲目攀比的就业观念

有些高职大学生在求职就业的过程中，往往因错过有利的机会而失败。其中一个重要的原因是眼高手低，对职业岗位的期望值过高，对自己岗位适应能力的评价也过高。在选择职业时挑肥拣瘦，怕苦怕累，往往希望选择工作环境好、工资高、福利好的职业岗位，而自身条件和业务素质又不能满足用人单位的需要，因而其就业愿望总是不能实现。

有的高职大学生在求职时提出“职业岗位不是管理层不干”“单位性质不是党政机关或国有企业不干”“上夜班的工作不干”等。这些人的就业附加条件越多，就业面就越窄。还有一些高职大学生盲目和他人攀比，例如，某个同学、老乡当上了经理，自己没当上经理，感觉面子上过不去，这种与他人盲目攀比的思想也是阻止求职就业成功的一大障碍。

（四）服务社会需要和岗位需要

高职大学生在选择职业时，首先要考虑自己能否满足用人单位提出的岗位技能要求和有关条件要求，如工种岗位、技术等级、年龄、学历、性别、身高、视力等。根据不同职业岗位提出的要求，将自身条件与职业岗位的要求进行认真、全面地对比，进而选择出符合自己理想、能够充分施展自己才能的职业岗位就业。如果不实事求是，既不顾自身的素质和条件，又不考虑社会需要，一味盲目寻找所谓“工作条件好，经济收入高，社会名声响”的职业岗位，就会人为地增加就业难度。

就业竞争是现实的，有时也是无情的。但是，竞争应当遵循符合道德规范的公开、公正和公平的原则，而不是尔虞我诈、相互诋毁与弄虚作假。高职大学生在就业竞争中应保持自己的人格尊严，诚实守信，凭自身的竞争实力并运用恰当的竞争技巧去赢得求职就业的成功。

在求职就业的道路上，没有技能的人很难找到工作。常言道“家有万贯，不如一技在身”，这就是说，无论干什么工作都需要一定的技能。有关专家测算，一个人如果有一门精通熟练的技术，其求职成功率可达80%。今后，市场对劳动者的要求会向技能全面、高精尖方向发展。学习和掌握有关技术、技能是积极进取、竞争就业的必要条件。

（五）树立劳酬匹配的就业观念

高职大学生在求职就业时，不应只看月收入多少钱，还要考虑自己能为用人单位贡献些什么。只要你能为对方创造更多的价值，对方给你的酬金自然不会少。在发展社会主义市场经济的条件下，没有一个老板愿意花钱聘用一个不能为他创造效益的员工，因为他怕因劳酬不等而失去人才。用人单位给的劳动报酬是否合理，可以参考当地政府公布的市场工资价位。

着眼长远、面向未来，选择有较高发展后劲的职业对最大限度地实现人生价值具有重要意义。高职大学生在求职就业时，要注意选择那些有发展后劲的职业，不可只顾眼前利益，急功近利会影响自己长远的发展。在选择职业时，不要只看一时一事，应从社会发展、职业后劲、个人

前途等方面综合权衡，根据环境、社会需要和自身条件的改变，适时调整就业目标，以便适应社会发展的要求。

（六）正确对待待业

近年来，部分高职大学生在毕业之后一段时间内不能及时就业，出现了暂时待业的现象。出现这一现象的原因，主要是受人才市场供求关系的影响。从我国目前的经济发展水平和社会发展水平来看，在人才市场中，高职大学生的供求关系总体而言大致平衡，但尚存在专业结构性的矛盾。有些专业的毕业生供不应求，有些专业的毕业生则供大于求。

在社会主义市场经济的条件下，待业是一种正常的社会现象，也是高职大学生面临的现实问题，对此应有充分的思想准备和心理承受能力。同时，高职大学生还应明白暂时待业不等于永久待业，经过社会和个人的努力，待业会转化为渐次就业。为避免待业，高职大学生应根据现实情况，及时调整就业心态，不应盲目追求理想化的职业岗位而主动放弃就业的机会，避免人为待业。

（七）自谋职业，自主创业

社会上有许多人无事干，同时也有很多事无人干，这就需要我们开拓创新、自强自立、积极进取，走自谋职业和自主创业的成功之路。有的人在求职就业的过程中，由于各种原因暂时难以找到合适的职业岗位，这时，需要树立自强自立、艰苦创业的就业观念，积极进取，自谋职业。例如开设个体商户、创办私营企业，利用所学专业知识和技术创一番事业，从而走上自主创业的道路。这种就业方式需要通过自己的主观努力，开辟就业岗位来创办经济实体。

毕业生在创业过程中，可能会遇到很多困难，但不要害怕失败，失败了从头再来，遇到机会时，积极争取。从就业到创业，是高校毕业生就业观念的一个重大转变。

三、提高自身素质，掌握知识技能

大学生要有扎实的基础知识和熟练的专业技术。扎实地掌握宽厚的基础知识，不仅可以提高对事物的分辨能力，而且可以按照自身生理、心理规律的特点，更好地完成学业。专业知识是从事岗位工作最直接的知识。随着科学技术的进步，知识在不断地更新，大学生应加倍学习，不仅要重视本专业学科的发展脉搏，及时了解和努力掌握最新动态以使所学专业知识保持在学科专业的前沿；还要了解相关行业的专业信息、发展趋势等。

大学生应注意社会适应能力的培养，具备进行社会活动所需要的各种知识和能力。

（1）职业技能。职业技能是从事某专业工作所需要的各种知识和能力，包括工作技能、对环境的适应能力等。职业技能的培养，应该从学校开始做起，一是要充分利用机会深入实际锻炼自己，如社会调查活动、学校组织的各项实践活动。二是要虚心向有经验的人学习。三是培养实践中分析问题、解决问题的能力。通过以上三个方面的实践锻炼，找到自己的不足之处，抓紧在校时间进行弥补。

（2）人际交往能力。人际交往能力的培养最主要的是要处理好以下几个方面的问题：①虚心求教，克服嫉妒心理。②培养待人宽宏大度的品质，在人际交往中要求大同存小异，待人宽厚，能体谅他人的难处，原谅他人的缺点。③增强自信心，克服“社交恐惧症”。

（3）生活技能。生活技能是指自理生活、独立解决生活中困难的能力。生活技能的高低直接影响一个人的成就大小。年轻的大学生应该在培养生活技能的过程中练就立世、立身、立业的本领。

四、大学生就业前的准备

1. 珍惜校园生活，提高专业技能

少壮不努力，老大徒伤悲。学生时代是为求学者一生奠定基础的时代，是学生未来职业发展腾飞的基础，直接影响着学生未来职业生涯的规划。因此，学生一定要珍惜在校学习时间，把握好每一分钟，苦练内功，潜心学习，重视政治思想素质的培养，加强职业道德行为的修养，努力提高专业技术，学会学习，讲究技巧，强化适应能力，培养沟通能力，为今后的发展打下扎实的基础。

2. 重视社会实践，增强就业能力

社会实践能力越来越被众多领域、行业、企业的管理者所重视，招聘面试考技能，给大学生设置重重障碍。本科院校加大了社会实践课的份量，甚至有些本科生毕业后不是忙于找工作，而是到职业院校继续充电——培养技能，增强动手能力。因此，高职大学生在大学期间应该积极参加社会活动：生产实习、军事训练、公益劳动、社区服务、科技文化推广、志愿者、勤工俭学等。从而了解社会、了解职业，增强就业竞争能力，不仅要较快地缩短自身素质与职业要求的差距，而且要全方位地充实与提升自己，为实现自己的远大理想与职业目标奠定坚实的基础。

3. 关注职场发展，调整职业方向

随着社会生产力的进步和社会分工的高速发展，职场需要也在发生着迅速的变化。高职大学生要学以致用，学以够用，必须随时关注职场发展，调整职业方向，弄清楚职场供求关系的变化规律：分工越来越细、内容不断弃旧更新、职业结构大调整、新型职业不断增加、高素质复合型人才越来越受欢迎，弥补自己的不足，不断修订自己的职业生涯发展规划，紧随时代和市场，如此才能以自己的聪明才智和良好的职业素质，为自己今后的职业生涯开拓出宽广而又通畅的道路，将职业和发展机遇牢牢掌握在自己的手中。

4. 全面发展，突出专长

“德、智、体、美、劳全面发展，具有综合职业能力”是我国对职业院校学生的期望和要求。“学有所长，敢于创新”是当今大学生求职立足的根本，是社会发展的主题。社会是个大舞台，在这个大舞台上，当今毕业生要真正发挥自己的作用，不辱“大学生”这一光荣称呼，担负起建设祖国未来的历史使命，让职业生涯大放光彩。

案例分析

高中时期的不努力使杨青山独自一人来到了某职业技术学院。父亲的叹息和母亲的埋怨使杨青山更加郁闷。“我一定会有出息，我一定不能让我的家人失望”，杨青山心里暗自下定决心。

进校后，杨青山有幸当上了班长。但他越负责，同学们越反感，闹得越凶。杨青山板着小脸安排工作，对方却撇着小嘴只是冷笑，无法开展工作和闲言碎语让杨青山头痛。班干部改选，杨青山落选了。他含着泪水，回想着过去，我错了？我该如何做？

杨青山没有忘记自己进校时心里暗自下定的决心，他不能让自己的家人失望，更不能让自己失望。他认真学习每一门功课，从不放弃每一个学习的机会，期末考试成绩、专业考试成绩年年名列全班前三名。他积极参加学院组织的各项有益活动，是学院礼仪队队员，每次训练结束，他都会主动打扫卫生，走在最后。每次寒暑假，学院组织校外实习，他都会第一个报名参加。2006年12月，在四川省第二届大学生“鱼凫温泉杯”旅游艺术设计大赛中，杨青山荣获金奖。

现在，杨青山已是学院礼仪队队长，勤工俭学部部长，与北京某旅游公司签订了就业协议。杨青山用自己的实际行动改变着现实生活。

第二节 人际交往准备

一、人际交往的准则

1. 人际交往的含义

人际交往是指社会上人与人之间相互作用和相互影响的一切行为过程。如果说人际关系是一种状态，那么人际交往则是一种行为。人际交往奠定了一切人际关系的基础，离开了人际交往，一切人际关系就无从建立，人际交往的质和量决定着人际关系的程度和水平。

2. 人际交往的阶段

一般来说，人际交往要经过相遇、注意、吸引、适应、依附这五个阶段。

(1) 相遇阶段。相遇是人际交往过程中的第一个阶段，也是信息发送者与信息接收者之间的最初联系，这种联系是通过一定的媒介物建立起来的。

(2) 注意阶段。只有通过相遇，才能引起注意。但是在茫茫人海中，一个人不可能注意所有遇到的人，也不可能无缘无故地对某人(某些人)加以注意，只有当某人(或某些人)具有与众不同的并且特别适合主体的特质时，才可能引起主体的注意。这里所说的特质包括人的风度、仪表、谈吐、举止、行为等一些外显化的东西以及内在的气质、精神面貌、学识水平、某种需求等。注意是人际交往的“前奏”，只有当人们受到对方“与众不同的特质”的刺激而注意对方时，才可能产生与对方交往的愿望。

(3) 吸引阶段。由注意产生交往的愿望，但注意还不是交往本身。如果只停留在注意上，或在瞬间、短时间注意之后，注意又消失了，就不可能产生交往行为。只有当自己的注意被对方认同和接受，并回报以注意时，才有可能推动交往向前发展。这种相互“注意”就是“吸引”。当交往的双方都被对方所吸引，都对对方产生兴趣时，才会对对方输出的信息和反馈的信息加以关注，从而把交往行为引向深入发展。

一般来说，导致交往双方相互吸引的因素有三种，第一种：相似。人们通常对那些与自己有某些相似之处的人感兴趣。这里所说的相似包括：国籍、种族、出生地、政治观点和宗教信仰、生活经历等，相似程度越高，人际交往的吸引力也就越强。第二种：互补。除相似之外，人与人之间的差异也是导致交往双方相互吸引的原因。常言道“金无足赤，人无完人”，每个人都有自己的优势或长处，也存在着令人遗憾的缺点或不足。正视自己的缺点和不足，并能够取人之长补己之短，正是人际交往中相互吸引的心理机制。因此，可以说，互补是交往双方相互倾慕引起的相互吸引，是以交往双方彼此的需求能够在交往中互相满足为前提的。第三种：诱发。诱发吸引是指由于某一刺激因素的出现，引起双方的交往兴趣而导致的相互吸引。如人们总是对有知识、有能力的人心存敬重与倾慕，对他们感兴趣，愿意与他们交往。

(4) 适应阶段。在交往过程中，交往双方彼此为对方所吸引，这便为双方的进一步交往打下了良好的基础，这时的交往会进入一个更高的层次——适应。交往双方为了密切交往，往往会更加理智地调节自己的行为以适应对方，同时，也通过相互间的沟通来接受或同化对方的行为和个性。在适应阶段，交往双方都开始约束自己，通过一定方式的沟通表达自己与对方交往的意愿和感受。

(5) 依附阶段。当交往双方经过一段时间的接触和了解，都感到彼此能适应对方时，交往就进入到了依附阶段。在这个阶段里，交往双方都感到对对方的依恋和需要，彼此的联系就会更加频繁密切，进而建立起亲密的友谊。在交往过程中，他们会十分珍惜这种友谊，常常把自己的利益与对方的利益紧密联系在一起，有时甚至不惜放弃自己的利益来满足对方的需求，以保持双方的亲密关系。这是人际交往的最高境界，也是广大幼师生在人际交往中希望达到的境界。

二、人际交往的基本原则

1. 尊重原则

在校大学生间的许多人际冲突都是发生在没有什么原则性问题的小事情上，往往是一些无意的碰撞、不经意的言语伤害或区区小利等。本来只要打个招呼、说声抱歉就能解决的问题，但双方都“赌气”，不肯放低姿态。更有甚者，一个不让，一个挥拳相向，搞得头破血流，事后懊悔不已。从心理学角度讲，双方都在用不适当的方法维护自尊，即典型的面子心理。仿佛谁先道歉就伤了面子，谁在威胁面前低了头就是弱者，于是矛盾层层升级，以悲剧而告终。

尊重对方是建立良好人际关系的前提，古有“敬人者，人恒敬之”，尊重是相互的，只有尊重别人的人才能赢得他人的尊重。尊重既不可盛气凌人、居高临下，也不可低三下四、委曲求全。人与人之间的相互尊重需要相互理解，将心比心，换位思考，正如孔子所说的“己欲立而立人，己欲达而达人”。只有平等对待所有人，才能换得别人对自己的平等相待，这样，我们在与不同的人交往中才能产生心灵上的共鸣。

2. 诚信原则

诚信是人际交往得以延续和深化的保证。诚信包含忠诚和信义两方面的意思，这两方面是彼此相通的，“诚”是“信”的内在思想基础，“信”是“诚”的外在集中表现。

在现实生活中，人们呼唤真诚，厌恶虚伪，因为交往最基本的心理保证是安全感，没有安全感的交往是难以维系的。只有抱着真诚的态度与人交往，才能使对方有安全感，才会使对方觉得你可信，从而引起对方情感上的共鸣。与此相反，如果一个人对人虚情假意、口是心非、自私自利，那么他在与人交往中就不可能产生相互的理解、信任，还会让人感到不安全，甚至反感。朋友之间要想做到相知，成为知己，就应该以诚相待。鲁迅先生曾说：友谊是两颗心真诚相待，而不是一颗心对另一颗心的敲打。只有以自己的真心与他人交往才能获得他人真情的回报，产生真情的互动，彼此间才能相互认同、接纳。

同学之间不要轻易许诺，一旦许诺，就要设法实现，以免失信于人。朋友之间，言必行，行必果，承诺自我。端庄而不过于矜持，谦虚而不矫揉造作；不讨好位尊者，不藐视位卑者。

3. 宽容原则

宽容是良好的人际交往中必不可少的因素。所谓宽容，就是心胸宽广，忍耐性好，对非原则性的问题不斤斤计较，能够以德报怨。

宽容大致包含以下几方面的要求：

(1) 要宽厚待人，不要过分挑剔别人。人们常说：金无足赤，人无完人。人人都会有这样或那样的缺点和过失，对于小过失与缺点，应该宽容、谅解。朋友之间要求大同存小异，讲究彼此之间的包容，相互包容得越多，越有助于感情的相容。

(2) 在与他人发生矛盾时，要有宽广的胸襟，豁达的气量。双方在交往中要互相谦让，不计较对方的态度和言辞，并勇于承担自己的行为责任，争取做到“宰相肚里能撑船”。

(3) 要允许他人有过错，尤其是对于那些反对或伤害过自己并被事实证明是他们错了的人，要有宽广的胸怀，宽容对方、谅解对方。

(4) 要有仁爱之心，将心比心，多为他人着想。宽容克制并不是软弱、怯懦的表现。相反，它是有度量的表现，是建立良好人际关系的润滑剂，能“化干戈为玉帛”，赢得更多的朋友。

宽容在人际交往中具有极其重要的意义，它有助于扩大交往空间，也有助于消除人际间的紧张和矛盾。当然，宽容不能趋于怯弱，宽容更不等于无原则的一味容忍退让。在人际交往的过程中，要把宽容和对不良现象的姑息、迁就区别开来。

善于交往的人，懂得尊重他人，愿意信任他人，也能得到他人的尊重。他们不计较他人的过失，容忍他人有不同的观点和行为，与朋友相处时能真正做到“求大同、存小异”。

4. 互助原则

人际交往是一种双向行为，故有“来而不往非礼也”之说，只有单方获得好处的人际交往是不会长久的，交往双方不仅要有物质上的付出，还要有精神上的付出，这就是人际交往中的互助原则。

助人应该是真诚、无私的，不应乞求他人的回报，这是良好品质的体现。如果别人给我了一样东西，我一定要还他一样东西的话，那未免太机械、太简单、太功利了。当我们帮助别人时，别人不一定立即回报你，而是在内心对你充满了深深的感谢，这就促进了彼此间关系的融洽，这种助人也就达到了互惠互利的目的。人总是需要帮助的，在我们需要帮助的时候，别人的一点点帮助就可能使我们受益，助我们成功。互助是人际交往的一条基本原则，也是人生成功与快乐的一大源泉。

三、大学生人际交往的主要障碍

随着大学校园文化生活的日益丰富以及学校与社会联系的不断扩大，大学生人际交往的内容也越来越丰富多彩，但事实上，大学生在实际人际交往过程中并不如人愿，会遇到很多隔阂、矛盾，甚至对立、冲突，存在着诸多障碍，造成大学生人际交往障碍的心理因素主要有以下几个方面。

1. 羞怯心理

羞怯心理就是人们在人际交往中所产生的害羞、畏惧心理，一般人的表现：见到陌生同学会害羞脸红，说话紧张失常，行为局促不安，怯于与人交往。羞怯心理人皆有之，只是每个人的程度不同而已，因此它是一种正常的情感反应。

2. 自卑心理

自卑心理主要是一种自己轻视自己的消极心理，怀有自卑心理的大学生往往会自惭形秽，怀疑自己的知识与能力，缺乏自信，总认为自己不行，在人际交往中表现为：过多地约束自己的言行，以至无法充分地表达自己的思想感情；对有关自己的议论特别敏感，会生产极强的情绪体验；被迫应用众多心理防御机制，甚至表现为极度的自尊、狂妄自大、目中无人等，以作为心理补偿。

奥地利心理学家阿德勒认为，自卑感源于人在幼年时期由于无能而产生的不自信和痛苦的体验。事实上，自卑心理形成的原因是多方面的，大致来说有生理的、社会的、心理的三个方面的原因。

（1）就生理因素而言，生理方面的缺陷容易使人感到自卑，比如患有残疾、身材矮小、长相丑陋或智能低下等。生理缺陷不可避免地在人们心里留下一些阴影，有生理缺陷的人对自己的缺陷特别敏感，因此生理缺陷会影响其自尊和自信程度。

（2）就社会因素而言，如家庭出身卑微、社会地位低下、交往中遭受挫折的经历、社会比较中的心理落差等，都会导致人们丧失自信，产生自卑感。

（3）就心理因素而言，自卑感的产生与个人性情气质有关。一般社交自卑感严重的人，大多性格内向。心理学家发现，性格内向的人，多愿意接受别人的低评价而不愿接受别人的高评价，在与他人比较的过程中，他们往往习惯于拿自己的短处与他人的长处相比。自卑也与气质类型有关，如抑郁质和粘液质类型的人，较之胆汁质和多血质类型的人，更易形成自卑心理。

3. 嫉妒心理

嫉妒心理是人类由来已久的一种情感，也是在幼师生中易滋生的一种情感。从古至今，人们对嫉妒的阐述比比皆是。

古希腊斯多葛派的哲学家认为：嫉妒是对别人幸福的一种烦恼。

黑格尔指出：嫉妒便是平庸的情调对于卓越才能的反馈。

斯宾诺莎认为：嫉妒实质上是一种恨，此种恨表现在对于他人遇到坏事感到快乐，对于他人遇到好事感到痛苦。

日本学者本明宽说：所谓嫉妒心就是指当自己本来所需要的物品、爱情、地位、权力等被他人所夺去或拒绝时，对阻碍者所产生的愤怒感情。

我国古代思想家王逸则说：害贤为嫉，害色为妒。

如此等等，不一而足，但对嫉妒的内涵理解却是一致的。嫉妒是由于别人在某些方面优于自己而产生的由焦虑、悲哀、羞愧、愤怒、怨恨等组成的复合情感。日本学者诧摩武俊指出：所谓嫉妒，就是别人占了比自己优越的地位，或者是自己所宝贵的东西被别人夺取或将被夺取的时候所产生的感情。这种感情是极欲抢夺别人优越的地位，或想破坏别人优越的状态，含有憎恨的一种激烈的感情。

4. 猜疑心理

猜疑心理是一种自主观推测而产生的不信任的情感体验。在人际交往中，人们难免带有猜疑心理，只是每个人的程度不一样而已。如果说羞怯心理大多存在于与陌生人的交往中，嫉妒心理大多存在于与自己相似或相近的人的交往中，那么猜疑心理则大多存在于恋人、夫妻等关系非常亲密的人及有重要利害关系的人之间。

猜疑心理主要是人们在认识和思考问题时因缺乏充分证据而引起的猜测。培根指出，猜测的根源在于对事物缺乏认识。

猜疑也是人际交往中的一个心理障碍，其危害也是显而易见的。第一，猜疑会导致人际信任危机。猜疑心重的人常常疑心重重，或是无中生有，认为人人都不可信，人人都不可交。第二，猜疑会导致自己对他人的误会。这正如培根所说：猜疑之心犹如蝙蝠，它总是在黑暗中起飞。这种心理是迷惑人的，又是乱人心智的，它能使你陷入迷惘，混淆敌友。猜疑易使君王变得暴戾，使丈夫产生嫉妒之心，使智者陷入重重困惑。第三，猜疑会酿成人间悲剧。莎士比亚在其名著《奥赛罗》中揭示的一幕就是由猜疑而引起的悲剧。在现实生活中，由猜疑引起的人间悲剧也是屡见不鲜的。

复旦大学投毒案

2013 年 4 月，上海复旦大学医学院研究生黄洋遭他人投毒后死亡。

该案件发生于复旦大学枫林校区中，犯罪嫌疑人为被害人室友林森浩，毒品为带有剧毒的化学品 N-二甲基亚硝胺。2013 年 11 月 27 日，在上海市第二中级人民法院的庭审中，林森浩表示，有了“整”黄洋的想法后，于 2013 年 3 月 31 日找到同学吕鹏，准备向其要曾经做实验时用过的 N-二甲基亚硝胺。从吕鹏处拿到实验室钥匙后，林森浩将装有 75 毫升 N-二甲基亚硝胺的药瓶和一支已经吸了约 2 毫升 N-二甲基亚硝胺的注射器从实验室拿走。当天下午 5 点多，林森浩返回寝室，同寝室的黄洋和葛俊琦均不在，林森浩就将所有药液都倒进了饮水机。经警方查明，林森浩因生活琐事与黄洋关系不合，心存不满。据知情人透露，其实林森浩与黄洋关系不合已有一段时间，林森浩对黄洋的不满日积月累，以致最后一念之差而做出疯狂举动。

2014 年 2 月 18 日上午，上海市第二中级人民法院对“复旦大学投毒案”依法公开一审。庭审中，上海市人民检察院第二分院指控，被告人林森浩因生活琐事与被害人黄洋不和，竟采用投毒方法故意杀害黄洋并致其死亡，手段残忍，社会危害极大，其行为已构成故意杀人罪，提请法院对林森浩依法予以严惩。被告人林森浩辩称，其只是出于“愚人节”作弄黄洋的动机而实施投毒，没有故意杀害黄洋的意图。辩护人对起诉书指控不持异议，但提出林森浩系间接故意杀人，到案后能如实供述罪行，有认罪表现，建议对其依法从轻处罚。最终，法院判决被告人林森浩犯故意杀人罪，判处死刑，剥夺政治权利终身。

点评：每位大学生必须以此为鉴，在生活、学习和工作中，培养自己与同学、教师、领导打交道的能力。与同学交谈，可以争论不同的学术观点，可以谈对社会现象的不同认识，在辩论中提高自己的思辨能力；与老师交谈，可以交流读书心得，理清思路，从中受到启迪；与领导交谈，可以充分交流对问题的不同见解，锻炼自己不怯场的能力。善于与人交往，你会从中学到很多书本上学不到的东西。

据安徽省教育部门完成的一项调查表明，用人单位对毕业生类型的具体要求与期望中，超过 50％希望“最好是学生干部”。用人单位的理性共识是：学生干部参与社会工作、社会实践的锻炼机会多，在组织能力、领导能力、人际交往能力等方面要强于非学生干部学生。

【小资料】

人际关系测试

这是一份大学生人际关系行为困扰的诊断量表，一共有 28 个问题，请你根据自己的实际情况，逐一对每个问题做“是”或“否”的回答。为了保证测试的准确性，请你认真作答。

(1) 关于自己的烦恼有口难开。
(2) 和陌生人见面感觉不自然。
(3) 过分地羡慕和嫉妒别人。
(4) 与异性交往太少。
(5) 对连续不断的会谈感到困难。
(6) 在社交场合,感到紧张。
(7) 时常伤害别人。
(8) 与异性来往感觉不自然。
(9) 与一大群朋友在一起时,常感到孤寂或失落。
(10) 极易受窘。
(11) 与别人不能和睦相处。
(12) 不知道与异性交往如何适可而止。
(13) 当不熟悉的人对自己倾诉其生平遭遇,以求同情时,自己常感到不自在。
(14) 担心别人对自己有什么不好的印象。
(15) 总是尽力使别人赏识自己。
(16) 暗自思慕异性。
(17) 时常避免表达自己的感受。
(18) 对自己的仪表(容貌)缺乏信心。
(19) 讨厌某人或被某人所讨厌。
(20) 瞧不起异性。
(21) 不能专注地倾听。
(22) 自己的烦恼无人可倾诉。
(23) 受别人排斥,感到冷漠。
(24) 被异性瞧不起。
(25) 不能广泛地听取各种意见和看法。
(26) 自己常因受到伤害而暗自伤心。
(27) 经常被别人谈论、愚弄。
(28) 与异性交往中不知如何更好地相处。

本测试的计分标准:回答“是”加1分,回答“否”加0分。

测试结果解释:

如果你的总分在0～8分之间,那么说明你在与朋友的相处上困扰较少。你善于交谈,性格比较开朗、主动,关心别人。你对周围的朋友都比较好,愿意和他们在一起相处,他们也都喜欢你,你们相处得不错。而且,你能从与朋友的相处中,得到许多乐趣。你的生活是比较充实而且丰富多彩的,你与异性朋友也相处得很好。一句话,你不存在或较少存在交友方面的困扰,你善于与朋友相处,人缘很好,能获得许多人的好感与赞同。

如果你的总分在9～14分之间,那么你在与朋友的相处上存在一定程度的困扰。你的人缘一般,换句话说,你和朋友的关系并不牢固,时好时坏,经常处在一种起伏之中。

如果你的总分在 15～28 分之间，则表明你同朋友相处的行为困扰比较严重。若总分数超过 20 分，则表明你的人际关系中行为困扰程度很严重。你可能不善于交谈，也可能是一个性格孤僻的人，不够开朗，或者有明显的自高、自大等行为。

（试题来源：http://wenku.baidu.com/view/982f21faf61fb7360b4c65f2.html）

第三节 心理准备

随着经济体制改革的不断深入，我国的就业体制已经由原来国家统包统分的计划就业转向市场就业。因此，了解就业市场的需求对每一个即将毕业的大学生来说极为重要。

一、剖析自身特点

了解自己，进行合理的自我评价，才能确定适当的择业目标，每个人都有自己的优点和长处，也有自己的缺点和不足，这就是人们常说的“尺有所短，寸有所长”。正确地认识自己的特点，明确自己的择业目标或方向，懂得自己适合做什么，如此才能把握住最佳机遇，减少失败的可能。一个人择业目标的确定与其具备的实力、环境、机遇息息相关。在这个过程中，尽可能做到“人职匹配”。确立合适的择业目标，有利于增强自信，可以知己知彼，扬长避短，从而使自己在择业中处于优势，是可谓“知人者智，自知者明”，还要注意分析主、客观因素。

（一）主观因素

1. 生理状况和心理发展水平

大学生的年龄大多在 18 岁左右，其生理发育已经成熟，心理还不够成熟。就生理方面来说，有些用人单位在招聘职工时，对于应聘人员的性别、身高、健康状况等有所要求，同时职业本身的性质对从业者的生理状况也有所限制，因此生理因素对就业有一定影响，从而影响到求职者的心理。

心理发展水平直接影响着个体的工作能力、工作效果，所以很受用人单位的重视，这也体现出心理发展水平对就业的影响。

2. 个性特点

个性是指一个人在其生活、实践活动中经常表现出来的、比较稳定的、带有一定方向性的个体心理特征的总和，即一个人区别于其他人的独特的精神面貌和心理特征。

不同的个性特点，决定了毕业生在择业时有不同的心理和行为表现，决定了毕业生择业的不同取向。如有的毕业生希望得到一份稳定的工作，有的毕业生甘愿承担一定的风险而自主创业，有的毕业生希望到条件优越的地方去工作，有的毕业生甘愿到艰苦的地方去锻炼自己，有的毕业生择业时消极自卑，有的毕业生择业时充满自信等。

3. 知识结构

知识结构是指知识体系在求职者头脑中的内在联系。知识结构决定着能力，不同的知识结构预示着求职者能否胜任不同性质的工作。随着科学技术的发展，职业发展呈现出智能化、综合化等特点，根据职业发展的特点，从业者的知识结构应该更加宽泛、合理。大学生在校学习期间，只有掌握合理的知识结构，才能适应用人单位因社会快速发展而对人才要求的不断变化。

丰富的知识容量、较强的动手能力、合理的知识结构是毕业生顺利就业的关键，也是毕业生在求职市场确立自信的基础。所以知识结构是影响就业的重要因素。

(二) 客观因素

1. 社会环境因素

人是社会性动物，生活于社会中的个体难免会受到社会环境的影响。影响就业心理的社会环境因素包括社会风气、社会经济发展对人才的需求状况、就业形势、就业政策等。随着我国就业制度的改革与发展，参与市场竞争已成为现在毕业生择业的主要手段，市场竞争也给了毕业生择业更大的自主权和更广阔的空间，形成了有利于毕业生公平、公正、自主就业的局面。但是，近几年毕业生人数激增、区域性经济发展不平衡、社会上仍存在任人唯亲和不正之风等因素都在不同程度上影响着毕业生的就业，从而影响到毕业生的就业心理。从心理学角度讲，适应是健康的重要标志之一，面对社会环境对就业的影响，毕业生应客观地看待它，积极地应对它，保持健康心态。现实就摆在毕业生眼前，恐惧、退缩、抱怨等都不能解决就业问题。因此，毕业生应深入地了解社会、分析社会，及时调整自己的就业心理，以达到适应社会、顺利就业的目的。

2. 学校教育

随着人们对教育认识的深化，现在各院校不仅重视专业教育，而且已把对学生进行全面素质教育提上了学校议事日程。学校作为社会的缩影，担负着对学生进行社会化教育与培训的责任。学生会在学校为之提供的社会化教育环境中不断积累生活阅历，在自己的学习、生活实践中去了解、认识社会，掌握在社会上生活的本领，从而使自己的心理不断变得成熟。在这一过程中，学校的校风、人文环境、教学模式等对学生们有着深刻的影响，进而潜移默化地影响到毕业生的就业心理。

3. 了解市场需求

劳动就业市场的主体是由劳动者和用人单位构成的。劳动者以自己的劳动就业能力在市场上与用人单位进行交易，从而实现自己的价值，满足自己生存和发展的需要。用人单位在市场上选聘中意的劳动者，实现劳动者能力和生产资料的结合，从而满足自己生存经营、获取利润的愿望。

劳动就业市场的规则是公平、等价、合法。公平是指劳动就业市场遵循自愿、公正、公平的原则，反对垄断和欺诈，劳动者对用人单位有充分而广泛的选择权；等价是要求劳动力供求双方按等价交换的原则进行交易，劳动者获得公平的工资，用人单位获得符合生产需要的劳动力资源；合法，就是要求劳动力资源的交换要符合《中华人民共和国劳动法》、国家职业标准和政府的有关规章制度。

我国劳动就业市场的总体现状是供大于求，这必然导致就业竞争激烈，给劳动者造成巨大的就业压力，因此大学生要了解市场需求，分析研究市场急需人才的层次和类别，从而确立自己在学校期间的发展目标。

二、避免择业误区

初次就业，大学生在择业时对用人单位和社会的认识是非常模糊的，有时候甚至是幼稚的，因而在求职过程中难免会遇到一些挫折。一般来讲,大学生在择业过程中要避免进入以下误区。

(一)过分相信求职技巧

在求职过程中掌握一定的"求职技巧"对求职是有一定帮助的,但不要过分迷信求职包装和技巧。大学生就业应该主要依靠自己的实力,因为大学生的个人经历一般都比较简单,用人单位也希望和大学生进行真实沟通和交流,增加相互间的了解和信任。如果大学生刻意包装自己,给人以假象,也只能隐瞒一时。如果夸大自己的专业技能和其他方面的特长,在经历一段时间的见习期或试用期后,最终可能会因为不能满足岗位需要而被辞退,反而影响了自己的发展前景。

(二)过分相信求职过程中的社会关系作用

社会关系的恰当运用是求职成功的因素之一,但不能仅仅依赖于此。社会关系涉及多个方面,有大学生和推荐人的关系、推荐人和用人单位的关系、单位招聘主管和单位决策者的关系等,任何一个环节的关系都可能影响到求职的成功,推荐人也会判断大学生的实际水平,考虑自己的情感、利益等多种因素,在此建议大学生要充分发挥自己的主观能动性,积极主动地独立谋求就业的机会。如果一味地等待他人推荐就业机会,就会错失求职良机。

(三)过分追求高薪、热门的岗位

现在热门、高薪的岗位较多,因此吸引了无数的大学生花费大量的时间、精力甚至财力去应聘,竞争激烈,但大多数大学生最后除了得到失败的经验外,将再无所获。所以大学生应进行自我定位,对自己的特长和优势、岗位的要求进行详细的分析,看看是否匹配。了解差距在哪里,并总结自己前几次应聘成功或失败的经验,听取朋友、家人和老师的评价以作参考。尽量选择能发挥自己特长、优势的岗位。适合自己的就是最好的,不一定非得找热门、高薪岗位。

(四)过分沉迷于"一次性到位"

有的毕业生只寄希望于某一家用人单位,结果最后因为种种原因没有如愿,不仅挫伤了自己的自信心,而且错失了许多不错的就业机会。人才流动是正常的事情,求职过程中,选择就业单位时要以发展的眼光去衡量就业单位。即便没有优越的工作环境和颇丰的收入,在工作中如果可以积累丰富的工作经验,就会给自己今后创造更好的跳槽机会。

(五)急功近利,缺乏环境调研

对于毕业生来讲,缺乏对工作和工作后发展的深刻认知,也许因为刚刚毕业,也许因为生活的压力已经不允许自己瞻前顾后,也许因为周围的环境使得就业形势紧迫,来不及仔细权衡,从容选择。但无论如何,对招聘信息及用人单位进行必要的筛选和取舍是必不可少的。有许多毕业生,在未对所处的求职环境和用人单位进行充分的分析、研究之前就仓促上阵,投入求职大潮,导致所得求职结果不甚理想。如果事先能对求职环境进行调研,对用人单位进行仔细研究,就会在求职的路上多一份成功的把握。

第四节 信息准备

当今社会是信息化的社会,毕业生要想获得求职就业成功必须掌握大量的相关信息,进行合理的整理和使用，谁拥有了有效快捷的信息，谁就拥有了制胜权，就业亦是如此。

一、对就业信息的敏感度

对所有的毕业生来说，获取和使用就业信息的机会都是均等的，但面对同样的就业信息，有的同学会快速整理并使用，有的同学却视而不见，充耳不闻，还在埋怨缺乏就业信息。就业信息对于求职者来说是“有心者事竟成”，收集就业信息要做到事事留心、处处在意，以免错失良机。

（一）就业信息及种类

就业信息的种类有两种：宏观信息和微观信息。宏观信息是指国家的政治经济情况，国家或地区社会经济的方针、政策、规定，国家对毕业生的就业政策与劳动人事制度改革信息。掌握了这些信息，就可以宏观把握就业方向。大学生在校期间，关心国家最近的重大改革，对确定宏观的择业方向有着重大的意义。微观信息是指某些具体的就业信息，如用人单位的需求情况、发展前景、工作条件、工资待遇等，这些信息是大学生就业必须搜集的具体材料。

（二）就业信息的内容

就业信息的内容十分广泛，作为初次择业的毕业生，应主要了解以下两方面的就业信息。

1. 就业政策及相关规定

了解国家的就业方针和政策及相关的法律法规，它们是毕业生就业的出发点和落脚点。毕业生只能在国家就业方针和政策所规定的范围内，根据个人的具体情况择业。毕业生必须清楚就业法规、制度，学会用法律维护自己的合法权益。

2. 供求信息

（1）当年毕业生总的供求形势。本地区与自己同时毕业的大学生有多少，用人单位的需求有多少，是供大于求，还是求大于供，或者两者基本平衡；（2）人才需求信息。这部分信息是毕业生就业的前提；（3）用人单位信息。掌握详细的用人单位信息，有利于对用人单位进行客观评价，避免择业时的随意性和盲目性。

二、获取就业信息的渠道

（一）从学校获取就业信息

目前，各类职业学校都设有就业指导机构，就业指导机构专门负责本校毕业生的就业指导工作。因此，作为学校应届毕业生的求职者，应首先从学校获取就业信息。与其他获取就业信息的途径相比，此途径具有就业信息及时、真实、可靠、贴近本专业等优势。近年来，毕业生的一次性就业率已成为检验学校办学质量的一项重要指标，所以学校对毕业生的就业问题非常重视。为此，学校与各级政府及有关用人单位保持着直接、密切的联系，从而保证了就业信息的及时性、真实性和可靠性。学校发布的就业信息出自专门机构和专职人员，所以不但在量的方面能满足本校毕业生的就业需求，而且还对信息进行了整理，有利于求职的学生正确解读这些信息。

（二）通过职能部门和服务机构获取信息

政府就业职能部门和社会职业中介服务机构是沟通用人单位和求职者的桥梁。求职者可以通过他们发布的就业信息或组织的人才交流会、供需见面会等活动获取就业信息，这也是求职者获取就业信息的重要渠道。

（三）从传媒广告上获取就业信息

一些用人单位常常会通过报刊、广播、电视、网络，以及广告向社会发布用人需求信息。求职者可以通过这些传媒广告获取大量的就业信息。但从这些渠道获取的就业信息，由于时间、篇幅的限制，往往不够具体，还要用其他方法进一步了解就业信息的更多内容。另外，这些渠道发布的就业信息，其可靠性还需进一步求证。

（四）利用自己的人际关系获取就业信息

从家人、亲戚、朋友、同学处以及他们的社会关系中也可以获得就业信息。这种就业信息针对性强，通常符合求职者所期望的岗位或地区要求，对用人单位可以进行更具体的了解，易于双向沟通，因而就业成功率较高。

三、就业信息的分辨与筛选

现代社会，获取就业信息相对来说比较容易，但一个人拥有就业信息并不一定就能顺利就业。因为就业信息有真伪之分，必须辨别，即使是真的也未必适合你。因此，必须首先对所获取的就业信息进行筛选，留下那些适合自己的，然后再运用这些就业信息为求职服务。对就业信息进行筛选的过程，就是求职者结合自身的具体情况，对搜集到的就业信息去伪取真、去粗取精的过程。筛选就业信息时，应注意以下四点。

（一）鉴别确认

不要以为从报纸、广播上得到的就业信息就肯定没有问题，因为用人单位在发布招聘信息时，有时会对一些内容加以粉饰；也不要认为亲自从劳动就业市场上获取的就业信息就绝对可靠，因为目前我国劳动就业市场上仍存在虚假信息；对于亲戚、朋友处得来的就业信息，也要进一步确认，因为他们的就业信息也可能经过多次传递而获得，经过多次传递的就业信息可能会产生很大的偏差。在就业信息的搜集、加工、整理和使用过程中，还要增强法律意识和安全意识。

（二）把握重点

搜集就业信息要全面，但筛选就业信息要有重点。所谓重点就业信息，就是根据求职计划判断出的最符合自身求职条件的就业信息，其余的则是一般就业信息。重点就业信息与一般就业信息是因人而异的，一般就业信息对某些人就业来说可能是一般就业信息，但对另一些人就业来说则是重点就业信息。因此，面对浩海如烟的就业信息，如果不能把握重点，就不能很好地运用就业信息来为自己的就业服务

（三）分析已获取就业信息的具体情况

比如针对某一用人单位的需求信息，可从用人单位的用人要求、具体岗位、截止日期、工资待遇及单位发展情况等方面做深入细致的分析，然后再对这一就业信息做出取舍。一定要把握就业信息的时效性，当搜集到就业信息后，应适时使用，以免过期。

第五节 材料准备

求职伊始，首先要精心准备求职材料。求职材料一般包括学校毕业生就业推荐表、求职信、个人简历和附件。准备好一份求职材料，目的是给用人单位描绘一幅立体自画像，以推销自己，让用人单位了解自己并对自己感兴趣。用人单位出于节约人力、财力和时间的考虑，一般根据求职者的求职材料进行初步的比较筛选，然后再通知选中人员参加面试。对于能否有机会参加面试，求职材料就像“通行证”或“敲门砖”一样重要，必须精心准备。

一、毕业生就业推荐表

毕业生就业推荐表是求职材料中最重要的内容，毕业生要按毕业生就业推荐表的栏目认真如实填写，特别是各科成绩，填写时切忌涂改，以免影响真实性。学校鉴定要实事求是，一分为二，在写自己的优点的同时应指出自身存在的不足。一份完整的毕业生就业推荐表应填写好所有栏目，学校在规定栏目内盖上鉴定公章，在规定栏目内签署“同意意见”字样并盖上公章。因毕业生就业推荐表具有代表校方向用人单位推荐毕业生的作用，故而毕业生就业推荐表具有唯一性，即每人只有一份原件。对毕业生来说，只能用原件和一个用人单位签就业协议，为避免重复签就业协议，用人单位也要坚持只有原件才能签就业协议这一原则。

（一）毕业生就业推荐表中的内容应真实可靠

奖惩情况、外语水平、各学科成绩等内容应如实填写。现在许多毕业生将学校教务部门存入计算机的各学科成绩直接打印一份附在毕业生就业推荐表上，较有说服力和可信度，可以效仿。

（二）毕业生就业推荐表中的学校评语应实事求是

有些学校希望毕业生能早日就业，将学校评语写的完美无缺，无懈可击，或不提不足，只讲优点。这样的写法，内行人一眼就可看破。完整的学校评语，应充分肯定毕业生的优点和成绩，同时也要指出毕业生存在的不足。这既是如实反映情况，也是对毕业生负责任的表现。

（三）毕业生就业推荐表原件不可仿制

毕业生就业推荐表原件代表着学校及班主任老师对毕业生的评价，不可仿制，更不可谎称遗失而重新补办。这样做，会影响学校和毕业生的声誉，从而造成不良影响，而最终受影响的还是毕业生自己。

（四）充分发挥备注栏的作用

面对备注栏，许多毕业生不知所措，其实这正是弥补毕业生就业推荐表栏目不足的地方。如有的毕业生的计算机水平达到了一定的等级，或所辅修的专业达到了大专水平等，都可以在备注栏中加以说明。

在双向选择的过程中，毕业生可以使用毕业生就业推荐表的复印件进行“自我推销”。必须强调的是，毕业生一旦与用人单位签订就业协议时，就必须向用人单位交出毕业生就业推荐表的原件，以维护毕业生就业推荐表的严肃性、唯一性，确保用人单位的招人计划能得以落实。

二、求职信

求职信是针对用人单位和职位的一种书面自我介绍，其目的是吸引招聘者看自己的简历。要在短时间内给招聘者留下良好印象就要高度概括自己的优点、能力、经验、性格、特长等。证明自己就是应聘某职位的最佳人选。求职信既要详略得当地用生动不俗的语言强调求职者的素质，又要把想要什么，能做什么等个人信息自然流畅地传递给用人单位。完美的求职信能使自己的实力得到淋漓尽致的展现，成为通向成功的第一步。

求职信是求职者把自己的信息传递给用人单位的重要途径，一封标准的求职信应当具备以下几方面的内容。

1. 个人基本情况

如果你的求职信和简历同时出现，那你的个人基本情况就可以在求职信中基本省略不写了。如果你想写一封单独的求职信，可以把简历中提到的基本内容加以选择，同时注意用适当的语言把他们连贯起来。

2. 招聘目标

用人单位在进行招聘时，往往同时招聘多个职业岗位的人员，因此，在求职信中必须说明自己想应聘的岗位。为了提高求职的成功率，在讲清楚自己想得到哪一种职位后，还可以表示除个别岗位外，愿意接受其他岗位，以拓宽求职范围，增加成功的概率。

3. 个人素质条件

个人素质条件与能胜任的职位是求职信中最重要的部分。其写作要诀是让用人单位感到求职者具有胜任某职位的素质。个人素质条件可以分为四个方面：一是学历层次和所读的专业、学习的课程、具备的技能及持有的与职位需求相关的证书等；二是个人的性格、能力、特长；三是在相同或相似岗位上工作过、实习过的经历；四是在以前的工作或实习经历中取得的工作业绩。

4. 个人潜力

这是求职信中最具个人特色的部分，也是能引起用人单位注意和好感的部分。在求职信的内容大同小异的情况下，要想在众多的求职者中脱颖而出，应主要通过这部分内容来打动用人单位。

个人潜力的内容，即可独立成段写，也可与第三部分“个人素质条件”合并在一起写，在说明个人特长、性格和能力的同时，着重介绍自己特有的潜力。例如，介绍自己担任过的学生干部及所取得的成绩，让面试官感到自己具有一定的管理能力，是有培养前途的好苗子。又如，说明自己利用业余时间参加了高等自学考试并取得相关的学历。再如，介绍自己在音乐、绘画、写作、摄影、体育、科技活动等方面的爱好，让用人单位感到求职者是多才多艺、有文化涵养、有创造力的人。

5. 面试的愿望

在求职信的结尾部分，应表达出希望能有一个面试机会的愿望，并写清楚联系自己的多种方式：一是详细的通信地址，一定要注明邮政编码；二是电话号码，如果是家庭电话还应说明白天是否有人接听电话；三是手机号码；四是电子邮箱。写清楚多种联系方式的目的，是让用人单位感受到求职者真切的求职愿望，也为对方能及时联系到求职者提供方便。

从内容结构上来讲，求职信一般由四部分构成，即开头、主题、结尾和落款。开头部分，包括称呼和引言。称呼一般不直呼某某同志，而是称呼其职务、职称或官衔。如果称呼对象的身份不清晰，则可用“尊敬的领导”一语代替。

引言的作用有两点：一是吸引用人单位负责人看完材料，二是引导对方进入你所设计的主题而不感到突然。所以，开头虽然简单，但要写好它却不容易。

主题部分是求职信的重点。一般来说，这部分内容主要简述个人学业基本情况、个人综合素质、个人的特长优势等，并且简述求职动机和说明自己对未来的设想等。

结尾部分要令人难忘，记忆深刻。这部分内容可以恰当地表达出你求职的迫切心情，恰当地恳请用人单位考虑你的求职要求。当然，最后落款要写清楚姓名和日期。

【小资料】

求职信

尊敬的×××：

您好！

我是×××学校的一名准毕业生，首先非常感谢您在百忙之中抽出时间看我的求职信，我感到非常荣幸。我叫李雪，作为一名准毕业生，我深知自己身上应当具备怎样的专业技能和专业素质。

在学校学习的这三年时光，我学到了很多知识。从没有基础的小姑娘，到现在能独立站在讲台上讲授一堂正规的游戏课程的准毕业生。作为一名准毕业生，我很清楚自己将来教育的对象是一群可爱的孩子，也明白自己工作的重要性。对本专业的深刻认识使我养成了平易近人的性格。虽然三年的学习生活很短暂，但我却过得很充实，我为我学到了那么多的专业技能和基础知识而感到自豪。从笨拙地用手指敲钢琴开始，到能弹奏动听的儿童曲目。从飘着假音的咿呀开始，到能独自完成一首难度很高的声乐曲子。我真的很感谢在学校学习的日子，这段日子为我日后作为一名合格的老师打下了良好的基础。

我自认为作为一名优秀的教师，不仅要有较强的专业技能，而且应当怀着一颗赤子之心来面对自己喜爱的教育事业。可能在众多优秀的毕业生当中，我并不是各方面都十分出色的人。但是，无论多么优秀的人，都应该本着一个踏实肯干、谦虚谨慎、向优秀教师学习的态度，相信通过我的勤奋努力会逐渐提升我的专业技能，向一名出色的教师迈进！

此致

敬礼

自荐人：李雪

2017年4月20日

三、书写求职信的注意事项

1. 诚信求职

诚实，是每个用人单位、每个面试官都重视的品格。求职信应该实事求是，扬长避短。在求职信中，对自己的优点应充分展示，但绝不要说大话、假话，不能让别人感到是自我吹嘘，最好的办法是用具体的事实和成绩恰如其分地介绍自己，不用华而不实的辞藻。例如，求职者可以说明自己做过什么工作、担任过什么职务、组织过什么活动、取得过什么业绩，让面试官从事实中感到该求职者有组织、管理能力，而不要在求职信中出现“有很高的组织能力”之类空洞的自我表扬言辞。又如，求职者可以介绍自己利用课余时间进修了什么课程、取得了哪些证书，但不要使用“有远大理想”“好学上进”之类的修饰语，要让用人单位从你摆出的事实中得到结论。对自己的缺点、弱点可以不必写，但不能用与此缺点相反的优点来欺骗用人单位。

2. 文字简练，突出重点

求职信内容要求简洁明快，清楚准确。简洁是指用尽量少的文字表达最丰富的内容。准确是指用词的恰当和表意的精确。固定的内容要表述准确，一些提法要符合规范和实际。譬如将“上学期间”说成“我的前半生”就显得夸大，与事实不符；“省优干”不能随便说成“优干”，这样漏掉了级别，对择业不利。

求职信还要突出重点，安排有序。一些项目的具体细节，有重有轻，有主有次，如何安排要十分讲究，以便能够做到突出重点，安排有序。特别爱好要重点突出，以便给人留下深刻的印象。

篇幅过长的求职信，容易让面试官厌烦；篇幅过短的求职信，则会让面试官感到求职者心意不诚。专家研究指出，求职信的篇幅以千字左右为宜。突出重点，对自己的知识、技术、能力、特长、个性、经验等要有所取舍，主要内容应当写自己从事某职位的工作条件和潜力，与职位无关的内容不要写。例如，谋求幼儿教师岗位，在求职信中就不应出现“喜欢上网聊天、逛街购物、内向好静”之类的内容，因为这些内容与职位要求无关。

3. 逻辑严密，结构清晰

求职信的内容包括毕业生的基本情况、学业成绩与知识结构、社会实践与科研成果、奖罚情况等，尤其是对用人单位的兴趣等。每个部分的内容都要注意结构合理、布局清晰，能给人思路清晰、章法严谨、引人注目的感觉，一定要注意逻辑清晰。

4. 针对性强，一信一投

求职信应针对某个用人单位的岗位及其情况而写，这样比泛泛而写的效果好。其中的内容，最好有对该用人单位和需求岗位的描述，即使这是该用人单位招聘广告中的内容，也会让对方产生亲切感。求职信要富有个性才能吸引人，个性的形成主要依赖于材料本身。因此，在自荐材料的撰写过程中一定要用自己的语言风格进行表述，切不可模仿他人，照抄照搬，否则结果只会是千人一面，给人平庸、呆板的印象，不能引起用人单位的注意。

有的求职者为了省事，打印一份抬头空白的求职信，然后复印多份，再手写上抬头，致使对方一看就知道是“天女散花”“一稿多投”，缺乏求职的诚意。而且，内容空泛、千篇一律的求职信缺乏针对性，在求职信众多的情况下，很难引起用人单位的兴趣和注意。

5. 言语考究，避免引起反感

求职信有三忌。一忌抬高身价，如“现在有几家单位正与我沟通聘用问题，所以请贵单位从速答复”，这很容易使招聘者认为你心不诚甚至是用别的单位来压制本单位。二忌为对方规定义务，如求职信中说“本人愿意等贵单位的考虑结果和尊重”，这里的“尊重”两字，易使对方反感，它有“不聘我就是对我不尊重”之嫌。三忌限定时间，如“本人将赴外地探亲，敬请×月×日前复信或回电为盼”。文字貌似客气，但限定了联系时间，还指定了联系方式，有咄咄逼人、“最后通牒”的味道，这往往会起反作用。

四、个人简历

个人简历是求职者生活、学习、工作、经历的概括，它是用人单位全面了解求职者应聘条件的重要的书面材料。

1. 简历基本要素

个人基本情况：一般包括姓名、性别、年龄、籍贯、政治面貌和生理状况（比如身高或健康状况）等信息，这些信息是最为基本的。

教育背景：招聘人员通常对应聘者受教育情况和考试成绩很感兴趣。在这部分内容中要概述就读的学校、专业及成绩情况。列出所学的科目，把重点放在与申请的工作有特殊关系的科目上。教育背景中写上相关课程，但千万不要为了拼凑篇幅，把所有的课程一股脑儿地都写上。

工作（实习）经历：这部分内容根据个人情况的不同相差很大。应届毕业生一般没有过多的工作经历，应将学生工作放在工作经历中，这样会弥补工作经验少的缺陷。例如，你担任团支书、班长等学生干部时组织过什么、联系过什么、参与过什么，都可以一一罗列。如果只做过一件事，那就尽量写详细一些，如领导过多少人、完成了什么事、起到了什么作用等。如果做了很多事，一件写一行字就可以了。当然，行文简洁的原则还是要遵守的。

技能和品质：现在许多用人单位对招聘员工的专门技术和工作态度有特别严格要求，并且这种现象越来越普遍。在这部分内容中，你可以罗列一些与求职目标相关的工作技能和工作业绩，以及你是怎样克服困难完成工作的，很多用人单位都对这些内容感兴趣。

兴趣与爱好：兴趣与爱好，在很多时候其实反映的是一回事。你可能有很多兴趣与爱好，要认真考虑一下在简历中写上哪些内容对找到工作有帮助，可选择与求职目标有密切关系的两三种兴趣与爱好写于简历中，慎防言多必失。

对工作的期望或要求：简短的、合理的要求会使求职者的目标单位得出以下结论：求职者在一定程度上了解这份工作的要求，并且对这份工作表现出了很强的求职愿望。当然在措辞上要十分小心，建议要多提与工作相关的要求，而不是薪水、休假之类的要求。

2. 简历的写作要点

既然认识到简历如此重要，求职者就应该熟练地掌握简历的写作要点。

干净整洁：简历干净整洁才会得到别人的好感，引起阅读兴趣。

简单扼要：只有提供完整的信息，才能使招聘方获得求职者的全部相关资料以便选择，简历中所使用的术语、词汇等反映了求职者的专业知识掌握程度，因此应该恰当、准确。

强调成就：要尽量使用适合用于工作环境的话语和有说服力的语言。尤其是在强调自己的技能、能力和取得的成就及证书时，数字越多、越具体，其传递的价值就越明确，越容易判断求职者对工作的适应性。量化可以吸引用人单位的注意力，是赢得面试机会的最佳方法。

真诚可信：简历中的内容要真实，既不可夸张也不要过于谦虚消极地批评自己。否则会给人留下妄自尊大、盛气凌人或自信心不足的印象。

认真校对，避免错误：很多求职者因忽视了简历中的语法、标点符号错误或印刷、装订错误而与期望的工作擦肩而过。不要忘记，简历是求职者的第二张面孔，用人单位会从简历中发现一个人的性格、做事的认真程度和文化修养。

3. 编写个人简历时应注意的问题

首先，简历与求职信不同，简历注重叙述求职者的客观情况，而求职信则是注重反映求职者的基本情况和求职意向。从某种意义上来说，求职信是个人简历的必要说明和补充。

其次，简历是一份材料，重在说明个人的身份详情、学习经历、生活经历、学习成绩以及工作经验等，其目的是用来支持求职信，让用人单位全面了解自己，以证明自己适合担当所求职位的工作。

最后，求职简历不同于工作简历。一般的工作简历只是个人的一份工作历史记录，仅仅反映自己做过什么。而求职简历不仅要反映自己能做什么、做过什么，还要反映做得如何、具备了哪些素质和能力，从而给用人单位留下一个醒目的印象。

个人简利范例如下：

个人简历

<table>
<tr><td>姓名</td><td></td><td>性别</td><td></td><td rowspan="7">照片</td></tr>
<tr><td>民族</td><td></td><td>出生年月</td><td></td></tr>
<tr><td>籍贯</td><td></td><td>政治面貌</td><td></td></tr>
<tr><td>身体状况</td><td></td><td>主修专业</td><td></td></tr>
<tr><td>学历</td><td></td><td>辅修专业</td><td></td></tr>
<tr><td>毕业学校</td><td></td><td>家庭住址</td><td></td></tr>
<tr><td>教育情况</td><td colspan="3"></td></tr>
<tr><td>主要社会实践</td><td colspan="4"></td></tr>
<tr><td>奖励情况</td><td colspan="4"></td></tr>
<tr><td>专业能力</td><td colspan="4"></td></tr>
<tr><td>性格特点</td><td colspan="4"></td></tr>
<tr><td>联系方式</td><td colspan="4"></td></tr>
</table>

五、附件

无论是简历还是求职信，它们的篇幅都有限，附件则可以起到补充内容和为个人实力提供证明的作用。附件有两种类型：纸质材料和电子材料。

1. 纸质材料

（1）证书。学历证书、专业培训证书、幼儿教师专业资格证书；三好学生、优秀学生干部、优秀团员、优秀毕业生等荣誉证书；普通话等级证书、计算机等级证书、各类奖学金证书；文学、艺术、音乐、绘画等方面的成果证书；社会实践、征文比赛、文艺演出、体育运动会、社团活动等各类活动的获奖荣誉证书；在正式出版物上发表过的文学作品、美术设计作品、影像作品及各类小制作、小发明、小创作的图像资料；其他相关特长、爱好、各类竞赛的证明材料或证书。

（2）学习成绩单。学习成绩单是大学生在校学习成绩的证明，由学校负责填写并盖章。

（3）推荐信。推荐信是老师或社会名流以个人名义向用人单位做出的推荐，也包括学校以统一格式印发的推荐材料。学校印发的推荐表或推荐信由学校填写推荐意见，是学校对求职者的全面评价。用人单位一般比较重视这部分内容。

2. 电子材料

随着互联网技术的广泛应用和职场竞争的加剧，为了充分展示个人风采，个人求职材料不再仅仅局限于个人简历、求职信及附加的纸质材料。用电脑制作的电子材料也出现在个人求职材料中，它主要包括以下几种形式。

（1）个人形象展示光盘：用PPT幻灯片制作而成，主要从多视觉角度展示个人风采。展示内容一般涵盖了个人求学经历、家乡风貌、个人特长、旅游见闻、实习过程、个人摄影作品等。

（2）个人海报或网页：设计个性化主题思想的海报或网页可以使求职者显得与众不同，甚至反客为主，获得更多的面试机会。

（3）个人演讲素材带、光盘：在实习学校搞的活动中，讲童话故事、参加各种比赛等活动的现场录像。求职者通过动态画面、声音等多方面渲染和展示自己，更具有冲击力、互动性、展示性，但费用较高。

【探索与思考】

1. 运用所学计算机知识和多媒体技术，制作一份精美的电子求职材料，力求实用、新颖、美观，并与同学们交流，讨论其优缺点。

2. 整理自己的各种证书及证明材料，准备完善的纸质求职材料。

第八章

成功应对面试

CHENGGONGYING DUIMIANSHI

面试测评方式灵活多样，本章所列举的面试测评方式只是其中典型的一部分，目的是让大学生对面试有初步认识，做好心理准备。面试不同于笔试，主要考察应聘者随机应变的能力。面试包括准备、开始、进行、结束四个流程。只有认真应对面试，才能成功就业。

铁饭碗的真实含义不是在一个地方吃一辈子饭，而是一辈子到哪儿都有饭吃。

——茅以升

我自己不愿意聘用一个经常在竞争者之间跳跃的人。

——马云

世界上只有想不通的人，没有走不通的路。

——于丹

第一节　面试测评方式及面试官

有的人心理素质比较差，到一个新的环境面试，心里会七上八下，还没开始面试就手忙脚乱，连话都说不利索。这种情况下，如果对面试测评方式稍有了解，都会有助于缓解不必要的紧张情绪。

一、面试方式

职位候选人很多时，用人单位往往派部门里职位比较低的人做第一级筛选。按照职位顺序层层面试，能早点淘汰不合格的人选，节省时间。职位比较低的人对该职位本身的理解会有误差，他不一定清楚要招什么样的人才，但有很多候选人来应聘，不愁找不到合适的人才。

要求在团队沟通中协调能力特别好的职位，用人单位一般采用许多部门一起做决定的小组面试，一组面试官同时面试一个人，以一个系列平行地往下推进面试，同时覆盖不同的层面，然后讨论决定录不录用面试者。这种面试方式不易产生偏见，但对应聘者的素质要求较高。

面试指标一般包括应聘者的仪表，仪态，专业知识，分析判断能力，语言表达能力，组织领导能力,交往协调能力等。面试结果根据各指标的权重系数经过科学的方法统计处理后得到。

二、测评方式

(1) 逻辑测试。主要是通过笔试考察应聘者的逻辑推理能力。许多知名公司在招聘人才时,都会对应聘者进行笔试,应聘者只有通过了笔试,才能进入面试环节。

(2) 公文筐测试。让应聘者在假想的情境中,扮演某种角色,对事先设计的一系列公文进行处理,进而针对应聘者处理公文的方式、方法、结果等对其进行综合评价。这样可以对应聘者的综合能力进行测查,要求应聘者综合各类业务信息时,具备审时度势、全面把握、处变不惊、运筹自如等素质。测验考察能力定位在管理者从事管理活动时,正确处理普遍性的管理问题,有效履行主要管理职能所具备的能力。

(3) 声东击西法。这也是一种测评方式,但是用人单位绝对不会让应聘者看出来是测评。可能面试官就是跟应聘者同乘一个电梯的人,通过观察应聘者对某些不明情况的反应来测评应聘者。

(4) 人机对话法。用人单位通过让应聘者回答计算机上的一些问题,考察应聘者的知识水平和心理素质。其中,知识水平测评是对应聘者已经掌握的知识,包括常用知识和相应的专业知识的考察。心理素质测评是对应聘者个体的心理特征及其倾向性的测量和评定,如智力测验,个性倾向测验,气质类型测验,职业兴趣测验,职业价值观测验和创造力测验等。

(5) 简历分析。这是一种对应聘者过去的经历进行剖析的十分有价值的测评手段。用人单位通过设计合理的简历项目来分析应聘者的背景,了解应聘者过去的情况。

三、面试官

面试官会从面谈情况中去了解应聘者的性格及人际关系,了解应聘者的情绪状况、人格、成熟度;面试官还会从面谈过程中观察应聘者对工作的热忱度及责任心,了解应聘者的人生理想、抱负及上进心。因而了解面试官的心理,对面试成功会有很大帮助。

应聘者在面试前应对面试官的心理进行分析,针对面试官不同的心理状况,采取不同的应试心理。不同的用人单位,由于客观背景不一样,招聘人员的心理状态也是不同的。然而作为招聘人员,他们免不了有以下几个共同的心理特征。

(1) 注重第一印象。从心理学角度讲,第一印象在面试官心目中十分重要。由于第一印象是“最初的”,容易记住,故很容易引起人们情绪上的反应。

面试官在喜欢或不喜欢的第一印象的支配下,对应聘者做进一步认识。因而大学生求职时,给面试官留下一个良好的第一印象就显得相当重要了。有的大学生不懂得这点,大大咧咧,疏于准备,自以为是,殊不知这样的态度正是面试失败的原因。

(2) 优势心理。面试官因处于主导地位而产生的居高临下的心理倾向,表现在面试结果评定上的个人倾向性。应聘者应该不卑不亢,以一种平衡的心态去对待面试官,充分发挥自己的才能。

(3) 定势心理。面试官由于长期以来已经形成了一种固定的思维模式,因而对应聘者进行评价时,较少关注应聘者的实际表现,而是不自觉地将应聘者与自己印象中的某类人相比,致使面试官的判断带有主观色彩,降低了面试评价的客观性。针对这种情况,应聘者要能在较短的时间内,感悟到面试官的心理定势,抓住其心理,随机应变,方可对答如流,赢得面试官对自己的满意。

(4) 愿当伯乐。面试官大多希望自己能够做一名公正的面试官,希望自己就是伯乐,能够慧眼识珠,从众多的应聘者中挑选出自己需要的人才。这就促使面试官对自己的工作认真负责,谨慎考核,细致询问,尽量做到择优录用。求职者要充分展示自己的才能,给面试官一种信息:你是一个有才能的人,这种才能只有借助于他才能发挥出来。

(5) 喧宾夺主倾向。面试官不是让应聘者尽量表现自己,而是以自己为中心,所以应聘者要有耐心,不能抢话,尽管你已经听不下去了,你还是应该表现出饶有兴趣地在听,要学会倾听,要做一名好听众。

(6) 疲劳心理。在面试过程中,面试官可能表现出懒散和困倦的状态,可能会出现无意间打哈欠,做深呼吸,不断看表,搓手等表示厌倦、不耐烦的习惯性动作。这时,应聘者要找到能吸引面试官的话题,恰当地运用形体语言,争取吸引他的注意力;同时说话要切中要害,说到点子上,言简意赅,避免啰嗦。

(7) 专业化倾向。面试官过多地使用专业术语或职业行话,应聘者容易感到迷惑,不能充分理解面试官的意思,造成交流上的困难。这势必会使应聘者本来就不稳定的应试心理产生更大的波动,产生不必要的心理压力和负担。这时应聘者要认真倾听对方的问话,在最短的时间内理解对方所提出的问题,并以积极的心态去应对。

(8) 标准化倾向。面试官以理想化的标准衡量应聘者,过于挑剔,求全责备。对于面试有一个典型的说法:最合适的才是最好的,绝不是最好的就是最合适的,用人单位要招聘的是"适才适岗"的人。所以,应聘者在自我介绍中,要重点说明自身的哪几点合适所求职位!

四、智商情商逆境商

现在,企业招聘人员已经得到了很多的培训,掌握了如何看人不走眼的面试技巧。在现实招聘中,应聘者的逆境商(AQ)很关键,逆境商指的是在很乱的情况下,在所有情境都变化的情况下,在充满危机的情况下,一个人保持从容不乱的程度。

人的特质分为冰山上面露出来的一些特质和冰山下面潜在的一些特质。冰山上面露出来的东西是很明显的,就是你拥有的知识和技能,而冰山下面潜在的东西,就是你的价值观、自我定位、需求、性格特质,这些都是不明显的。而面试官在面试的时候,会越来越重视冰山下面潜在的东西。

在面试时,面试官可能会给你出难题,故意刁难你,考察你被刁难时候的应变能力和临场发挥能力,这时候看你的逆境商;他还会观察你在整场面试中的沟通是否顺畅,看你的情商;最后才看你的智商。也就是说,当对智商(IQ)、情商(EQ)、逆境商(AQ)同时都有要求的时候,面试官会先看你的逆境商怎么样,是否能临场发挥,从容不乱;再看你的情商,沟通是否很随意,很自然,不怵;最后才看你的智商。

第二节 面试过程

面试过程包括准备、开始、进行、结束四个流程。

一、面试准备

面试准备是最重要的阶段。若准备不充分,你就准备着失败吧!

1. 提前了解招聘单位和应征职位的要求

面试官提问的出发点,往往与招聘单位有关。因此,面试前应多了解招聘单位的情况,对单位的性质、业务范围、发展情况等做到心中有数。对于大型公司,可以从网上查询该公司的有关信息,先在网站上了解该公司的企业文化、使命宣言、公司愿景、公司情况、部门设置、职位要求等,尤其是职位的软性技能需求等,根据查到的信息在面试中有针对性地展示自己的特长,可以适当引用该公司的使命宣言或者董事长说过的话等。有了这些信息"垫底",相信应聘者在面试中会有出色的表现。

无论应聘什么性质的工作,对应聘单位的情况了解得越多,对面试成功越有利。这可以使你在面试中提出更聪明的问题,并让你在回答问题时融入自己对该单位的了解,这两点很容易打动面试官。提前准备会给面试官留下对你有利的印象:①你有基本的能力,也许还有较强的学习、研究能力。②你对这次面试做了足够的准备。③你是一个精明老道的人,也许还有别的单位在瞄准你,如果不录用你会很可惜。

2. 提前了解本行业的薪酬情况

一个毕业生应该如何制订合理的薪酬策略呢?最重要的是要了解你所应聘的行业和公司的薪酬情况。毕业生可以在网站上或者通过其他渠道了解该行业和该公司的薪酬情况。只有了解了这些情况,毕业生才有可能提出一个比较合理的薪酬要求。

二、准备合适的自我介绍

1. 如何准备自我介绍

在面试时,大多数面试官会要求应聘者做一个简单的自我介绍,以此了解应聘者的基本情况,考察应聘者的口才、应变能力、心理承受能力、逻辑思维能力等。自我介绍,既是打动面试官的敲门砖,也是推销自己的好机会,因此,要好好把握。具体应注意以下几点:

(1) 接到面试通知后,最好在家里写好自我介绍的草稿,然后试着讲述几次,感觉一下。

(2) 自我介绍时,首先应礼貌地做一个简短的开场白,并向所有的面试官致意,如果面试官正在注意别的方面,可以稍微等一下,等他的注意力转过来后再介绍。

(3) 如果面试官规定了时间,既不能超时,也不能过于简短。专家提议,好的自我介绍不应该太长,也不宜太短,3 分钟最为恰当。

(4) 自我介绍的内容不宜太多停留在诸如姓名、工作经历、时间等方面,因为这些信息在简历上已经有了,应该更多地谈一些跟所应聘职位有关的工作经历和所取得的成绩,来证明自己确实有能力胜任所应聘的职位。

(5) 在做自我介绍时,眼睛千万不要东张西望,四处游离,显得漫不经心,这样会给面试官留下做事随便,注意力不集中的印象。眼睛最好要经常注视面试官,但也不能长久注视,目不转睛。尽量少用一些手势,因为自我介绍毕竟不是做讲演,保持一种得体的姿态是很重要的。

(6) 在自我介绍结束后,不要忘了道声"谢谢",否则,往往会因此影响面试官对你的印象。

2. 面试时要多备几份简历

也许你会问:"他们不是已经有我的简历了吗,干嘛还要我带?"一般来说,审阅简历的人和面试你的人往往不是一个人。而且参加面试的人往往很多,简历容易混淆。还有,也许你的简历被弄丢了;也许你的简历经过多次复印,已经模糊不清、面目全非了。还有的时候,面试官手里就拿着你的简历,他还向你要简历的原因只是想看看你办事是否细心、周到,是否有备而来。所以,面试时一定要记住多准备几份简历,以备不时之需。

三、适当模拟面试场景

面试成功率完全可以通过反复练习来提高。关于面试的一些基本话题,大家都非常熟悉。参加过几次面试后,大家也会发现话题大同小异。所以,你可以事先准备。有准备和无准备的效果是截然不同的,更何况面试需要即时反应,只有准备充分了才能心里有底,临场不乱。

最基本的练习,就是自己对着镜子说话。这样反复练习,才能有真切的体会,对面试肯定有帮助。不要轻易放弃每一次面试机会,每一次面试机会都是积累实战经验的好机会。失败不要紧,关键是要在失败中获得教训。条件允许的话,你可以找同行业的师兄师姐帮你模拟面试。没条件的话,同学间可以互相“拷问”,模拟面试场景。你也可模拟做面试官,帮别人练习,这也是你体会面试官心情和想法的途径。如果第二天要去参加面试,前一天晚上可适当模拟面试场景,但切忌不要硬背内容,以免到时发挥不自然!

四、面试时如何克服紧张心理

面试时紧张是必然的,为了不让紧张情绪影响到面试结果,以下有五个克服紧张情绪的小窍门:

(1)早到15分钟。有很多城市的交通比较堵塞,比如北京、上海、深圳等,如果不能及时赶到或者是刚好在面试前一分钟赶到面试地点,会增加自己的紧张情绪。为了避免发生这种情况,不妨提前一点去坐车,争取在面试前15分钟到达面试地点。然后找个安静的地方坐下来,整理一下自己的思绪。如果你的手很凉,要等自己的手变热了再去跟面试官握手;如果在夏天,手心会出很多汗,这时候,要等自己的手干了以后再去跟面试官握手。

(2)深呼吸。深呼吸时不要被别人看到,否则会增加自己的紧张情绪。躲在一个角落里,深呼吸三次就足够了。如果实在还紧张,不妨在手里抓着小东西,比如一枝笔。手里抓着小东西,就好像抓着一根救命草一样,实际上这是我们自己的一个心理暗示,也许就不那么紧张了。

(3)想象自己成功后的感觉,给自己打气,这是很有效的一种方法。想想自己在过去的经历中有什么事做得特别好,得到了大家的称赞,想一下当时的情景就能够让自己的紧张情绪得到缓解。

(4)不要强求自己面带微笑。在面试中尽量保持微笑能够让面试官觉得你很自信,但是如果你很紧张笑不出来,那么就不要勉强自己笑。因为,勉强自己笑会出现皮笑肉不笑的现象,同时也会让自己更紧张,给面试官留下的印象很不好。

(5)充足的准备。如果准备工作没做充分的话,你会更加紧张;准备工作做充分了,有备而来,能够在一定程度上缓解自己的紧张情绪。所以在面试之前,一定要对招聘企业、招聘职位以及面试技巧等做好充分准备。

第三节 面试开始

一、七秒钟确定第一印象

面试一旦开始，你出现在面试官眼前，会给面试官留下第一印象需要的时间是七秒钟！里根当时竞选美国总统时，他的竞选班子研究了新闻媒体、电视曝光后，发现有一个七秒钟印象。就是说，一个人一旦出现在对方面前，对方从头到脚把这个人打量一遍，大概需要七秒钟，此时这个人的外表、言谈举止等印象，就已经在对方的脑海里留下了，此人就没有机会再次给对方留第一印象了。所以求职者在面试开始的时候一定要把握好7秒钟留下第一印象的机会，用最棒的开场白给面试官留下一个好的第一印象。

大学生面对招聘人员，应树立一个什么样的第一印象呢？自卑怯懦、狂妄自大、自我封闭、计较多疑、虚伪势利等都是不可取的。大学生的形象应该是诚实而不虚伪、自信而不自负、热情而不孤僻的。根据自身条件，不卑不亢、实事求是地和招聘人员沟通。唯有以真诚的态度与招聘人员沟通交流，才会自然而然地给招聘人员留下良好的第一印象。

一段简短的自我介绍，其实是为了展开更深入的面谈而设计的。2～3分钟的自我介绍犹如商品广告，在有限的时间内，针对"客户"的需要，将自己最好的一面，毫无保留地表现出来，不但要给对方留下深刻的印象，还要及时引发其"购买欲"。

(1) 清晰地报出自己的名字。

(2) 自我介绍不求长，但要思路清晰，重点突出，使面试官听了对你产生兴趣和好感。在自我介绍中切忌吹得天花乱坠，滔滔不绝。如果条理不清，重点不明，不但不能使面试官对你产生兴趣和好感，反而令其一开始就会对你产生一种厌烦情绪。

(3) 不要完全重复自己简历上的内容，而应陈述自己的强项、优点、技能、突出成绩、专业知识、学术背景等。自我介绍只有短短2～3分钟，一定要突出你的知识技能与应聘岗位的紧密联系。如果是一家电脑软件公司，应说些有关电脑软件的话题；如果是一家金融财务公司，便可说说财务管理方面的事。总之投其所好，一矢中的！

(4) 有一点必须谨记：话题所到之处，必须突出自己可以为该公司做出的贡献，如增加营业额、降低成本、发掘新市场等，并且要用数字来说话。

二、仪表朴实、大方、端庄

1. 修饰仪表应注意的具体细节

服装和外貌同交谈一样，是面试官了解应聘者的重要凭据。从某种程度上说，服装和外貌的重要性绝不亚于面试中的交谈语言，故应着重对自己的外观进行一番打扮，保证自己在面试时有一个良好的外表和精神面貌。修饰仪表应注意的具体细节：

(1) 衣着设计。衣服的质料应选择不易皱折的，裁剪要合身；服装的款式，以朴素、简练、精干、不碍眼为出发点。一般男同学宜穿西装，女同学宜穿裙装，不宜穿紧身衣服或牛仔装。

(2) 发型。头发应整齐、干净、有光泽，不要把发型搞得过于新奇，惹人注目。

(3) 鞋子很重要。要是没有一双好鞋，即使你浑身上下一身名牌，头发油光锃亮，有些老板也不青睐。尤其是外企老板，他们认为鞋子反映性格，如果你的皮鞋上有很多土或很破旧，你会被定义为不整洁和不拘小节的人。

(4) 其他附带修饰。面试时最好带一个文件夹或公文包，不仅增加外表上的职业气质，而且很实用。切忌面试时向面试官借用纸张和笔，这样会显得你没有经过训练的工作习惯。

2. 男生着装应注意的问题

黑、白、灰三色最保险，不要穿丝袜、白袜，西装内一定要穿长袖，不要有头皮屑，用擦鞋布将鞋擦干净。

3. 女生着装应注意的问题

着装不要超过三种颜色！不穿紧身、暴露的衣服，耳环不要太大，不带手镯。当然这也要看应聘公司的类型而定，如果是应聘创意性强的公司，着装太正式反而不好。

三、面试时的基本礼节

现在越来越多的企业在录用员工时，很重视对人品的考察。因此在面试时，面试官会随时注意求职者的言行举止。那些举止得体者往往能获得面试官的青睐。下面介绍面试时的基本礼节：

(1) 准时是最基本的礼节。但是在堵车非常严重的城市，如北京、上海、深圳，迟到也不会被认为是致命的失礼。请务必记得：一旦堵在路上，估计要迟到了，应马上打电话给公司前台或约你面试的人，告诉对方，你堵在了哪里，可能要迟到多少分钟，并且致歉。这样，有时不但不会留下负面的印象，反而会让面试官对于你果断的判断力留下深刻印象，并给予正面的评价。

(2) 招聘单位如果没有设置面试接待人员，求职者到达招聘单位后，可对前台接待人员做简短的自我介绍，然后，直接前往面试会场，切忌东张西望。

(3) 假如一些小企业没有等候室，要求应聘者在面试办公室的门外等候。当办公室门打开时应有礼貌地说声“打扰了”，然后向室内面试官表明自己是来面试的，绝不可冒然闯入。假如有工作人员告诉你面试地点及时间，应当表示感谢。在到达面试会场前，不论是在走廊里还是电梯内，如果遇到应聘公司的职员，都应礼貌地问候，并注意自己的言行举止，切忌问东问西。

(4) 假如要敲门进入面试会场，敲两下是较为标准的。敲门时千万不可敲得太用劲。进门后不要随手将门关上，而应转过身去正对着门，用手轻轻地将门合上。

(5) 要等面试官示意你坐下时才坐下，不要擅自决定坐哪里。

(6) 应避免与面试官套交情。在面试时，应避免与面试官套交情，否则容易给面试官留下不够成熟的负面印象。

四、面试中要注意的其他技巧

面试中要注意的其他细节问题有许多，比如以下几点。

1. 坐姿

不要将两手放在膝盖中间，这样会显得你局促不安。坐下后，不要背靠椅子也不要弓着腰，但并不一定要把腰挺得很直，这样反倒给对方留下死板的印象，应该很自然地将腰伸直。

2. 眼神的交流

眼神自然，如果因为太紧张而不敢直视面试官，可以看面试官的正三角(脑门儿到两颊的三角区域)，这时，对方也能感觉到你在直视他，而你其实并没有盯着他的眼睛。但是，万万不可目光呆滞地死盯着面试官看，这样会让他以为你对他“满怀深情”或和他有什么“深仇大恨”，一定要让他感到很舒服。如果是多个面试官在场，你说话的时候要用目光扫视一下所有人，以示尊重和平等。

3. 积极地聆听

最优秀的销售人员往往不是滔滔不绝地大侃，而是积极地聆听。招聘人员不希望应聘者像木头桩子一样故作深沉，面无表情。应聘者在听对方说话时，要不时地做出点头同意的动作，表示自己听明白了或正在注意听。同时还要面带微笑地给予对方回应，当然也不宜笑得太僵硬，要发自内心。在面试中，如果招聘经理说话多，说明他对你感兴趣，愿意向你介绍情况，愿意与你热情交流。许多大学生误认为只有自己说话才是最好的自我推销，往往会抢着说话，或打断对方的讲话，这些行为都是很不礼貌的表现，会使自己陷于被动，言多必失。

4. 握手常识

很多人认为握手是无师自通的事情，谈不上什么技巧和练习，所以没有人为此进行专门的练习。然而，对于如何与陌生人握手、握手时该怎样摇动、握手时间多长合适等问题，如果拿捏不好就会出问题。和面试官握手时，如果用力很轻，摇动不得劲，面试官可能会认为你缺乏自信；如果用力过猛，导致他的手生疼，他也会纳闷——到底来面试什么，知识还是力量。

一般来说，要是入场之后面试官坐着没有起身的话，就不必与之握手。通常情况下，若面试官是男性，求职者是女性时，求职者应该主动向面试官伸手，这在一定程度上体现了求职者的开放和友好，以及乐于与人交往等优点。除此外，求职者不应该主动伸手，尤其是应聘者是男性，面试官是女性的时候，更要等待面试官先伸手。所以说，面试握手对女性求职者而言是“该出手时就出手”，对男性求职者来说是“该出手时才出手”。

5. 交换名片

交换名片时，双手捏着名片下角，名字冲着对方，然后用弧线的方式把名片呈给对方。接过面试官递给你的名片时，这里有很大的一个忌讳是，不能一把就抽过来，应该用双手捏着名片的下角，然后轻轻地用弧线的方式把它接过来。更重要的是仔细看，正面看一下，反面看一下，如果有不认识的字，千万别读，马上讲：“对不起！这个字我不认识，请问怎么读？”有的日本公司和韩国公司，为了表示礼貌，接过对方的名片时，至少要正面看半分钟，把它读出来，然后背面再看半分钟，再把它读出来。如果你去日资、韩资的企业应聘的话，要稍微注意一下这方面的礼仪。

一般在面试时，接待人员会给你用塑料杯或纸杯倒一杯水。这些杯子比较轻，而且倒的水也不会太多，加上面试时你往往会比较紧张，不小心碰倒杯子的情况时有发生。如果水杯放的位置不好，就很容易把水弄洒。一旦洒了水，心里一慌，就会语无伦次、手忙脚乱，很长一段时间内都调整不过来。虽然对方通常会表现得很大度，但你依然会给对方留下慌慌张张、局促不安的印象，所以要非常小心。水杯放得远一点，水喝不喝都没有关系。有些求职者面试结束后临走了，看到满满一杯水没动，觉得不好意思，就咕咚咕咚喝上几大口，这也没有必要。喝水忌讳出声，这是国际礼仪常识。由于东西方文化的差异，国人对这个问题一直没有太重视。有些人口渴的时候，端起杯子就咕咚咕咚一通狂饮，特别是在正式场合，这样往往会引起别人的反感。因此不妨从现在起就练习“默默无闻”地吃饭、喝水，别临近面试时才抱佛脚，面试时一紧张就原形毕露了，弄巧成拙。如果招聘人员问你喝什么或要你提出选择时，一定要明确地回答，这样会显得你有主见。最忌讳的说法是"随便，您决定吧。""随便"是一种非常不好的回答方法，有些招聘员一听到这两个字就皱眉头。自己随身带的物品，不可放置在面试官办公桌上。可将公文包、大型皮包放置于座位下脚旁边，小型皮包则放置在椅侧或背后，不可挂在椅背上。

第四节 面试进行

在面试中，必须了解面试官的面试方法。进行面试准备时，不妨冷静地判断一下用人单位需要哪类型的人才，我们应如何应对面试才能成功就业。

一、面试时的说话技巧

面试是求职的桥梁，成功了则可能被录用，失败了则可能错过机会，因此，应聘者在面试中既要灵活机智、反应敏捷又要坦率真诚，给面试官留下既稳重可靠又有智慧的印象，从而在面试中取得成功。

1. 谈话技巧

(1) 适当补充面试官的话，面试中有一个"二八原则"，也就是说，在面试中应聘者说的话应该占 80%，面试官说的话占 20%。在与面试官进行谈话的时候，要适当补充面试官的话。比如面试官说完，你可以接着说："我觉得您的想法很好，我基本上同意您的看法，但是有一个小地方，我跟您的观点不一致，那就是……"

(2) 在说话的时候语速不要太快也不要太慢，做到每分钟 150～180 个字数。

(3) 使用一些热词，如"真的哦""是吗"，以表示你在专注地听。

(4) 听的技巧很重要，即使你在面试中与面试官的观点不一样，也不要打断面试官的话，一定要在面试官说完以后再说出你的意见。

(5) 如果有时候你讲完自己的话后发现面试官保持沉默，不要不知所措，把你刚才说的话再总结一遍，或者直接问一句："这只是我个人的看法，您觉得呢？"

2. 到什么山唱什么歌

精心针对所应聘的公司准备一份自我介绍，不同的职位应有不同的侧重点，千万不要所有的职位都千篇一律，用一份自我介绍。

3. 如何"反"问面试官

如果在面试开场的时候，面试官问你问题，你由于开场太紧张没听明白，这时候一定要及时地反问。反问面试官，不会造成任何不良影响，反倒是显得应聘者比较负责任。例如可以说："对不起！我刚才没有听清楚，麻烦您再重复一下您的问话，好吗？"这时候面试官一定会重复的。求职者在面试中，可以反问面试官一些问题，以表现出自己对该公司更大的关注。如果能够反问面试官，问以下这些问题比较合适。

(1) 企业自身的情况。应聘者可以问企业最近的经营情况，企业今后几年的发展规划，企业销售最好的产品或服务，竞争对手等方面的问题。

(2) 公司对员工的培训。应聘者可以问公司对那些忠诚和能力强的员工提供的培训计划，什么样的员工在公司里干得最好之类的问题。应聘者也可以问所应聘职位具体的工作情况，该职位尚有空缺的原因等问题。

注意：一定不要问工作条件、某岗位未来的发展和该岗位的薪水等问题。这些问题是应聘者进入企业以后的事情，如果在面试环节问，就显得你非常匆忙，给面试官留下急于跳槽或者急于发展的不良印象。

二、一些常见问题的回答技巧

(1) 为什么来本单位应聘。说出该单位吸引你的地方，如公司品牌形象好，规模大，行业处于不断上升状态，培训发展的机会比较多等，表达你想到该单位工作的愿望。把这些实话说出来，争取给面试官留下一个很务实的印象。

(2) 为何选择这份工作。分析自己的兴趣、专长所在，说明自己所学的专业、工作经历以及对这项工作的期待和理想。

(3) 你对这份工作了解多少。最好事先收集有关资料，做到心中有数。

(4) 你认为自己具有哪些优缺点。客观回答就可以了，将自己的优点说出来，但最好能够说出跟所应聘职位比较吻合的优点。也可坦率地说出自己的缺点，但最好说一些不重要的、与所应聘职位不相冲突的缺点。

(5) 你的目标与前途打算是什么。回答不可以显得你没有任何打算。可简述你进了单位之后，如何实现自己的理想，表明自己有明确的人生目标及努力向上的精神，表达自己对该单位的期望。你可以告诉面试官："我希望三年掌握某技能，五年发展到某职位。"由他心里来衡量，这个公司能不能给你提供这样的发展机会。其实，你回答问题没有必要都顺着讨好面试官的路子，这样面试官一下就能看出来。

(6) 你是否可以加班。一般不可否定，但可以告诉面试官你加班的限度。

(7) 何时可以正式上班。斟酌自己的具体情况回答，不要支支吾吾。不可以说"我明天就可以来了"或者"只要公司需要，我随时可以来上班。"面试官这样问很可能是个圈套，来测试你是不是只找了一家用人单位。你可以反问一句："请问公司希望我什么时候来上班呢，或者以前您招聘的员工一般都是什么时候来上班呢？"再根据自己的具体情况回答。

(8) 除了应聘本单位外，你是否还应聘了其他工作。回答时应考虑该面试官可能知道你还应聘了其他不同性质的工作，可能认为你志向不稳定。但是如果你说"没有"，面试官也不会相信，这时候就不妨说："我对某个方向感兴趣，只要是适合的企业我都会去看看的。"

(9) 你期望的待遇是多少。应提前做好准备工作：

第一步：调查所申请的相关职位的社会平均薪酬，仔细权衡自己所具有的能力和经验，得出一个较为准确和客观的数字；

第二步：收集应聘单位相关职位的信息。

如缺乏此方面信息，可问"我能否知道贵公司其他类似职位的薪酬状况。"或者说"可不可以告诉我贵单位这个职位所提供的薪资范围，我思考之后再答复您。"也可以说"我愿意接受贵单位的起薪标准。"在掌握了所能知道的一切信息后，向面试者回答一个带有范围的薪酬标准，如月薪 3000～4000 元。

三、面试中易犯的几种错误

(1) 不善于打破沉默。面试中有的应聘者不擅长打破沉默,使得面试出现冷场。实际上,无论是面试前或者面试中,如果应聘者主动致意或者交谈,对面试官过于热情,与面试官套近乎,点头哈腰等,面试官都非常反感。

(2) 应聘者被自己的主见或偏见所左右。有时候,应聘者会被自己之前听到的一些关于面试官或者招聘企业、应聘职位的评价所左右,从而影响了自己的思维。

(3) 慷慨陈词,却举不出例子。有的应聘者在谈自己的个人成就、特长、技能时滔滔不绝,用很多形容词来形容自己的能力、特长等。但面试官一旦问:“能举一两个例子吗?”应聘者就会无言以对。这在面试官心里会留下很不好的印象,认为应聘者根本就是不懂装懂。

(4) 缺乏积极的态度。有的应聘者性格比较内向,与世无争,这种性格很好,但是要分场合。在面试的时候,应聘者要表现得很积极,争取给面试官留下一个好的印象。

(5) 对某个人大加批判。面试官会在面试中戳到应聘者的痛处,这时候有的应聘者就开始大加批判某个人,说那人怎么怎么不好。这样就使得面试官对应聘者的印象不好。

(6) 不善于提问。沟通是双向的,在面试中应聘者不要面试官一问,就马上回答。充分利用高明的提问,让面试官眼前一亮。

(7) 对自己的职业生涯规划模糊。最常见的就是应届毕业生的职业生涯规划很模糊,虽然你不一定完全清楚未来的职业发展,但至少应该对自己未来三五年内的职业方向清楚。面试官忌讳应聘者对自己的职业生涯规划不了解,或者根本不清楚自己的兴趣所在。

(8) 假扮完美。有的应聘者过分想给面试官留下一个好的印象,在面试中把自己说得很完美。实际上面试官心里很清楚,人无完人。故不妨在面试中谈一些自己的不会影响工作的缺点。

(9) 主动打探薪酬福利。有的应聘者会在面试即将结束的时候向面试官打探薪酬福利,实际上,如果面试官对你有意的话,会主动提出的。其实,面试官非常忌讳应聘者主动打探薪酬福利。

(10) 面试结束时不知如何收场。在面试即将结束的时候,有的应聘者不知如何收场,等着面试官说结束。实际上,一旦面试官说:“行,就到这里吧!”这个时候应聘者不妨站起来,对面试官表示感谢,然后离开。

(11) 大谈个人隐私等敏感问题。有的应聘者为了在面试中显示自己的热情,说一些有关面试官身体健康之类的话,实际上,面试官是非常忌讳这种情况的。

四、如何应对小组面试

现在,小组面试的方式越来越被企业所重视。在这种无领导小组讨论形式中,应聘者被分成若干组,每组人数 4 到 8 人不等,不指定负责人,大家地位平等,对大家都比较陌生的问题进行讨论,达成一致建议。这种面试方法能够很好地考察应聘者的管理能力、组织能力、协调能力等,便于企业进行对比筛选。

在无领导小组讨论中,面试官评分的依据是:发言次数的多少;是否善于提出新的见解和方案;敢于发表不同的意见,支持或肯定别人的意见,坚持自己的正确意见;是否善于消除紧张气氛,说服别人,调解争议,营造出一个内向的人也想发言的气氛,把众人的意见引向一致;能否倾听别人的意见，是否尊重别人，是否侵犯他人发言权。还要观察应聘者的语言表达能力、分析能力、归纳总结不同意见的能力、发言的主动性、反应的灵敏性等。

作为应聘者，如何在小组面试中“出彩”？

(1) 放下包袱，诚心发言。在小组面试中最忌讳的就是什么话都不说，这样会给面试官留下很不好的印象。一旦拿到题目，不妨说一句：“时间不多，我们大家不妨自己先想五分钟，然后再开始讨论！”如果发现准备时间差不多了，大家还没有开始讨论，及时地提醒大家开始讨论。

(2) 尊重队友，友善待人，给别人发言的机会。有的应聘者认为在小组面试中发言越多越好，因此总是抢着说话，不给别人说话的机会。实际上，在小组面试中，要针对应聘职位的要求来决定发言的多少。如果你要应聘的是一个管理职位，那么这时候就要显示出自己的管理才能，比如看到有人没有说话，要适当地给他创造发言的机会。

(3) 提前准备纸笔，适当做记录。在小组面试时，提前准备好纸和笔，及时地记录大家的观点，同时也适当地记录自己的观点，以便最后有机会做总结。同时，你的这种举动也会给面试官留下好印象。

(4) 小组讨论快结束时勇敢地站起来做总结。这要看所应聘职位的具体要求而定，如果你应聘的是一个冲劲特别强的职位，比如节目主持人、管理人员等，就一定要争取到这个机会，但是如果你应聘的是出纳、会计人员等从事事务性的普通员工的话，就没有必要这么做了。

(5) 最后上交讨论报告，给面试官留一个好的印象。如果你在小组面试中适当地做了记录，最后一定记得把你做的记录交给面试官，面试官心里会给你加印象分的。

(6) 不要刻意抢着做上述内容。一定要注意的是，要根据自己所应聘职位的具体情况来做上述的内容，不要刻意抢着去做，否则会给面试官留下很张扬的印象。

五、如何谈薪资

1. 谈薪资时要注意的一些问题

在宝贵的面试机会中谈薪资，在某种意义上讲就是给别人一个拒绝你的理由。所以，职业顾问不主张在面试时主动与面试官谈薪资，我们可以采用很多种方法回避该问题。但在有些面试中，即使你一再避谈薪资，有些面试官还是会要求你正面回答该问题。这时候如果你一再推脱恐怕就要让自己显得软弱了。那么，到了不得不谈薪资的时候，应聘者应该注意以下问题。

(1) 要了解市场行情。当你想要提高自己的薪资时，你就要了解市场同类岗位的薪资水平，譬如外资和内资，欧美和日资，开发区和市区的薪资酬劳都是不一样的，当你有了这些数据时，你就可以针对不同企业替自己争取到应有的报酬。

(2) 采用迂回战术求高薪。如果你对应聘公司开出的薪资标准不太满意，可以尝试采用探讨式、协商式的口气去争取满意的薪资，比如：“我认为工作最重要的是合作开心，薪酬是其次的，不过我原来的月薪是××元，跳槽的目的就是希望自己能有所进步，如果不是让您太为难的话，您看这个工资是不是可以有所提高？”这时要看对方的口气是否有所松动，若有所松动的话，则可以再举出你值更高价的理由。如果对方的口气坚决，则可以迂回争取缩短试用期，比如说：“我对自己是比较有信心的，您看能不能直接拿转正期的工资，或者把 3 个月的试用期缩短为 1 个月？”

(3) 要善于发问。应聘者谈薪酬是有一定技巧的，第一步是了解对方可以提供的薪酬幅度，这里的关键是善于发问，便于自己了解足够的信息。经过几轮面试后，面试官会问应聘者：

“你还有什么想了解的问题吗?”应聘者就可问:“像您这样的大企业都有自己的一套薪酬体系,请问可以简单介绍一下吗?”这时面试官一般都会简单介绍一下薪酬体系。第二步是根据以上信息,提出自己的期望薪酬。如果对自己想提的薪资还是把握不准,那也可以把问题抛给对方:“我想请教一个问题,以我现在的经历、学历和您对我面试的了解,在贵公司的薪酬体系中大约能达到什么样的水平?”对方就会透露准备给你开的工资水平。

(4) 赢得未来上司的心。首要秘诀就是让未来的公司信任你:他们不用你是他们的损失,你值得他们付如此高的薪酬。谈薪资的关键在于充分展示自己的实力,如果公司很认同你的实力,那么如果你要的薪资不是高得太离谱,大部分情况下都会成功。

(5) 额外“工资”多争取。很多企业除了正式的工资以外,还会有一些奖金、福利等额外“工资”,在这方面应聘者就要大胆争取了。应聘者要注意察言观色,见好就收,不要过度要求,否则到时你进公司后对方也会以更高的要求来考核你,还可能答应了最后也不兑现。为了保险起见,应聘者最好让对方在接收函上写明薪酬、试用期限、上班时间等,这样可免去日后口说无凭的纠纷。

(6) 不要太高也不要太低。根据自己提前了解的行业薪资情况,取中间数据,也就是行业的平均薪资,作为自己的期望薪资,但是一定要加上一句:“这只是我个人的期望,我相信公司有合理的薪酬体系,我愿意遵守公司的薪酬制度。”

一个人的薪酬是与其能力、作用、表现、贡献等息息相关的,在用人单位尚未了解清楚你上述情况时,开价过高,难以被用人单位接受;开价过低,吃亏的又是自己。因此你必须知道:除非用人单位已经十分明确地表态要录用你,否则不要讨论薪酬,切勿盲目地主动提出希望得到的薪酬,尽可能从对方言谈中了解相关信息。

2. 不要拘泥于薪资本身,要从工作本身和行业的角度考虑

在面试中谈薪资,是不能为而为之。对于毕业生来说,面谈薪资终归是一种交易,因而,首先应考虑的是自己的“最大”需要。例如,工资低而拥有大量股份,你是否不在意;如果公司收入每年涨幅很大,你是否愿意拿最初的低工资;工资低,但是工作条件非常优越,你是否能够接受。只有真正了解了自己的需要,你才能提出最符合自己利益的薪资。

你可以告诉面试官薪资是重要的,但是你更在乎的是职位本身,将薪资的问题引导到另一个高度,体现出诚恳的态度和希望在该公司工作的热忱。

第五节　面试结束及感谢信的写法

许多求职者只留意面试时的礼仪,忽略了面试后的善后工作。事实上,面试结束并不意味着求职过程的结束,求职者不应袖手以待聘用通知的到来,而应做好感谢工作以待就业机会的到来,或谋求“东山再起”。

一、面试结束

通常人们会提到首因效应和近因效应,首因效应也就是我们在前面所说的“第一印象”,近因效应就是发生的事情离自己目前状态越近,记得越清楚。在经历了面试的准备、开始、进行、结束后,如果再能够给面试官留下一个良好印象的话,由于近因效应的存在,会为你的面试添彩。

1. 面试即将结束时的礼节

越到面试快结束的关头越应该加倍注意一些细节，那么在面试即将结束的时候，要注意一些什么样的礼节问题呢？通常有以下几种：

(1) 把自己坐过的椅子归放原位。一定要记住，要轻轻地把椅子放回原位。

(2) 查看桌子上是不是被你弄乱了。有时候面试官可能会把公司的手册或者其他东西拿给你看，或者你的简历摊放在桌子上了，在面试结束时一定要迅速地把桌子上凌乱的东西收拾好再走。

(3) 如果在面试中喝过水，那么在离开的时候要把你的水杯顺手扔到垃圾桶里。

(4) 如果在面试即将结束时，发现桌子上或者地上有很多纸团等凌乱的东西，要把它们清理好，因为很可能这也是一道考题。

(5) 面试结束后，站起身与面试官握手时，注意握手的力度要适中，同时要鞠躬，鞠躬要深一点。

(6) 面试结束时，记得要说一句"谢谢您花这么长时间面试我"。

(7) 面试结束后走出门，转过身来面对着门把门关上，不要背对着门把门关上。

(8) 还有很重要的一点，就是一定要在面试结束后来到公司的前台，对前台的接待人员说一声"谢谢"，给她们留下一个好印象。前台接待人员也是一个很重要的角色，不要以为走出面试官的办公室后就没有人在看着你了。

2. 自行测验面试成功率

面试是求职聘用的关键环节，在等待面试结果的时间里，心中的焦虑自不待言。不妨先测验一下自己面试的成功率。面试之后，回想一下自己面试时的表现，回答下述十个问题，可以大致测验自己面试的成功率有多大。测验方法：回答时用 1～10 分来代表你曾做到的程度，每题最高分 10 分，总共十题，总分 100 分，得分越高，成功的可能性越大。假如得分不理想，则说明你需要不断提高自己的面试技巧。

(1) 我是否尽可能地让自己的外表看起来舒服。

(2) 面试后，我现在对这家公司的了解与先前的了解，相符合的程度有多大。

(3) 我在面试时是否保持状态轻松，并对自己的情绪控制自如。

(4) 我在回答面试官的问题时，是否在强调三件事：我的能力、我的意愿与我对工作的适应性。

(5) 我是否一直都在专心倾听面试官说话。

(6) 我是否能将问题引导到我想强调的重点上。

(7) 我察言观色做得如何。

(8) 面试官对我的回答是否有兴趣并积极参与。

(9) 我是否将回答的内容加以修正，以配合面试官个人的调查。

(10) 我是否有将自己的能力和优点精确地描述出来。

二、感谢信的写法

不要以为走出了应聘单位的大门面试就结束了。其实，面试的后续工作才刚刚开始。你在面试结束后及时的行动，可能会改变整个面试结果。所以面试结束后要及时给面试官，或者应聘单位写一封感谢信，一封好的感谢信也许可以扭转乾坤。

1. 感谢信的书写方式

一般来说，手写、打印或者发送电子邮件都可以。但是，由于现在手写的书信越来越少，所以如果你寄一封手写的感谢信给面试官，会给他留下一个深刻的印象。但是如果你的字写得不好看，那么最好是给面试官发电子邮件或者将感谢信打印出来。注意，如果发电子邮件一定不要用附件，否则面试官可能会当垃圾邮件处理。

2. 感谢信的写法、内容和格式

一封标准的感谢信应包括如下内容：

(1) 在抬头写明上次面试的时间、地点、应聘的职位和面试官的名字。如果感谢信是写给面试官本人的，可以不写面试官的名字。

(2) 感谢面试官为你提供了面试的机会。

(3) 可以适当地夸夸面试官，例如面试官哪一点给你留下了深刻的印象。但是不要显得与面试官套近乎。

(4) 对职位的看法可以简短地写一两句，但不宜过多。

(5) 简短地说明一下自己与职位要求相吻合的才能。

(6) 谦虚地表明你非常希望得到这个职位，你正在等回音。

3. 感谢信的注意事项

(1) 内容不要太多，最好只有二三百字。

(2) 在结尾处说明你正在等回音，但一定不可以写在几天之内给你回复。

(3) 最好随信附上一张自己的照片，照片最好与简历上的一样。

三、何时询问面试结果合适

等待面试结果对任何人来说都是一个考验。那么何时询问面试结果比较合适呢？

一般来说，如果应聘单位没有明确说什么时间你会得到通知，那么在一个星期后询问比较合适。但是也要看你面试的公司是什么类型的公司，是外企、国企还是私企。一般而言，国企会慢一点。对于外企，欧洲的公司会慢一点，美国的公司会快一些。如果超过一个月，你还没有得到回复，那么基本上没有询问的必要了。

大学生求职历程：从三次被拒到成功签约名企

别人挂横幅，他主动帮忙；别人选简历，他维持秩序；别人面试时，他送上矿泉水。从最初连初选都没有通过到最后成功签约，武汉科技大学中南分校 2009 届市场营销专业毕业生黎云耀日前与中国 500 强企业之一的雨润集团签约。并非名牌大学毕业的他用实际行动告诉大学生，求职的机会要靠自己努力去争取。

高校明年的毕业生比今年略有增加，大学生就业形势十分严峻。大学生就业难，进入大企业更难，进入知名大企业则是难上加难。日前，黎云耀从武汉理工大学赶到中南财经政法大学参加雨润集团的宣讲会。招聘人员挂横幅时，他便上前主动帮忙。宣讲结束之后，他又主动帮着招聘方收简历。招聘人员筛选简历时，他就在旁边帮着维持秩序。但随后的笔试名单中，却没有黎云耀名字。这让黎云耀有些不甘心，他积极争取到了与那些通过初选者同时参加笔试的机会，希望能证明自己。

但黎云耀又一次被打击了。尽管他对自己的笔试成绩感到满意，但笔试后的面试名单中仍然没有他的名字。他认为自己并不比那些重点大学的毕业生差，他仍不愿意放弃。当晚，他打听到了面试的时间和地点，并成为第二天面试现场唯一一名不在面试名单的求职者。当他准备跟在一名面试者后面向面试官"推销"自己时，还没进门，就被拦到了门外。就这样，他从上午8点多一直等到11点多。"我都累了，想必面试官也都累了吧！"想到这，他买了三瓶矿泉水给三名面试官送进去后，主动退了出来。

直到下午1点多，面试才结束。当面试官走出门看到还在门口等待的黎云耀时，他们都愣了，问："你怎么还在这？"黎云耀说："希望能给我一次面试的机会。"面试官一翻看黎云耀的简历直摇头，说："对不起，我们暂时还不考虑招聘三本高校的学生。"这让黎云耀有些懊丧，说："你们招聘不就是为了找能给公司创造利润的人吗？我并不比那些重点大学的毕业生差！只是缺少被证明的机会！"黎云耀的这番话，激起了面试官的兴趣，经过交谈，面试官决定录用黎云耀。

黎云耀的家在湖北孝感的农村，在大学期间有着丰富的社会实践经历。尽管现在大学生的就业形势不容乐观，但他对自己充满信心。作为一名从农村走出来的大学生，大一暑假，留在武汉的他，找了三份兼职，在咖啡厅做服务生的同时还做两份家教。每年暑假，有很多高校大学生留在武汉做兼职，很多人并不如意，但黎云耀却能同时找到三份兼职，"找家教，许多大学生只会挂块牌子站在新华书店门口等待，而我选择主动出击，我当时到处贴广告找顾客。"

点评：黎云耀的经历和执着最终打动了面试官，成为雨润集团此次招聘的15名高校毕业生中的一位，而他也是唯一一名来自三本高校的毕业生。面对黎云耀的"谢谢你们给我这次机会"的感谢，雨润集团的招聘负责人坦诚地说："不是我们给你机会，是你自己确实不错。"

（来源：《广东大学生就业指引》报总第36期）

【小资料】

面试良方：高校毕业生就业指导医院处方笺

药引：准备充分

药有十味：平常心一片　自信十足　包装若干　礼仪周全　诚实一点　谦逊少许　机智一把　幽默三分　语态恰如其分　微笑多多益善

用药方法：能力锅内炒　火势略　不卑不亢　不要焦不要燥

用药忌讳：恐惧　紧张　趾高气扬　自吹自擂　拿腔拿调　直问薪酬　过分要求

主治：由面试引起的头疼、心虚、脚软症状

第六节 毕业生求职过程中应注意的问题

一、笔试

(一) 笔试的种类

1. 专业考试

这种考试主要是为了检验求职者的专业知识水平和相关的实际能力。一名合格的职业院校毕业生经过几年的深造,各门功课都取得了一定的成绩,所以一般都免于笔试,只要看看成绩单就可以大致了解其知识能力情况,但也有一些特殊的用人单位,需要通过笔试的方式对求职的毕业生进行专业知识的再考核。值得注意的是,这种考试方式已被愈来愈多的热门就业单位所采用,比如外贸、外资企业招聘员工要考外语,公检法机关录用干部要通过全国司法考试等。

2. 心理测试

心理测试要求求职者完成事先编好的标准化量表或问卷,根据求职者完成的数量和质量判断其心理水平或个性差异。用人单位常常以此方法来测试求职者的态度、兴趣、动机、智力、个性等心理素质。

3. 命题定作

这种考试的目的在于考查求职者的文字表达能力及分析问题的能力和逻辑思维能力。比如限时写出一份会议通知、请示报告,或某项工作情况总结。也可能提出一个论点,请求职者予以论证或批驳等。

4. 综合考试

为了考查求职者的综合素质,特别是知识面,用人单位往往选择综合考试,试题一般涉及教育学、教育心理学、教师职业道德规范,大体上会与求职者所应聘的单位及岗位工作有所关联。

(二) 笔试的准备

(1) 良好的笔试成绩来自于平时的努力学习。在校期间刻苦学习,培养书面表达能力、逻辑思维能力和分析问题能力,通过长期的实践和积累,在考试中才能信心十足,得心应手。不可依赖于临时抱佛脚或猜题押宝。

(2) 保持良好的身心状态。临考前,一要适当减轻思想负担,二要保证充足的睡眠,三要适当参加一些文体活动。从而使高度紧张的大脑得到放松休息,以充沛的精力去参加考试。

(3) 笔试前应进行简单的复习。复习已学过的知识是笔试准备的重要方式。一般笔试内容都有大体的范围,可围绕这个范围翻阅一些有关的图书资料。有些课程内容,因学过的时间太久,可能淡忘了,经过简单的复习,有助于恢复记忆。

(4) 学以致用,理论联系实际。现在的求职笔试中,用人单位越来越强调大学生运用理论知识解决实际问题的能力。因此,大学生在平时的学习生活中要多锻炼和培养自己对知识的运用能力。

(5) 增强口头表达能力,提高快速反应能力。某学校每天组织学生看中央电视台的新闻联播节目,然后每天要求三名学生针对新闻联播里的某个新闻进行即兴演讲,发表自己的观点。

这样很好地培养了学生的快速反应能力和语言表达能力。在笔试中把想到的东西写出来就是一份完美的答卷。

二、答非所问，不切实际

永盛来康电子（惠州）有限公司到某职业技术学院招聘“人力资源助理”一职，要求学院经管系物流专业的一名女同学讲一个“好玩的故事”，这位女同学讲了小说《一千零一夜》中的一个故事，大概用了十多分钟，结果却一点也不精彩。其实好玩的故事有很多，可以讲一些身边的故事，讲一些我们生活中有趣的故事，讲一些有关人事管理方面用人之道的故事。根本不需要搜肠刮肚，非得讲《一千零一夜》！作为人力资源助理，在企业要经常负责组织举办各种活动，调动现场的气氛，所以你要在这种场合表现自己的才华，发挥你的主观能动性。毕业生在面试中，一定要想清楚再回答面试官的问题，要切入主题，讲身边的故事，讲最简单的故事，生动具体，同时表情、身体语言都要配合好，如此才能赢得用人单位的青睐。

三、存在“三高三差”

大学生的“三高”指学历文凭高，理论水平高，要求待遇高；“三差”指业务素质差，动手能力差，综合素质差。作为21世纪的大学生，英语应用能力、计算机操作能力是就业中最基本的求职工具。2007年上半年，某校外语系的5位女同学到惠州澳华饲料有限公司应聘“办公室助理”一职，从外表上看，个个都青春靓丽，冰雪聪明。公司人事主管从表面上看，对这几位毕业生很感兴趣。十分钟后，面试开始，人事主管要求5位毕业生逐个按给出的表格样式重新设计一份出来，对于计算机操作熟练的同学来说，只要一两分钟就可搞好，有的同学却弄了好半天，把带队老师的脸气得一阵白一阵红，人事主管直摇头，虽然最终做好了，但计算机操作不熟练，结果一个都没有被录用。另一家公司到某学校招聘业务代表时，发现该校一名女同学很适合做人事助理，便要求这位女同学用老师的电脑制作一份通知类的文档，这位女同学很快就做好了，结果当场就被录用了，该公司负责人连这位女同学的简历都没看。

四、眼高手低，这山望着那山高

2010年4月，某职业技术学院外语系的毕业生抱着试试看的心态，由就业办的老师带队到中山市某模具厂面试，当时这家公司对毕业生试用期的待遇不高，试用期过后再根据毕业生的工作能力确定工资待遇。在面试过程中，有的毕业生认为自己很有实力，看不上这家公司，要找更好的，结果空手而归。还有的毕业生根本没有做好就业准备，把面试当儿戏，期望过高，环境不好不去，待遇不好不去。一个毕业生去应聘“外贸跟单员”一职，面试过关后，发现厂区环境差，跟学校环境相比差了一大截，就没有去，把费尽心机找到的工作拱手让给了别人。此后，他拿着英语四级证书到处奔波，最后到幼儿园做了幼师，工作稳定，待遇不高。回校与老师说起，直叹当时没抓住机会，后悔不已。凡此种种，毕业生要加以重视，否则会“左挑右拣，拣了个烂灯盏”。

五、消极懒惰，不求上进

为了减轻毕业生的就业压力，节约毕业生的开支，学校经常会邀请、组织企业到学校来搞现场招聘会，花费人力、物力、财力来举办各种招聘会，有时安排车辆、老师带队到外地参加招聘会,但是很多毕业生都不积极参与。对于学校举办招聘会来说,很多企业是第一次来学校,企业也借此机会来了解学校,加深校企交流,建立后续的大学生实操就业基地,全校师生对企业都应该表示欢迎。不但要明白企业能给毕业生提供求职就业机会,还要密切配合企业在学校的招聘工作。确实,有的企业规模小,没名气,待遇也不见得高,但我们要考虑小企业才能让你有机会得到更充分的锻炼,经历了小企业的磨练,你才能有能力向大企业迈进。俗话说"麻雀虽小,五脏俱全",而且每一家大企业都是从小企业发展起来的,所以千万不要看不起中小型企业。2007年10月,深圳有三家汽车销售企业到某学校招人。招聘会下午两点开始,但毕业生迟迟不来,打电话、去宿舍找、从床铺上拖,以这些方式来要求他们参加招聘会,到下午三点半,一共来了十三个毕业生,有的学生竟出口不逊,说企业是骗人的,这样做损害了企业的名誉,浪费了学校资源,辜负了老师的一番苦心。学校再次邀请这三家企业参加现场招聘会时,这三家企业都表示"不想再来"。

六、"专业"不精,求职不成

俗话说"行家一出手,就知有没有",某5名外语系的毕业生由就业办老师带队到某外贸公司应聘"商务接待员"一职,专门负责接待外商,要求英语口语流利。一名男同学和企业面试官用英语交流(面试官是美国人)时听不懂,并且英语口语表达很不流利,做自我介绍时很机械,按着个人简历来背诵,背不下去时不会用其他方式来弥补,这样的英语水平根本达不到企业的要求。另一名国贸专业的毕业生,经常到外面兼职做家教,她为了教好别人,刻苦钻研专业知识,在各方面表现优秀,取得面试成功。

七、心态不好,定位太高

看到工资高的职位趋之若鹜,看到工资低的职位则退避三舍,这是毕业生就业普遍存在的现象,有的毕业生甚至一开口就要求做主管、经理。但现实生活是很残酷的,没有工作经验或者有一点工作经验,如何能胜任管理工作呢?对企业最基本的工作流程、管理方法、管理技能都不熟悉,如何能做好管理工作?奉劝毕业生们立足基层,熟悉各个岗位的工作流程,将理论与实践相结合,不断提高自己。

八、不守时间,不讲礼仪

有的毕业生与用人单位约定好了面试时间,但面试时总会迟到,更严重的是根本就不去参加面试。作为大学毕业生,应该知礼仪,通人情,给用人单位留下一个良好的印象,为以后的求职打下良好的基础。所以,毕业生参加面试时,应提前到达面试地点,熟悉环境,调整心态,稳定情绪。进门时,应先敲门,然后礼貌地问:"我可以进来吗?"得到对方的回答之后才能进去,充满自信、面带微笑地与面试官问候、握手,在面试官示意后方可坐下,并将求职资料双手递给面试官,坐姿端正,切忌跷二郎腿,不左顾右盼。面试结束后应礼貌地表示感谢。

礼仪是现代社会人们做人做事必备的基本功,是个人素质能力的综合体现。

礼仪是社会交际和待人处世的重要表现方式,无论是经营管理、日常工作还是生活细节都充满了礼仪,礼仪最能直接体现一个人的精神风貌和修养品味,是人生成功的重要素质。

看望别人用"拜访",宾客来至用"光临";

送客出门说"慢走",与客道别说"再来";

陪伴朋友用“奉陪”，中途先走用“失陪”；

等候客人用“恭候”，请人勿送说“留步”；

欢迎购买用“光顾”，归还原主用“奉还”；

对方来信用“惠书”，老人年龄用“高寿”；

自称礼轻称“菲仪”，不受馈赠说“反璧”；

请人受礼用“笑纳”，用餐伊始说“慢用”。

【小资料】

（一）幼儿教师面试时经常遇到的问题

(1) 为什么要做这个工作?

特别喜欢幼儿，喜欢幼儿教育。

(2) 你觉得自己是否能胜任幼儿教师的工作?

通过幼师培训和实习，我已经能够胜任幼儿教师的工作。但需要在以后工作中努力学习，总结经验，完善自己，做得更好，成为一名出色的幼儿教师是我不变的理想。

(3) 你的职业规划是什么?

1—5年，学习和总结经验，成为出色的幼儿教师。5—10年，成为独具特色的幼儿名师。10年之后，创办特色幼儿园。

(4) 如果你被录用了，将如何开展自己的工作?

服从幼儿园的工作安排，向其他老师学习，了解自己班级的幼儿和家长信息，开展相关工作。

(5) 如果没被录用你怎么办?

分析自己的问题并改善，寻找下一个幼儿园。

(6) 做幼师离不开敬业、爱生、专业知识扎实，除了这些，你认为教学的最重要的特质是什么?

做好一名教师，除了要具有敬业、爱生、专业知识扎实这些特质外，我认为教学重要的特质还有以下一些：乐业，高尚的师德、人品、个人修养，良好的表达能力、为人处事能力。

(7) 一堂好课的标准是什么?

一堂好课的评价标准包括以下四个方面：第一，是否达到了教学目标，因为这是促进教育发展的根本宗旨；第二，教学内容方面是否达到了科学合理的标准；第三，教学策略与方法是否能达到促进学生主动学习的目的；第四，老师是否具有良好的教学基本功。其中最重要的是使学生学有所得，在情感、态度、价值观、过程与方法、知识与能力等方面有所得。

(8) 你赞成体罚吗?

不赞成。首先，这与国家相关的教育法规相违背。其次，体罚学生可能会对学生的身心造成无法弥补的创伤，不利于学生的健康成长。最后，体罚学生不利于教师和学生建立平等、友爱、和谐、良好的师生关系，不利于教学活动的开展。学生只有亲其师，才能信其道。

(9) 你不喜欢什么样的学生?（你喜欢什么样的学生）

学生既是一个群体又是一个独立的个体，都有自己特有的个性和独特的优势，也有自己的缺点，因此学生本无好坏之分。我相信只要我们能真正地关爱学生，因材施教，每个学生都会实现自己的人生价值，成为有用于社会的人，因此我并没有不喜欢的学生。

(10) 你用什么办法让不喜欢你的学生喜欢你?

要让不喜欢我的学生喜欢我,最重要的是要让学生感受到我是喜欢他的,关心他的。首先要找到学生不喜欢我的原因,然后对症下药;其次用自己的爱心、责任心、人格魅力、学识魅力来让学生喜欢我。我相信只要用心地对待每一个学生,不喜欢我的学生最后也会喜欢我。

(11) 激励与批评都是教育手段,你倾向于哪一种?

激励和批评这两种教育手段,都有各自的优缺点。教师在教育学生的时候应根据具体情况来区别选用。比如,对于那些屡教不改的学生,我倾向于用批评的教育手段。对于那些很有自知之明的学生,我倾向于用激励的教育手段。

(12) 谈谈你对"捧着一颗心来,不带半根草去"这句话的看法?

"捧着一颗心来,不带半根草去"是我国著名教育家陶行知先生的名言,表达了一种无私奉献的高尚精神。作为教师,我们应该有一种无私奉献的精神,尤其是在当今这个物欲横流的社会。首先,教师在工作时应该全心全意,抱着一颗关爱学生、为学生负责的心认认真真、踏踏实实地工作。其次,教师在工作时不要太在意物质上的得失,更重要的是要让学生健康快乐地成长,全面发展。

(来源:http://www.shucunwang.com/wenku/jianli/mianshiwenti/66105.html)

(二) 追逐梦想、拥抱未来:一名毕业生的求职心得

亲爱的师弟师妹们:

你们好!我是来自外语系2009级国际贸易专业的毕业生翁晓芬。自走出校园到今天已有三个多月了,这三个多月来,我的感触很深,我从一名学生到客服专员,从客服专员升到学员班导,从学员班导提升到人力资源部经理助理,这其中的艰辛和不易,我永远都不会忘记。现在我很高兴能跟大家分享求职的过程。

走出校园的时候,我怀着一个和大多数毕业生一样的梦想——找一份理想的工作。

记得刚开始找工作时,我无比兴奋,我甚至认为只要我想要的工作,我便可以得到它。第一次参加面试时,我面试的是经理助理职务,当我满怀信心地想向面试官介绍自己的时候,面试官却无情地说:"你不适合做这份工作。"无疑,听到这话后我感到一阵心痛。我突然意识到找一份好工作比我想象中的要难,但我不会放弃,他说我不适合,那我便要让他后悔,证明是他失去了一个人才。因为我相信,只要努力,我就可以做到!来到深圳,是我追逐梦想的第一步。在深圳高管人才招聘会中,无疑,我很渺小,但我还是选择了一份当时招聘会上薪资最低的职位,经过重重筛选,我被聘用了。从此,我真正进入了社会,走上了工作岗位。记得我上班的第一个月,站岗训练、礼仪训练、语言训练、主持训练等很艰辛,一天只睡四五个钟头。有部分同事因受不了这种训练,哭着打包走人了,那一刻,我也受到了影响,但回头想想,我们在企业学的都是在课堂上所学不到的东西,若我走了,那我就学不到了。我有梦想,所以我要坚持下去。我把每天要做的事都记在本子里,结尾处写上加油、坚持、yes等字样。累的时候,我就对自己说:"再坚持一下就好了。"这样,我顺利地通过了试用期,填写了转正书,薪资也随着提升了。如今,我已进入公司的人力资源部工作,我的第一个工作目标实现了。我想曾经那个说我不适合做助理工作的人知道的话,那他会后悔的。

坚持不懈的人是不会放弃每一个机会的,只要充满自信,机会自然就会有的。面对现今严峻的就业形势,我想向师弟师妹们说的是:

(1) 首先要相信自己,相信自己有能力成就自己的事业。

(2) 成就事业不是靠说、靠做梦，梦想是要靠行动来实现的，不然，它永远只是一个梦。

(3) 成就事业的途径是曲折的，只有坚持不懈地努力才有可能取得成功。

(4) 成就事业是要付出代价的，今天的付出就是明天的所得。

师弟师妹们，求职的道路是艰辛的，但只要有毅力，你们会走得比我更出色。

祝福你们！

翁晓芬

2012 年 5 月

求职的经验和心得

——刘津璐：喜来登大酒店西餐厅助理经理

毕业实习时，挤破头进入一家工作环境、福利待遇等各方面都满意的幼教机构。时常受到打击，又能擦干眼泪痛定思痛地继续勇往直前。认为勤能补拙，机会总是眷顾有准备的人，一步一个脚印地向着更高的职位前进：班组长，带头人，助理，园长，幼教领域的佼佼者，行业的明星……

相信很多同学在学业有成的时候，都会按照以上的思路憧憬自己在幼教领域美好的未来，并满怀信心地认为自己一定可以做得最好。我也一样，教育实习的时候每晚认真备课、准备教学用具，带班老师的多次夸奖让我觉得自己能够成为一名合格的教师，甚至有点飘飘然地认为，我以后就是备受瞩目的年轻有为的教育工作者。

但是现在的我却在一家酒店工作，所有人都会觉得不可思议，也经常会被人问怎么会选择这样风马牛不相及的职业。我笑了，这真的就像是电视台采访我的时候记者给我配的画外音“误打误撞”。

时间倒流，回到毕业那年春天的某一天，那天我兴奋地攥着和诸多本科生竞争而来的就业协议，在回家的途中，看见了现在我所在的酒店的招聘现场。起初我并没有留意，认为自己是名准教师了，美好的未来就在前方，才不会去吃那份苦，做一个被人呼来唤去的服务员。

但是那个火爆的竞聘场面在我的脑海中久久不能散去。是什么让一个服务员的工作如此的炙手可热？“你不了解酒店这个行业！”心里这个念头劝说着自己。对啊，我不了解。两年的专科学习使我了解的只是幼教这一个领域，真的要我和其他领域的人聊天，我也只会围着这一个话题转，绕着一个领域转圈圈，这是我要的生活么？这真的是我想要的未来么？经过一段时间的思考，我放下了已经获得的就业协议，写了份新的简历，来到该酒店应聘。

我真的对酒店一点都不了解，就连应聘的部门都是人事部随手帮我写的“餐饮部”。没有人看好我，甚至连我自己都泄气了。别人有的英级达到了专业八级，有的学过空乘，最差的也是旅游专业的专科生。我呢，专业不对口，学历一般般，能用上的也就只是哑巴英语。我亲手放弃了一份衣食无忧的好工作，来到酒店看别人的脸色，从天堂到地狱的感觉，真泄气。

面试过五关斩六将，但是过程出奇的顺利，而我也很幸运地被分到了餐饮部最优雅最全能的部门——西餐厅，开始了我的酒店生涯。优雅的工作环境，员工高雅的气质、丰富的服务经验、卓越的技术能力，都深深地刺激着我。同事们都是拥有 10 年以上西餐服务经验的老员工，个个都是我学习的榜样,我的压力可想而知。累的时候想到过放弃,甚至有些后悔当初。疲惫不堪的我,那时候根本没有什么职业目标。每天铺天盖地的新知识,带班前辈的考察,还有客人提出的种种难题就已经让我无暇顾及其他,何谈目标和计划,每天能做的就是咬牙坚持,想着像前辈们一样出色,想着机会总会眷顾勤奋的人。

奥运会过后,我在工作期间的表现以及较强的学习能力得到了领导们的一致肯定,决定让我去参加天津市的服务技能大赛。在高手如云的比赛现场,我再一次怀疑自己的能力。直到以初赛第一的成绩进入了决赛,又在决赛中获得了第三名,我的斗志一下子被点燃了。光明的职业道路仿佛就此为我展开。

之后,我充满激情地工作。不再有之前的犹豫和彷徨,一切也都顺风顺水。我在一个对我来说很陌生的行业得到了一些肯定,这对我来说是极其重要的。2009 年,我再接再厉,参加了集团"成功转型为主管"的课程,成了一名预备主管;参加了全国酒店业服务技能大赛,获得了金奖,并获得了高级服务员、天津市十佳服务师、酒店服务名师等诸多光荣称号,再一次证明了我的实力,同时也给自己了一个肯定,我没有输掉"转行"这一盘棋。

同行的鼓励、客人的赞誉并没有让我迷乱了双眼,熟练的专业技能让我能有更多的时间审视自己的这份职业。酒店业人才辈出,以我现在掌握的这些浅显的知识显然不足以在酒店业驻足。唯有加强自己在相关方面的知识和修养才是根本。我打算用两年的时间来深造,拿到天津大学的本科学位,并在期间穿插各种培训,包括调酒、英语,以及管理学。我深知人不能故步自封,因此也将随时准备着接受工作中的挑战,力争在 30 岁之前做到在自己所在的领域中独当一面。

现在的我已经成为餐厅经理助理,带领我的年轻的团队奔跑在酒店的一线。我想我是幸运的:刚刚开始工作就参加了奥运会的服务工作,懵懵懂懂中得到了各种奖励。在工作中有各种机会接待各界的领导,达到了当初选择酒店业为了看看世界的目的。

有的人总会轻视酒店业的服务员,甚至有的家长教育孩子时会说"不好好学习,以后就会像他们一样伺候人!"遇到这种情况我总是报以微笑,燕雀安知鸿鹄之志,不知者不怪。一个人不能看轻自己,更不能看扁自己的职业。我就是个小小的服务员,服务的过程以及客人报以的感激或满意的微笑都会让我觉得满足。这,就是我的职业。

点评:刘津璐是个成功者,她以一种另类的方式完成了从转行、打拼到成熟的职业转折。回溯她的成长经历,在为她的职业发展而赞叹时,我们发现在她身上许多看似偶然的选择其实都蕴含着一种必然。

转行,对许多毕业生来说多是一种无奈的选择,他们必须放弃既有的职业理想,舍弃专业,重新开始。刘津璐在其职业上升期所尝试的向未知行业大跨度的转行,先要完成对适合自己发展的职业目标的重新定位,这需要勇气和付出更大的努力。同时,从她转行成功的案例中我们发现,比起在校期间学习的专业理论技能,更重要的是一个人的职业信念、职业态度和职业素养。

打拼是在艰苦环境中的职业奋斗,刘津璐在转行后面临的是比其他人更多的困难,抱定"机会总会眷顾勤奋的人"的信念,认准目标一路走来。打拼不是盲目的挣扎,是在既定目标的驱动下,锲而不舍地努力奋斗,并伴随着成功的喜悦。

许多年轻人会问自己,什么是成熟的标志?如果每做一件事,都能成功地实现自己预定的目标就是成熟。从刘津璐职业成功的经历中我们看到,目标不论大小,都要订得合理,从易到难，这样容易实现，就不会有挫败感。刘津璐准备去大学深造，力争 30 岁前成为本领域独当一面的人才，这就是她的下个目标。

刘津璐之所以能成功，是因为她每天生活在对自己生命价值的设计之中。

【探索与思考】

1. 毕业生求职过程中应注意哪些问题?

2. 成功应对面试应注意哪些问题?

第九章

就业程序与求职陷阱预防

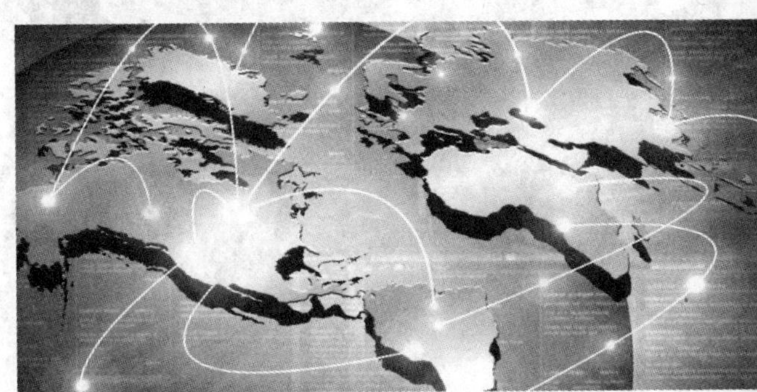

JIUYECHENGXUYU
QIUZHIXIANJING
YUFANG

本章导学

促进毕业生充分就业是高职院校当前和今后一个时期的重大而艰巨的任务。实现毕业生充分就业，是落实科教兴国战略，全面建设小康社会的客观需求。解决毕业生就业问题，不仅关系到毕业生的切身利益，也关系到科教兴国战略的顺利实施。

不为失败找理由，要为成功找方法。

——美国西点军校

智慧、诚信、勇气是成功的特质。

——马云

第一节　毕业生派遣与报到

一、毕业生就业工作流程

(1) 毕业生与用人单位进行双向选择。

①前往用人单位应聘。②参加供需见面会。③学校推荐。

(2) 毕业生与用人单位双方达成就业意向。

①用人单位能解决户口。②用人单位不能解决户口。

(3) 用人单位所在地毕业生主管部门签发录用函。

①师范生：教育局；②非师范生：人事局。

(4) 毕业生领取就业协议书(该程序亦可提前)。

(5) 毕业生与用人单位签约，一式三份，把其中一份已签订的就业协议书交回学校，以便学校保存、统计、上报就业方案。

(6) 学校就业办对就业协议书进行鉴证登记。用人单位签署意见、盖章后交给系部签署意见，再交给学校以便制订就业方案。

(7) 学校就业办制订毕业生就业建议方案，上报省毕业生就业主管部门审批。

（8）省毕业生就业主管部门制订全省高校毕业生就业方案，上报教育部。

（9）教育部向各省市下达高校毕业生就业建议方案，作为大学生入户的依据。

（10）毕业生办理离校手续，领取就业报到证。需办理的离校证件主要有：毕业证、就业报到证、户口迁移证明、党团组织关系。

（11）毕业生到用人单位所在地毕业生主管部门办理报到手续。

（12）用人单位办理毕业生接收手续。

二、毕业生就业派遣规定

在规定时间内落实了工作单位并签订了就业协议书（必须有厅级或局级主管部门的签章）的毕业生，应及时回学校签章登记，学校就业指导中心审核、省就业指导中心审批同意后，学校将其列入就业计划并于规定时间前派遣。对于在规定时间内未落实工作单位的毕业生（办理暂缓就业者除外），省就业指导中心将其派遣关系统一发回生源地人事局（师范生的发回生源地教育局），报到证、本人档案、户口关系等资料由学校统一转回生源地毕业生就业服务机构。

由用人单位、学校和毕业生本人签订的就业协议书，要统一汇总纳入学校的毕业生就业建议方案，报上级就业主管部门调整平衡，形成正式毕业生就业建议方案下达执行。

三、毕业生派遣单位

（1）派遣到市属国家行政机关、事业单位。申办时需提交的材料：①毕业生的派遣证及毕业证。②进人单位接收毕业生的函件。③进入事业单位的，要有《进人卡》。④进入国家行政机关的，要有《公务员录取通知书》。人才中心收到齐全材料后报请局分管领导或局长办公会议审批，在七个工作日内把调动手续办妥或给予明确答复。

（2）派遣到企业及其他单位。申办时需提交的材料：①毕业生的派遣证及毕业证。②进人单位接收毕业生的函件。非公有制单位接收毕业生时，需提供企业工商注册副本的复印件或单位经审批成立的文件复印件，以及申办所聘大学生的人事代理。人才中心收到齐全材料后，在一个工作日内把调动手续办妥或给予明确答复。

四、派遣与报到证

（1）凡能获得毕业资格的应届毕业生，由省级毕业生就业指导中心审批后发出毕业生就业派遣报到证，毕业生持报到证到就业单位报到。

（2）应届毕业生如在毕业派遣前在学校申报了出国留学或移民、投资等，按省教育厅规定，不予发放毕业生就业派遣报到证，不能派遣，其户籍关系和档案分别移交生源地户籍管理部门和毕业生档案管理部门。

（3）因学业成绩不合格或其他原因不能获得毕业资格只能结业的应届毕业生，按省教育厅规定，不能派遣。如本人确定已落实就业单位，并要求派遣者，按省就业指导中心规定，可以发放就业派遣报到证，但必须在报到证上“备注”一栏内写上“结业生”。

（4）毕业生到就业单位报到时需要提供的证件和材料：报到证、户口迁移证明。党员需向接收单位的党组织交介绍信，团员需向接收单位的团组织出具团员证。另外，有的单位在毕业生报到时，需鉴证毕业证书和职业资格证书。有的单位还要求毕业生出具该单位签订就业协议书时发给毕业生的接收函。

五、毕业生报到须知

(1) 凡未落实工作单位的毕业生，其报到证开到“××市人事局”或“××市高校毕业生就业指导中心”等机构，有些报到证备注栏内还要具体注明生源所在人事局，毕业生持报到证到指定的机构报到，档案随报到地点转寄，应届毕业生应在毕业当年7—10月份对档案去处进行核查，以防遗失。

(2) 报到证开到用人单位的毕业生，直接到用人单位主管部门报到，档案在其人事部门核查收管。

第二节　毕业生改派手续及档案

毕业生因特殊原因要离开原报到单位到新单位工作，需要办理改派手续，将签有原就业单位的报到证、户口迁移证明改往新的工作单位。

一、毕业生改派需准备的材料

(1) 退函：原接收单位及其上级主管部门同意改派并出具的书面材料。

(2) 接收函：新接收单位出具的经其上级主管部门批准同意接收的书面材料。

(3) 毕业生本人申请改派的书面材料和原就业报到证、户口迁移证明。

二、毕业生改派程序

(1) 本省内省直或省直以上单位之间调整的，持退函、接收函或就业协议书到省就业指导中心审批并办理改派手续。

(2) 本省内由地市级单位改派到省直或中央驻省单位的，持地市级毕业生主管部门盖章的退函和接收单位的就业协议书，到省就业指导中心办理改派手续。

(3) 本省内两个地市级单位之间调整的，持原单位所在地毕业生主管部门盖章的退函、就业报到证和接收函到省就业指导中心办理改派手续。

(4) 跨省区调整的，退函和接收函必须经过单位所在地省级毕业生就业主管部门盖章同意，否则无效。

三、毕业生档案

毕业生档案是大学生毕业前家庭情况、学习成绩、政治思想表现、身体状况等方面的文字记载材料。毕业生档案是用人单位选拔、聘用毕业生的重要依据。用人单位往往根据毕业生档案中所反映的德、能、才以及专业特长,将毕业生安排到适当的工作岗位上。因此,大学生毕业后,其档案能否准确、及时、安全地到达用人单位手中是非常重要的。

1. 毕业生档案的主要材料

毕业生档案的材料主要包括:

(1) 中学时期的资料。

(2) 毕业生登记表。

(3) 毕业生成绩登记表。

(4) 党团材料。

(5) 奖惩材料(含处分及先进登记表)。

2. 毕业生档案的迁移

学校派遣毕业生后,应将毕业生档案按规定寄送到有关部门:

(1) 部属全民企事业单位接收的毕业生档案,直接寄送到用人单位。

(2) 省、市属单位接收的毕业生档案,寄送到用人单位业务主管部门。

(3) 县及县以下所属单位接收的毕业生档案,寄送到县人事局。

(4) 三资企业、私营企业、股份制企业等无主管部门的企事业单位以及采用聘用方式录用毕业生的单位接收的毕业生档案,寄送到其人事关系委托代理的县以上人才流动机构。

在毕业生离校后两周内,学校将按毕业生报到证上的单位地址或就业协议书上的档案交寄地址,通过市机要通信局集中整理交寄毕业生档案。由于客观原因,有时交寄时间会延续至8月底或更长时间。

毕业生在报到后3个月内,应向就业单位人事主管部门了解本人档案是否已交寄到单位。若就业单位未接收到毕业生档案,毕业生可凭单位人事部门开具的证明到学校查询,或由单位人事部门向有关就业指导中心查询。

第三节 毕业生办理暂缓就业

毕业生因各种原因需要办理暂缓就业的按如下规定办理。

一、毕业生暂缓就业的范围

(1) 直到大学毕业,仍未落实就业单位的毕业生。

(2) 派遣前,用人单位仍在考虑而尚未签署接收意见的毕业生。

(3) 自主创办的企业、公司暂未获得有关部门正式批准的毕业生。

(4) 报考本科的毕业生。

二、毕业生办理暂缓就业的程序

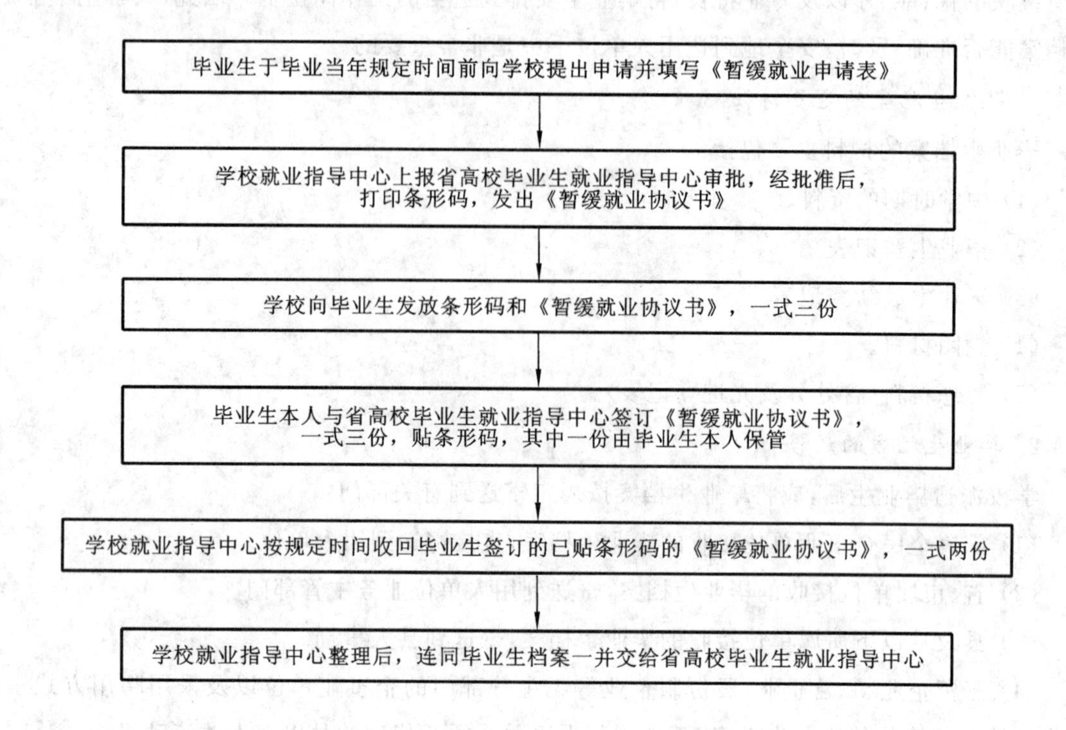

三、毕业生暂缓就业期间的档案管理

(1) 暂缓就业期间，毕业生档案由省高校毕业生就业指导中心统一管理，暂不发放就业报到证，不收档案保管费。

(2) 由省高校毕业生就业指导中心为报考本科、公务员的学生提供证明；

(3) 落实就业单位的毕业生，凭自己手中的《暂缓就业协议书》、就业单位开具的有效接收证明和学校开具的证明到省高校毕业生就业指导中心办理派遣手续和档案迁移手续，然后持就业报到证回学校就业指导中心开具户口迁移证明，再凭就业报到证和户口迁移证明到学校保卫处办理户口迁移手续。

(4) 若暂缓就业期满时，毕业生还未落实就业单位，由省高校毕业生就业指导中心将其档案转回生源所在地毕业生就业主管部门。

四、毕业生暂缓就业期间的户口管理

(1) 办理暂缓就业的毕业生的户口暂留学校 2 年。

(2) 在暂缓就业期间落实就业单位的毕业生，凭省高校毕业生就业指导中心签发的就业报到证和学校就业指导中心开具的户口迁移证明到学校保卫处办理户口迁移手续。

(3) 在暂缓就业期间未落实工作单位的毕业生，在期满后，由学校将其户口迁回生源所在地，不得以各种理由将户口空挂在学校集体户口上。

五、毕业生暂缓就业期间的党组织关系管理

(1) 暂缓就业的毕业生党员或预备党员的党组织关系,以系为单位,归学校党委统一管理。

(2) 毕业生党员定期向党组织交纳党费,原则上要参与党组织生活,确有困难者,经学校党委同意,可以书面形式汇报思想动态情况。

(3) 预备党员每半年以书面形式向学校党委汇报思想动态情况,转正手续找学校党组织按有关程序办理。

六、毕业生暂缓就业期满的处理办法

暂缓就业期满仍未落实就业单位的毕业生,按照《暂缓就业协议书》的规定,必须在暂缓期满后的十天内,由本人回学校按程序办理相关手续。对于期满不办理相关手续的,省高校毕业生就业指导中心将把报到证统一发到学校,由毕业生本人在一个月内到学校就业指导中心领取并办理相关手续。逾期不办的,报到证将由学校统一寄出,如有遗失,后果自负。

申请暂缓就业的手续,原则上应由毕业生本人办理,如确需别人代办的,代办人需凭申请人的亲笔委托书及身份证复印件和代办人身份证复印件到有关部门办理。

第四节 毕业生就业协议书

一、毕业生就业协议书签订指导

毕业生与用人单位通过双向选择确定劳动关系后,必须签订《全国普通高等学校毕业生就业协议书》(以下简称"就业协议书"),双方均须自觉履行协议责任。毕业生取得毕业资格后,由省高校毕业生就业指导中心下发《全国普通高等学校本专科毕业生就业报到证》(以下简称"报到证"),凭报到证办理户口迁移证明等手续。

就业协议书具有约束力,是毕业生落实就业的重要凭证,毕业生及签约者诸方应信守诺言,自觉维护毕业生就业秩序。

1. 就业信息网上登记

落实了就业单位的毕业生应及时与就业单位签订就业协议书。毕业生签订就业协议书后,应及时将就业协议书交给学校就业指导中心负责人登记、上网申报,学校就业指导中心审核后报省高校毕业生就业指导中心审批,审批通过后方能派遣。

2. 就业协议书遗失问题

毕业生应谨慎保管自己的就业协议书,互相借用、复印、涂改、伪造、变造的就业协议书无效。若就业协议书损毁,毕业生应凭原件和已签署学校意见的本人书面申请报告到学校就业指导中心换取新就业协议书。毕业生因特殊原因不慎丢失就业协议书而要求补发时,应由本人向学校就业指导中心提交:①已签署学校意见并盖章的书面申请书;②公安部门(派出所)出具的"报失回执"。学校就业指导中心接到补发申请后,需到省高校毕业生就业指导中心办理相关手续,并在15个工作日内予以答复。

3. 就业违约问题

毕业生应维护就业协议书的严肃性。毕业生与用人单位签订就业协议书后,原则上不得变动,不得单方面违约。因特殊原因确需重新签约时,必须按下列程序办理相关手续。

(1) 出具用人单位同意违约的证明。

(2) 向学校提出有充分理由的违约意向申请报告,学校经过实质审查后,决定是否予以批准。

(3) 得到学校批准后,本人持:①用人单位同意违约的证明;②已经签订的一式三份就业协议书;③本人违约申请报告(学校已签署审批意见);④新就业单位的接收函,到学校就业指导中心申请办理重新签约手续。

(4) 学校就业指导中心负责人签署批准意见。

(5) 毕业生领取新的就业协议书,办理新的签约手续。

二、学校、用人单位、毕业生的权利与义务

项 目	权 利	义 务
学校	◆了解用人单位的基本情况 ◆管理和规范毕业生就业工作 ◆审核就业协议 ◆维护学校声誉	◆推荐毕业生 ◆确保推荐毕业生资料的真实性 ◆按规定办理就业手续 ◆按规定寄送档案材料和协助保卫处办理户口迁移等手续
用人单位	◆在国家就业政策规定的范围内,通过双向选择自主录用毕业生 ◆到学校进行招聘活动,举办招聘会 ◆了解毕业生生源信息	◆在招聘活动中实事求是地宣传自身 ◆严格履行就业协议,按时做好接收毕业生的工作 ◆若违约应承担违约责任,还应给予毕业生适当赔偿
毕业生	◆了解国家就业方针、政策 ◆在国家就业政策规定的范围内,自主选择用人单位 ◆了解用人单位的基本情况 ◆参加公开竞聘活动 ◆通过双向选择自愿签订就业协议书 ◆男女毕业生有平等就业权利 ◆毕业生对用人单位的违约行为有要求用人单位承担违约责任和赔偿损失的权利 ◆对已签订的就业协议书有违约的权利	◆实事求是地介绍自己,保护原就读学校的技术秘密 ◆自觉履行就业协议 ◆服从国家需要 ◆承担违约责任

三、《全国普通高等学校毕业生就业协议书》签订的程序

(1) 毕业生先按就业协议书的“说明”填写好就业协议书中由毕业生填写的基本内容(一式

三份同时填写)。

(2) 毕业生与用人单位达成就业协议后,毕业生在就业协议书上签名或盖章,用人单位在就业协议书上签署意见并加盖公章。

(3) 用人单位报上级主管部门审批、签署意见、加盖公章。

(4) 用人单位在与毕业生签订就业协议书之日起的十个工作日内,将就业协议书寄送到学校就业指导中心。

(5) 学校就业指导中心鉴证后加盖公章,将就业协议书返回给用人单位和毕业生本人,同时列入毕业生就业建议方案。

四、《全国普通高等学校毕业生就业协议书》签订的程序流程图

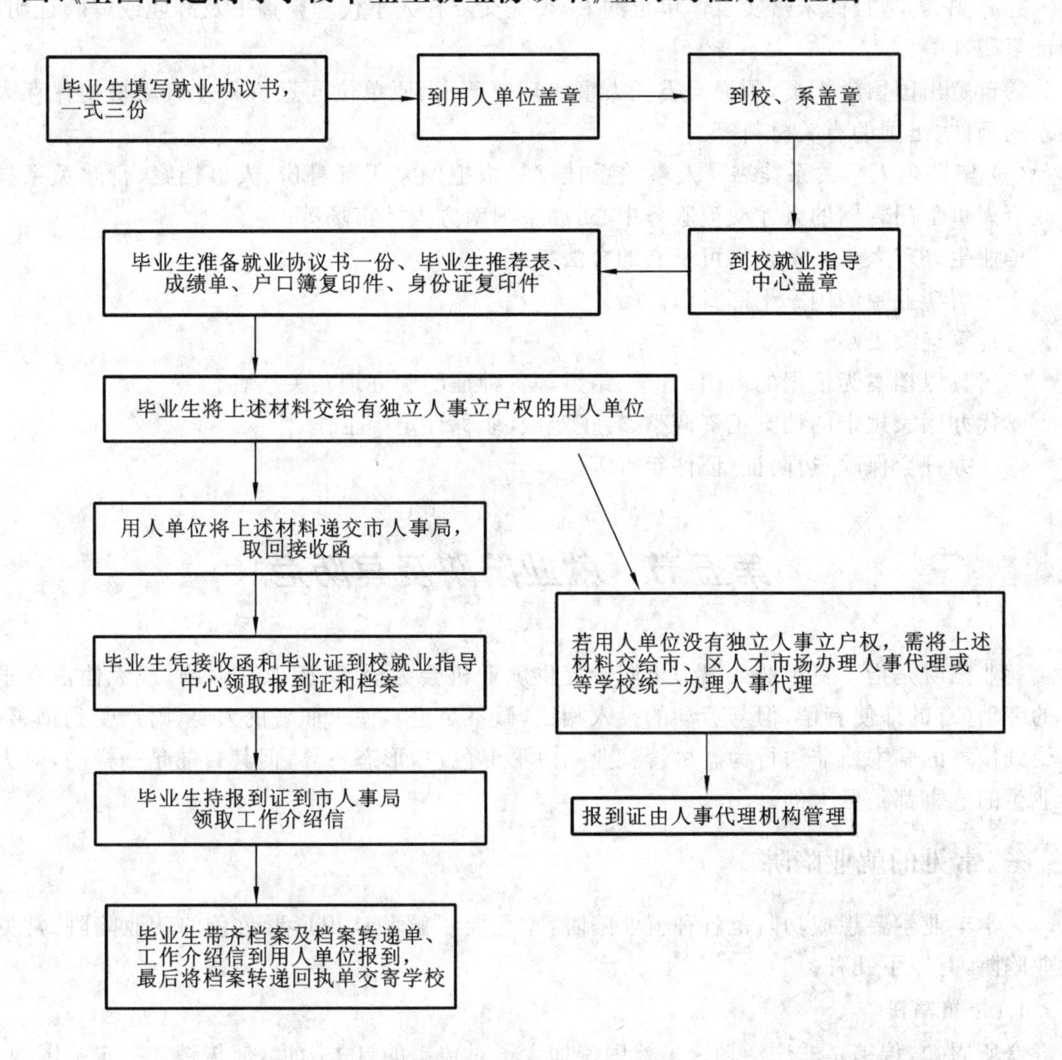

到民营私企、外资、独资、合资(含民办学校)等非国有单位就业的毕业生,其用工的性质属于聘用制的签约合同工,如毕业生的人事关系挂靠在人才市场或人才交流中心等人事代理部门,则必须与用人单位签署一式三份的就业协议书;如不需要办理人事关系挂靠或不解决户口迁移及落实问题时,可签署也可不签署就业协议书。

(1) 用人单位办理委托人事代理时,须向当地人才流动机构提交下列证件:

①委托人事代理申请书。

②企业营业执照(副本)复印件、企业章程复印件。

③单位批准成立的批件复印件。

④委托代理人员的履历表、身份证复印件。

⑤代理项目相关的材料。

(2) 个人办理委托人事代理时,须向当地人才流动机构提交下列有关证件:

①应聘到外地工作的人,须提交委托人事代理申请书、聘用合同复印件、身份证复印件、聘用单位证明信(证明其单位性质、主管部门、业务范围)等。

②辞职、解聘且尚未落实工作单位的人,须提交委托人事代理申请书及辞职或解聘证明、身份证复印件等。

③自费出国留学人员,须提交委托人事代理申请书、原单位同意由人才流动机构保存人事关系的函件、出国的有关材料等。

(3) 毕业生人事关系挂靠。人事关系挂靠是指把国家干部身份、人事档案、行政关系挂靠在政府人事部门管辖的人才交流服务中心,如中国南方人才市场等。

毕业生办理人事关系挂靠可享有的合法权益:

①保留毕业生的国家干部身份。

②计算连续工龄。

③出具以档案为依据的出国、升学、结婚等各种证明和办理相关事宜。

④代办国家规定的档案工资调整、转正定级、职称评定等工作。

⑤代办社会保险、边防证、证件年审等。

第五节 就业陷阱及其防范

就业陷阱是指不良企业或以为求职者提供就业机会为诱饵,骗取其财物,或无偿占有求职者的劳动(有的即使有偿,但与劳动的投入相比,微不足道),使求职者的人身、财产受到损害,利益受到侵害的骗术或非法行为。尽管就业陷阱形形色色,形态各异,但其目的是一样的,对大学毕业生的危害都是巨大的。

一、常见的就业陷阱

大学毕业生要想成功防范各种就业陷阱,首先要了解和认识形形色色的就业陷阱,常见的就业陷阱,有以下几种。

1. 传销陷阱

众所周知,传销是非法活动。虽然国家加大了对传销的打击力度,使传销在一定范围内、一定程度上得到了较为有效的控制,但是有的传销人员并未死心,他们转为“地下”活动。一些非法传销组织利用大学毕业生求职心切的心理,以知名企业或单位的名义招聘毕业生,或通过要求毕业生在网上投递简历等方式套取毕业生的通讯地址和联系方式,然后主动与毕业生联系,以到单位参加面试或实习为由,将毕业生骗至外地,收取其有效证件,控制其人身自由,强迫、诱骗毕业生加入非法传销组织,给毕业生造成巨大损失。

2. 高薪及其他承诺陷阱

"高薪诚聘,年薪××万""包吃包住,立即上岗""工作轻松,待遇一流"……翻开报纸,许多单位在招聘广告上做的承诺都会让求职者怦然心动、心驰神往。

俗话说"水往低处流,人往高处走",经过了"十年寒窗"苦读的大学毕业生,都希望能够找到一份理想的工作,这是情理之中的事。然而,近年来,由于国家机关分流人员、国有企业减员增效、一些用人单位人才相对饱和、毕业生自身期望值过高等原因,大学毕业生的就业压力越来越大,大学生就业难,甚至毕业后出现待业现象,已成为不争的事实。

上述情况,使一些毕业生产生急躁情绪,这是可以理解的。但是,毕业生在就业时,切莫因求职心切而忽视或放松甚至放弃了对用人单位的考察。

与此同时,一些用人单位恰恰利用了大学毕业生求职心切的心理和缺乏社会经验、单纯及易轻信别人等特点,在双向选择过程中或在招聘广告中介绍本单位情况时言过其实、夸大其词及避重就轻,或者使用一些笼统、含糊不清的词句,或者做一些让人心动的"承诺",以迷惑并吸引毕业生前来应聘。常见的"承诺"包括以下几种:

高薪承诺。通常在求职者的询问下,用人单位会给出一个较为含糊的月薪数字,这个数字看似很大,实际上猫腻很多:有的高薪是有附加条件的,比如,每月需要完成一定的业务量;有的高薪包罗万象,比如,有的部分张三有,也许李四没有,有的部分这个月有,下个月未必有。并且,很多单位在月底兑付时多半会给求职者"一刀",或称其工作量不饱和,或称其工作存在失误,或要扣除其伙食费。总之,想扣钱何患无辞。

职位承诺。社会上流传着一些顺口溜,比如"说是招经理,让你发小报""岗位是财务,工作在车间"等,这就是许多用人单位设置的"岗位陷阱"。毕业生到了用人单位后才发现实际从事的工作与所谓的"职位"相差甚远,这时才发觉上当受骗了,想再违约,就没那么容易了。

福利承诺。一些用人单位口头上给求职者许下的福利承诺格外让人眼红,如包吃包住、免费培训、每天工作8小时、提供劳保福利、年终发红包等,而实际上要得到这些福利又有许多苛刻的限定,要想实现,比登天还难。

3. 感情陷阱

不可否认,有时社会关系(如亲戚、朋友、老乡、同学等)在毕业生就业中起着重要作用,在提供就业信息、疏通就业渠道等方面发挥着学校无法替代的作用。但是,也有人会打着老乡、同学甚至亲戚的幌子介绍毕业生去工作,一不签合同,二不办手续,略有不满,就将其一脚"踢"出。也有人鼓吹自己如何"神通",非常热情地为毕业生寻找工作,在取得毕业生及其家长的信任以后,逐渐会提出各种要求,其结果往往是毕业生及其家长花了不少钱,所谓的工作却总是"空中楼阁""海市蜃楼"。因此,毕业生要切记,求职归根结底还是要靠自己,不要把自己的命运寄托在别人身上。

4. 合同陷阱

由于毕业生刚刚走上社会,对一些基本的法律法规知之甚少,因此,在与用人单位签订合同时,往往会落入用人单位设置的"合同陷阱"中。违法的劳动合同主要有以下几种表现形式。

霸王合同。一些企业,尤其是乡镇企业、私营企业和个体工商户,在与劳动者签订合同时,事先不向劳动者宣传《中华人民共和国劳动法》的有关内容,也不与劳动者协商合同的有关条款，而片面地仅从企业的利益出发，严重违反了订立劳动合同所应遵循的“平等自愿、协商一致”的原则，制定“一边倒合同”，用人单位在合同条款中处于主动地位，处处体现“我说了算”；而求职者在合同条款中处于被动地位。在合同中，只规定和强调了劳动者应承担的义务和用人单位的权利，而对用人单位的义务、劳动者的权利方面的内容规定少而空，甚至没有这方面的规定。

生死合同。这种合同的主要特征是劳动保险条款中有关病、伤、残及死亡的规定不符合《中华人民共和国劳动法》及国家社会保险的相关规定。发生上述情况，企业以较低的金额给职工一次性补偿，其支付的补偿金额远远低于医疗费用；或者企业以日工资或日补助费的形式支付职工劳动保险费用，职工一旦发生病、伤、残或亡，其医疗费用企业概不支付。签订这种“生死合同”的主要是建筑施工企业和私营企业。这些企业劳动保护条件差，设施不全，安全卫生管理不执行国家标准，加之追求利润而不在劳动保护和安全卫生上投入经费，生产中往往容易造成人员伤亡。

保证合同。一些用人单位为了确保劳动者履行自己的义务，在与劳动者签订劳动合同时让每个劳动者出具一份“保证书”，用人单位把一些不合理的要求写入保证书，附在劳动合同上，以此来约束劳动者。实际上，企业将劳动合同变成了“保证合同”，劳动者如有违约，即按保证内容和该单位的“土政策”加以处罚。

双面合同。一些用人单位，特别是建筑施工、商贸服务等用人单位，与劳动者签订真假两份合同。“假合同”是按照劳动部门的要求，用规范的文本签订的，用来应付有关部门的检查，在劳动过程中并不实际执行。而“真合同”则是按照用人单位的意愿，与劳动者签订的不规范的或违法的合同，用以约束劳动者。“真合同”只掌握在用人单位手里，有关部门也难以发现其中的奥秘，因此，具有较大的欺骗性。

5. 试用陷阱

用人单位通过求职者在试用期的表现来决定其去留本是一件无可厚非的事情，但近年来，不少毕业生遭遇这样的陷阱：一些用人单位(甚至还有一部分是知名企业)与很多毕业生(有的班级甚至有一半学生)签约，但在试用期即将结束时，以各种理由辞退了绝大多数毕业生，用人单位的这种考察毕业生的方式对毕业生造成的伤害太大。更有甚者，让求职者交纳一定数额的培训费，在试用期即将结束时，将求职者全部辞退，这样一来，求职者交了培训费不说，还很有可能给用人单位白干了几个月，这实际上把求职者当成了廉价劳动力。

6. 中介陷阱

一些中介机构，本身就没有中介许可证，有的即使有，也不包括职业介绍的范围，他们看到办人才市场和劳动力市场可以收取一定的摊位费后，便大做广告宣传，骗取大量职介费后，不负责任，携款潜逃。更有甚者，一些不法分子租一间屋，找两个工作人员，无证经营中介服务，他们与企业勾结，合伙蒙骗求职者，遇到有关部门检查时便人去屋空。说白了，这类机构就是所谓的“皮包公司”，他们到处行骗，却又无从查找，其手段原始，但隐蔽性却很强。奉劝毕业生不要到无营业执照和职业许可证的职介所去求职，一般应到大型劳务市场、人才市场求职，这样合法利益才能够有保障。

7. 抵押陷阱

虽然国家劳动部门早就明文规定：任何企业在招聘员工时，不得以任何理由、任何形式收取求职者的押金，或者以身份证、毕业证等作抵押。但是，目前仍有相当多的企业在招聘员工时或收取一定数量的现金作押金，或扣押劳动者平时应得的福利待遇或工资，或要求求职者提供身份证，理由是便于管理。作为广大求职者来说，有的人不知道企业收取押金、扣押身份证是非法行为，有的人虽然知道国家劳动部门的这一规定，但不交押金或不交出身份证作抵押，企业就不招聘，无奈之下只好交钱交证件。不少企业在收取押金或身份证之后，便为所欲为，如延长劳动时间、增加劳动强度、不改善生活条件等，令求职者干不下去，只好走人。有的求职者的身份证复印件被用来在某个地方注册另一家公司，求职者在不知不觉中成了公司的“总经理”，当然，如果该公司出了问题，很多责任得由求职者承担。因此，求职者对自己的私密性、个人隐私权要爱惜、要保护。

8. 网络陷阱

传统的集市型的人才交流市场通常受时间、地域等因素限制，不利于统一开放的大型人才市场的形成。而网上人才市场则突破了这些局限，通过四通八达的网络将各地人才市场联接在一起，打破了市场信息分割、封闭的局面，实现了市场信息的共享。网络的便捷、快速、成本低、信息量大等特点使得越来越多的企业和求职者选择人才交流网站作为招聘和求职的中介。在较大的求职网站里，你可以随时查询数万条信息。所有的工作类别和需求都可以在网络上搜寻，同时求职者还可以直接把履历表用电子邮件发给用人单位。求职者也可以经由网络了解用人单位的背景资料、运营状况等。网上人才市场以其独特的优越性和巨大的潜能，正在被越来越多的人所看好。利用网络求职的大学生也不在少数。

网上求职方便快捷、信息共享的优越性，确实是报刊、电视等传统广告载体与现场招聘会难以企及的。但凡事有利必有弊，网上求职也有其难以克服的障碍。如果轻易相信网上的招聘信息，可能会遇到比传统招聘形式更多的麻烦、更大的问题。

首先，网上人才市场缺乏相应的管理机构。网上招聘广告一旦引发问题，应聘者将投诉无门。有媒体报道，某大学一经济系女同学在网上按照一家公司的要求寄去个人求职资料后，很快就得到了答复，说她的条件很合适，但需要进行职业培训，要求她购买公司的培训教材。她寄去50元钱后，就再也没有下文了。她想投诉这家公司，但既没看到这家公司的营业执照，又不知道公司地址，实在不知道怎样将其诉诸法律。无独有偶，想为自己找份兼职工作的某外语学院女生余某，在网上看到一则招聘翻译员的信息后，按对方提供的邮箱发去一封应聘信，很快就有了回音，经过网上测试，对方通知她被“正式录用”了。工作方式是对方通过网络将需要翻译的东西发到余某的邮箱，余某翻译完后再发送回去，每月底按工作量付酬。余某通过此方式为对方翻译了不少文件及技术资料等，但到了该结算酬劳时，对方却迟迟不将钱汇入她提供的账号。余某这才知道是上当受骗了。

其次，网上求职还涉及隐私权问题。由于网络的安全性还比较差，个人或企业在网络上输入的信息，有可能被他人窃取、利用，造成名誉上、经济上的损失。

另外，与其他广告载体相比较，网上招聘广告的真实性也值得推敲。各类人才招聘网站良莠不齐，特别是小型人才招聘网站，信息量明显欠缺，在这些网站上张贴的招聘广告中，过期未更新的职位有很多；有的招聘信息虽未到期，但职位已招满，已经成为无效信息，但由于企业交了钱，自然不愿被提前删除，便继续在网上张贴。还有很多小网站为了提高自己的信息量和访问量，从其他大网站上拷贝、下载一些即将过期的招聘信息，虽然招聘信息的内容没错，但小网站在完成下载、处理、制作等程序后，绝大部分招聘信息已经过时无效。还有一些人才招聘网站发布招聘信息时，将招聘单位的地址、电话、电子邮箱等信息都撤换掉，致使求职过程多了一道关卡，不少求职信件寄不到招聘单位，耽误了求职者的宝贵时间。

就业陷阱形形色色，但大多有下列几点特征：

(1) 不是经过工商部门注册的正规公司。不刊登公司的名称，或只刊登邮政信箱号码、电话号码，却不知道该公司的具体位置、经营何种产品或服务，所要求的条件也含糊不清。

(2) 职位不具备资格、条件或条件过于宽松。任何正规经营的公司招聘员工时，都不会无故征人，因为每增加一名员工，其就要增加一份经营成本。只有骗子才会利用人的弱点，引诱他人上当。对于无条件或条件过于宽松的职位，用人单位通常会有特别的用意，最起码说明这个职位不受重视，人人可做，随时可能被替换掉。

(3) 职位名称好听，但不符合实际功能。招聘"培训干部""行政助理""业务经理"等，名称不错，但没有具体说明实际工作的内容和该职位所要担负的责任。

(4) 不符合市场行情的高薪。每一个职位都有它的市场行情，刚刚走上工作岗位的毕业生没有工作经验，不具备任何技术职称，用人单位却愿意付出相当高的薪水，那么，毕业生要付出什么样的代价，应当心知肚明。

二、就业陷阱的防范

在充分认清就业陷阱的基础上，如何防范就业陷阱便显得易如反掌了。常言说"见怪不怪，其怪自败"，对于就业陷阱，只要毕业生提高自己的警惕性，增加对相关知识的了解，就可以在求职过程中避免踏入就业陷阱，提高就业的成功率。

(一) 就业陷阱防范意识的培养

1. 毕业生应加强相关法律法规的学习

一些与求职就业密切相关的法律法规、文件，如《中华人民共和国劳动法》《中华人民共和国合同法》《普通高等学校毕业生就业工作暂行规定》《关于进一步深化普通高等学校毕业生就业制度改革有关问题的意见》《国家公务员暂行条例》《中华人民共和国企业劳动争议处理条例》《职业介绍规定》等，对大学毕业生就业时的权利与义务做了详细的规定。大学毕业生在求职前或求职过程中，应主动学习这些法律法规和政策，提高自己的求职素质和独立思考能力、明辨就业陷阱的能力。比如，劳动部、公安部及全国总工会于 1994 年发出通知规定：企业不得向职工收取货币、实物等作为"入厂押金"，也不得扣留或者抵押职工的居民身份证、暂住证和其他证明个人身份的证件。若毕业生了解了这一通知内容，遇到招聘单位向自己收取抵押金、风险金、报名费、培训费等时，就会坚决拒交了。

2. 毕业生应树立正确的就业观

不可否认，市场规律给就业观念带来了巨大冲击，但不能以此作为就业观念的基准。不正确的就业观会使毕业生在择业中迷失自己的方向，不能客观地评价自己，不能准确地自我定位。过高的期望值和功利性的就业观会使毕业生在就业时，把经济收入因素放在首要位置，对工资待遇、奖金、福利、住房等因素过于关心。这些都会使毕业生在就业时迷失自我，落入"高薪诱惑"的陷阱。

3. 毕业生应保持良好的就业心态

再完美的陷阱都有它的破绽，甚至有的陷阱本身就漏洞百出，然而不少毕业生在就业时缺少良好的就业心态，在心理认识和感性认识上出现了对客观事物认识的偏差，失去了应有的判断力，结果落入了就业陷阱。因此，毕业生在就业时，应保持良好的就业心态，这对防范就业陷阱有重要的作用。当毕业生出现以下几种不良的就业心态时，就应提高警惕了。

(1) 急于求成。急躁是毕业生常见的一种心理，是毕业生在就业过程中焦虑心理的一种特殊表现。尤其是在就业屡屡受挫，工作迟迟未能落实的时候，毕业生普遍都有急躁的心理，这会使他们在就业过程中产生急于求成的心态。正是这种心态促使毕业生慌不择路、病急乱投医。这种心态的存在使毕业生对就业陷阱失去了应有的警惕，恨不得天上掉馅饼。面对就业陷阱，他们以为求职有了转机，对用人单位也不仔细考察就匆匆签约。

(2) 贪图虚荣。由于虚荣心作怪，一些毕业生在选择职业时，不顾现实条件的限制，一心想找一份让人羡慕的职业，而对渴望经济独立的大学生而言，高薪无疑是令人羡慕的。一些用人单位正是把握了毕业生贪图虚荣的心理，给他们设置种种极具诱惑力的陷阱。

(3) 消极依赖。一些自卑、怯懦的毕业生过低地评估自己，总是自惭形秽，自己看不起自己。在求职择业中，他们往往缺乏自信心和勇气，不敢竞争。在屡遭挫折之后，这些毕业生更容易产生强烈的自卑心理，胆小，畏缩，觉得自己事事不如人，对自己寻找工作失去了信心，继而产生了消极依赖的心理。他们寄希望于父母、亲戚、朋友及老乡，不少毕业生因此落入了感情陷阱。

(二) 就业陷阱的防范对策

对就业陷阱有了防范意识，毕业生已经迈出了防范就业陷阱的第一步，接下来，毕业生还要掌握基本的对就业陷阱的防范对策。

(1) 对就业信息的防范。不论就业陷阱如何设置与变化，都要提供、发布就业信息。因此，就业信息既蕴藏着机会，也可能潜伏着陷阱。毕业生面对林林总总、良莠不齐的就业信息，需擦亮眼睛，仔细辨别，要学会去伪存真。

首先，要对获取就业信息的途径有所了解。一般来说，从学校就业指导部门、高校或当地毕业生就业主管部门组织的毕业生供需见面会和人才招聘会、正规权威的人才招聘类专业网站、值得信赖的社会关系、广播、电视、有权威的报纸和杂志等途径获取的就业信息比较真实可信。

其次，对于自己重点关注的就业信息，即使其来源可靠，毕业生也要对其内容做进一步的核实，防止就业信息中包含夸大、不实的部分。毕业生在投递简历前，应充分了解用人单位的情况，可以托人打听，可以向老师咨询，当然，最让毕业生放心的还是眼见为实，自己亲自到用人单位去看一看。

对就业信息进行认真的分析，从一定程度上可以使就业陷阱无法向自己靠近。

(2) 对中介机构的防范。如果毕业生希望通过职业介绍所等中介机构进行就业，那么，对中介机构的防范是必不可少的。

首先，要弄清楚所选的中介机构是否合法。正规的职介机构具有合法的经营资格，并处于管理部门的严格监督之下。一般，职介机构必须经劳动行政部门批准，必须持有劳动和社会保障行政部门核发的《职业介绍许可证》及人事局给从事人才交流的中介机构核发的《人力资源服务许可证》。“两证”中至少具备其中一证的中介机构方为正规合法的，否则就是非法职介机构。那些无营业执照，《无职业介绍许可证》或《人才交流许可证》，无固定办公地点的非法中介机构常常以“找不到工作不收费”为幌子，专门设置在一些正规中介机构旁边，伺机寻找“猎物”，诱惑求职者入套，趁机敲诈勒索求职者。为了确保自己的合法权益不受损害，求职者千万不要为贪小便宜而和非法职介机构打交道，否则，难免会上当受骗。

其次，即使是合法正规的中介机构，还要看其运行、操作过程是否合法。一些中介机构虽然取得了营业执照和许可证，但如果缺少严格有效的管理，也会做一些损害求职者利益的事情。

再次，仔细了解中介机构的收费情况。劳务骗子的收费项目很多，包括证件费、试工费、服装费、押金、体检费、培训费等，而且，仅给缴费者出具普通收据。正规的职介机构的收费必须严格按相关规定执行，而且必须开具有效的票据。求职的大学生一定要向收费的职介机构索要税务局或财税局核发的正式发票。有了正式发票等于多了一道护身符，一旦发现上当受骗了，可以凭发票编号找到该机构的法定代表人和领票人。正式发票是维权的依据，而普通收据是难以成为法律依据的。

(3) 对面试的防范。大多数用人单位都会提出面试的要求。就业陷阱的设置者，也大多以面试为幌子，对求职者进行欺骗。因此，面试也是毕业生需要特别防范的环节。如果条件允许，毕业生应避免单独应试，尤其是女大学生更要避免到私人场所去面试。正常的面试，用人单位一般会安排在白天，面试地点也大多安排在用人单位，面试的时间、地点一经确定，没有特殊的原因一般不会改变。如果用人单位要求求职者夜间面试，或要求求职者前往非上班地点面试，或无故要求更换面试的时间、地点，这时，求职者就需要提防就业陷阱。

在人才招聘市场中，常有人利用大学毕业生急于求职的心理，诈骗大学毕业生，伪造招聘信息，或拿来现成的招聘信息改头换面，然后通知大学毕业生前往面试，要求大学毕业生出发前把面试费汇到他们的某个账户，金额一般为50～200元不等。其实，招聘面试是一个双向选择的机会，无论是求职者还是用人单位，并没有为对方提供任何具体的服务，所以根本不应涉及费用。

另外，毕业生到外地参加面试时，不要轻易将身份证、毕业证等重要证件交予他人，遇到紧急情况，应设法及时向当地公安机构寻求帮助。

(4) 对签约的防范。签订就业协议书是一种法律行为，就业协议书一经签订，便视为生效合同，具有法律效力。签订就业协议书，既是确认签约双方权利和义务的必要程序，又是处理就业纠纷的主要依据，毕业生应该正确认识和严肃对待就业协议书，慎重签订就业协议书。

对于选择和确定职业这样一件人生大事，毕业生应当慎之又慎，不能仅凭用人单位的一面之词就与之签约，要能从其既多且杂、异常动听的介绍或招聘广告中识别出“美丽”的谎言，获取其中有用的信息。在与用人单位签约前，毕业生应对用人单位的运行情况、拟安排的工作岗位和工作内容、工作条件、用工制度及工资报酬、住房、福利保险等各项内容进行详细了解，做到心中有数，以免日后产生不愉快或纠纷。

毕业生要仔细研究准备签订的就业协议书，协议内容必须公平、公正，明确双方的权利与义务。就业协议书应对服务期、工作岗位、工作内容、劳动保护、工作条件、工资报酬、福利待遇、劳动纪律、协议终止条件、违反协议的责任等做明确规定。

需要提醒毕业生的是，一定要签订合法、有效的就业协议书，切记避免口头协议，特别是涉及工作内容、工资报酬、福利待遇、违约责任等敏感内容时，毕业生要尽可能与用人单位达成书面协议。

(5) 发觉被骗，及时报案。毕业生如果一旦发觉上当受骗了，要及时向用人单位所在地的人事局、劳动局监察大队或公安局派出所报案，寻求法律保护。但由于就业陷阱诈骗往往涉及公安、工商、劳动、人事等部门，求职者应该根据具体情况选择最有效的投诉部门，若被投诉对象为合法机构，求职者可以找劳动部门；若被投诉对象为无证无照经营的职介公司，求职者可以同时投诉到工商、劳动部门；若求职者的受骗情况特别严重、诈骗金额大，可以到公安部门进行报案。

总之，只要毕业生有防范意识，掌握防范对策，就能够识破就业陷阱。另一方面，毕业生也不能因为就业陷阱的存在就对求职就业产生消极恐惧的心理，在就业的道路上束手束脚，这同样不利于就业目标的实现。

【探索与思考】

1. 简述毕业生的就业工作流程。
2. 毕业生如何做好就业陷阱的防范？

第十章

大学生就业权益

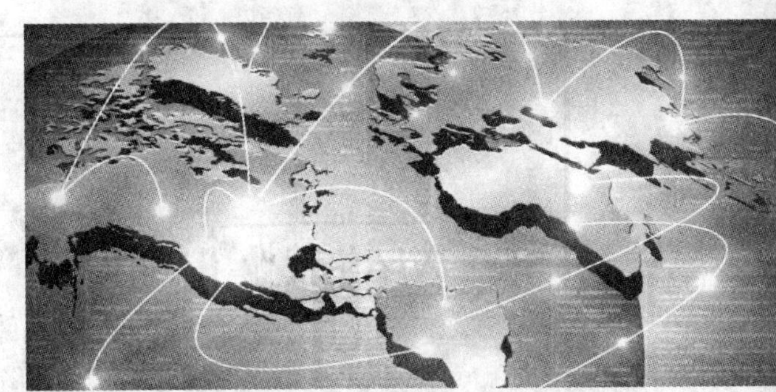

DAXUESHENGJIU
YEQUANYI

本章导学

就业是民生之本。由于就业法规、就业市场和大学生自身素质等方面的不完善，大学毕业生会遇到各方面困扰。大学毕业生应该清楚自己的就业权益内容、就业面临的陷阱及应对措施。如何提高大学生的维权意识，完善大学生维权机制，保障大学生的合法权益，成了当下高校面临的一个新课题，开展大学生维权工作已成为新时期全面深化高等教育改革的必然要求。

大学生是有知识的劳动者，政府始终把大学生就业摆在重要位置。

大学生更要树立信心，以服务于中西部地区、服务于边疆群众、服务于农村建设为荣，也要不断加强自身实践能力，增加工作经验，树立自主创业意识。

——温家宝

第一节　大学生就业政策须知

一、大学生就业的基本政策

新中国成立以来，我国政治、经济体制发生了很大变化，高校毕业生就业制度也在不断发展变化。几十年来经历了由“计划分配”到“供需见面”、“双向选择”及一定范围内“自主择业”的改革发展阶段。

1. 计划经济体制下的“统包统分”

从新中国诞生起，我国建立了高度民主集中的计划经济体制，政府对高等教育按照计划经济模式进行管理，形成了由国家统一招生，统包学生所有费用，毕业生就业全部由政府按计划分配到全民所有制单位当国家干部的制度，即“统包统分”制度。

2. 社会主义市场经济初期的“双向选择”

1989年国家教委在《关于改革高等学校毕业生分配制度的报告》中指出，高等学校毕业生分配制度改革的目标是：在国家就业方针、政策的指导下，逐步实行毕业生自主择业，用人单位择优录用的“双向选择”制度。中期改革方案是根据当时的改革条件和环境制定的过渡性方案，这个方案实施初期，考虑到劳动力市场还没完全形成，毕业生仍然以学校为中介向社会推荐就业，在一定范围内“双向选择”。

社会主义市场经济初期的“双向选择”的毕业生就业政策实现了人才资源的合理配置，促进了我国的经济发展；扩大了用人单位选才的自主权，有利于用人单位择优选才；扩大了高等学校的办学自主权，促进了学校的教学改革，增强了学校适应社会需要的主动性和积极性；扩大了高等学校毕业生择业的自主权，有利于大学生发挥自身的素质优势；转变了在校大学生的思想观念，提高了他们的学习积极性和竞争意识；保证了企事业单位和基层科研、教学、生产第一线的人才需要。

3. 社会主义市场经济体制改革深化下的“自主择业”

1994年4月国家教委发出的《关于进一步改革普通高等学校招生和毕业生就业制度的试点意见》指出：高等教育是非义务教育，从招生开始，通过建立收费制度，改变学生上大学由国家包下来，毕业时国家包就业的做法。同时，建立相应的奖、贷学金制度，鼓励大学生努力学习，引导大学生毕业后参与人才市场的竞争，国家不再进行行政分配，而是以方针政策为指导，以奖学金制度和社会就业信息引导毕业生自主择业，逐步建立起“学生上学缴纳部分培养费用，毕业后自主择业”的就业体制。

到2000年，我国基本实现了毕业生新旧就业体制转轨。2002年开始，高校毕业生就业工作进入了一个新的阶段，国家更加重视毕业生就业工作。目前，市场机制在配置毕业生资源方面发挥着基础性作用，毕业生就业工作已经完全突破了“国家包就业”的观念和体制，形成了“由政府调控指导、学校推荐、毕业生和用人单位双向选择”的就业模式。

二、大学毕业生现行就业政策

（一）大学毕业生现行就业政策框架

（1）实行中央和地方两级管理，以地方管理为主的工作机制。各地区、各有关部门和高等学校建立高校毕业生就业工作目标责任制，明确工作目标，制订具体措施，解决实际问题，确保高校毕业生就业。

（2）积极拓宽毕业生就业渠道，引导毕业生面向西部、基层就业。拓宽高校毕业生到基层就业的渠道，鼓励高校毕业生到基层、中小企业和艰苦地区就业。各级政府积极为高校毕业生创造工作条件，主要充实城市社区和农村乡镇基层单位，鼓励毕业生从事教育、卫生、公安、农技、扶贫和其他社会公益事业。鼓励和支持毕业生到西部地区工作，到西部贫困县的乡镇一级教育、卫生、科技、扶贫等单位服务两年，服务期间计算工龄。

（3）培育和建设更加完善的毕业生就业市场。各级政府采取有效措施，积极推动高校毕业生就业市场建设，并与人才市场和劳动力市场相互贯通和资源共享。严格规范各种毕业生招聘会秩序，禁止以盈利为目的地举办高校毕业生招聘活动，切实维护毕业生的合法权益，保护毕业生的人身安全。

高校毕业生就业主管部门及其他部门建立用人单位招聘毕业生信用制度，对发布虚假招聘信息、利用招聘信息进行欺诈和损害毕业生权益的用人单位，将做出严肃处理。

(4) 建立高校毕业生社会服务体系，构建更加完善的毕业生就业工作服务体系。高等学校毕业生就业指导和服务体系建设是现代大学制度和教育教学改革的一项重要内容。

(5) 加大对毕业生就业工作的政策支持力度。深化人事制度和劳动用工制度改革，完善并严格执行职业资格准入制度。对于国家规定实行就业准入的职业，从业者和初次就业者必须取得相应资格证书后，方可上岗，对其中新增加的就业岗位，优先录用符合相应资格条件的高校毕业生。

党政机关录用公务员和国有企事业单位新增专业技术人员和管理人员时，主要面向高校毕业生，公开招考或招聘，择优录用。各级党政机关，特别是地(市)、县、乡级机关录用公务员时，严格执行“凡进必考”制度。

切实解决非公有制单位聘用高校毕业生的有关问题。积极放宽建立集体户口的审批手续，及时便捷地办理落户手续。用人单位要按照国家有关规定与所聘毕业生签订劳动合同，为其办理社会保险手续，缴纳社会保险费用，保障其合法权益。

(6) 建立完善的就业状况报告、公布、督查和评估制度。各省、自治区、直辖市正在建立并不断完善高校毕业生就业监测体系，科学、准确、快速地报告高校毕业生就业工作进展情况，及时公布当地高等学校的毕业生就业率。

(7) 鼓励自主创业和灵活就业。从事个体经营和自由职业的高校毕业生要按当地政府部门的规定，到社会保险经办机构办理社会保险登记手续，缴纳社会保险费。

鼓励高校毕业生自主创业，为其提供创业培训、项目开发、小额贷款和担保、税费减免、跟踪服务等一条龙服务。

(二) 促进大学生就业的政策

1. 大学生志愿服务西部计划

为鼓励高校毕业生积极参加大学生志愿服务西部计划，共青团中央、教育部、财政部、人事部联合下发了《关于实施大学生志愿服务西部计划的通知》(中青联发[2003]26号)，规定参加服务西部计划的大学生志愿者除了享受国家规定的高校毕业生就业优惠政策外，还可以享受以下优惠政策：

(1) 服务期间，享受一定的生活补贴(含交通补贴和人身意外伤害、住院医疗保险)。

(2) 服务期间，计算工龄，党团关系转至服务单位。本人要求户口和档案保留在学校的，按规定保留两年，在此期间，档案管理机构对保管其档案免收服务费用；本人要求将户口转回入学前户籍所在地的，公安机关按照规定为其办理落户手续，人事、教育部门所属人才交流机构负责办理相关手续，人事部门所属人才交流服务机构免费提供人事代理服务。大学生志愿服务期满落实工作单位后，公安机关按有关规定办理户口迁移手续。

(3) 服务期间，可兼职或专职担任所在乡镇团委副书记、学校及其他服务单位的管理职务。

(4) 服务期满考核合格的，报考研究生给予加分，在同等条件下，优先录取，具体规定在当年的研究生招生政策中予以明确。

(5) 服务期满考核合格报考党政机关公务员的，可适当加分，同等条件下，应优先录用，具体规定由省级公务员考试录用主管机关在当年招考中予以明确。

(6) 服务期满，对志愿者做出鉴定，存入本人档案。考核合格的，颁发证书，作为志愿者服务经历和就业、创业的证明。

(7) 服务单位应向志愿者提供住宿等必要的生活条件。在录用党政机关公务员和新增国有企事业单位专业技术人员、管理人员时优先录用、招聘志愿者。

(8) 服务期为1年、服务期满考核合格的，授予中国青年志愿服务铜奖奖章。服务期为2年、服务期满考核合格的，授予中国青年志愿服务银奖奖章，表现优秀的授予中国青年志愿服务金奖奖章，表现特别优秀的推荐参加中国青年五四奖章、中国十大杰出青年、中国十大杰出青年志愿者、国际青少年消除贫困奖等评选。

2. 引导大学生到基层就业的基础性政策

2005年颁发的《关于引导和鼓励高校毕业生面向基层就业的意见》(中办发[2005]18号)是引导大学生到基层就业的基础性政策文件，是"三支一扶""见习制度""特岗计划"等后续具体政策设计的依据。大力支持各类中小型企业和非公有制单位聘用高校毕业生；探索并建立高校毕业生就业见习制度；加大选调应届优秀高校毕业生到基层锻炼的工作力度；实施高校毕业生到农村服务计划；大力推广高校毕业生进村、进社区工作等指导性意见。

3. "三支一扶"(支教、支农、支医和扶贫)计划

根据国家人事部2006年颁布的第16号文件《关于组织开展高校毕业生到农村基层从事支教、支农、支医和扶贫工作的通知》的要求，以公开招募、自愿报名、组织选拔、统一派遣的方式，从2006年起连续5年，每年招募2万名高校毕业生，主要安排到乡镇从事支教、支农、支医和扶贫工作。工作时间一般为2到3年，工作期间给予一定的生活补贴。工作期满后，毕业生自主择业，择业期间享受一定的政策优惠。招募计划侧重于经济欠发达地区。

4. 农村义务教育阶段学校教师特设岗位计划(简称"特岗计划")

"特岗计划"通过公开招募高校毕业生到西部"两基"攻坚县县以下农村义务教育阶段学校任教，引导和鼓励高校毕业生从事农村教育工作，逐步解决农村师资总量不足和结构不合理等问题，提高农村教师队伍的整体素质。

"特岗计划"的教师聘期为3年。"特岗计划"的岗位设置相对集中，一般1个县(市)安排100个左右，1所学校安排3～5人。原则上安排在县以下农村初中及小学，适当兼顾乡镇中心学校。

1) 招募对象

全日制普通高校师范类专业应届本、专科毕业生；全日制普通高校具备教师资格条件的非师范类专业应届本科毕业生；取得教师资格，同时具有一定教育教学实践经验，年龄在30岁以下且与原就业单位解除了劳动(聘用)合同或未就业的全日制普通高校往届本科毕业生。

2) "特岗计划"的相关保障政策

(1) 参加过"大学生志愿服务西部计划"、"三支一扶"计划志愿服务且服务期满的志愿者和参加过半年以上实习支教的师范院校毕业生及生源地毕业生，在同等条件下，优先招聘。

(2) "特岗计划"教师在聘期内，由县级有关部门对其进行跟踪评估。对成绩突出、表现优秀的，给予表彰；对工作不扎实、不按合同要求履行义务的，要及时进行批评教育，督促改正；对

不履行合同要求的义务，经教育仍无转变，不适合在教师岗位继续工作的，应解除协议。

(3) 各设岗县(市)和学校，要为"特岗计划"教师提供必要的周转房，方便教师的工作和生活。

(4) "特岗计划"教师享受国家《关于引导和鼓励高校毕业生面向基层就业的意见》(中办发[2005]18 号)、《关于组织开展高校毕业生到农村基层从事支教、支农、支医和扶贫工作的通知》(国人部发[2006]16 号)和各省规定的有关优惠政策。

(5) "特岗计划"的实施可与"农村学校教育硕士师资培养计划"相结合。符合相应条件要求的特设岗位教师，可按规定推荐攻读免试教育硕士。特设岗位教师 3 年聘期视同"农村学校教育硕士师资培养计划"要求的 3 年基层教学实践。

(6) "特岗计划"教师 3 年聘期结束后，对考核合格、自愿留在本地学校的，经县级政府教育行政部门审核，县级政府人事行政部门批准，由县级教育行政部门办理事业单位人员聘用手续，按照有关规定办理上编制、核定工资基金等手续，并分别报省、市(州)人事、教育行政部门备案，同时将其工资发放纳入当地财政负担范围，保证其享受当地教师同等待遇。

(7) "特岗计划"教师在聘用期间，其户口根据本人自愿，可留在原籍，也可迁至工作学校所在地或工作学校所在地所属县城。

三、大学生专项就业政策

近年来，为支持大学生创业，国家和各级政府出台了许多优惠政策，涉及融资、开业、税收、创业培训、创业指导等诸多方面。

(1) 应届高校毕业生在毕业后两年内自主创业，到创业实体所在地的工商部门办理营业执照，注册资金(本)在 50 万元以下的，允许分期到位，首期到位资金不低于注册资本的 10%(出资额不低于 3 万元)，1 年内实缴注册资本追加到 50%以上，余款可在 3 年内分期到位。

(2) 应届高校毕业生新办咨询业、信息业、技术服务业的企业或经营单位，经税务部门批准，免征企业所得税两年；新办从事交通运输、邮电通讯的企业或经营单位，经税务部门批准，第一年免征企业所得税，第二年减半征收企业所得税；新办从事公用事业、商业、物资业、对外贸易业、旅游业、物流业、仓储业、居民服务业、饮食业、教育文化事业、卫生事业的企业或经营单位，经税务部门批准，免征企业所得税一年。

(3) 凡应届高校毕业生从事个体经营的，除国家限制的行业(包括建筑业、娱乐业以及广告业、桑拿、按摩、网吧、氧吧等)外，自工商部门批准其经营之日起，1 年内免交登记类和管理类的各项行政事业性收费。从事个体经营的高校毕业生免交的具体收费项目主要包括：

①工商部门收取的个体工商户注册登记费(包括开业登记、变更登记、补换营业执照及营业执照副本)、个体工商户管理费、集贸市场管理费、经济合同鉴证费、经济合同示范文本工本费。

②税务部门收取的税务登记证工本费。

③卫生部门收取的民办医疗机构管理费、卫生监测费、卫生质量检验费、预防性体检费、预防接种劳务费、卫生许可证工本费。

④民政部门收取的民办非企业单位登记费(含证书费)。

⑤劳动保障部门收取的劳动合同鉴证费、职业资格证书费。

⑥公安部门收取的特种行业许可证工本费。

⑦烟草部门收取的烟草专卖零售许可证费(含临时的零售许可证费)。

(4) 各国有商业银行、股份制银行、城市商业银行和有条件的城市信用社要为自主创业的毕业生提供小额贷款，并简化程序，提供开户和结算便利，贷款额度在2万元左右。贷款期限最长为两年，到期确定需延长的，可申请延期一次。贷款利息按照中国人民银行公布的贷款利率确定，担保最高限额为担保基金的5倍，期限与贷款期限相同。

(5) 政府人事行政部门所属的人才中介服务机构，免费为自主创业毕业生保管人事档案(包括代办社保、职称、档案工资等有关手续)2年；提供免费查询人才、劳动力供求信息，免费发布招聘广告等服务；适当减免参加人才集市或人才劳务交流活动收费；优惠为创办企业的员工提供一次培训、测评服务。

以上优惠政策是国家针对所有自主创业的大学生所制订的，各地政府为了扶持当地大学生创业，也出台了相关的政策法规，而且更加细化，更贴近实际。例如天津市为鼓励大学生创业，出台了注册“零出资”，住宅可经营的优惠政策。对于高校大学生申办公司，降低首次出资门槛，若高校毕业生申请注册资本50万元以下的公司，允许“零出资”进行工商登记，核发3个月有效期的营业执照；营业执照核准之日起3个月内注册资本到位10%，余额部分2年内缴足。申办个体工商户的大学生，可享受管理费、注册登记费、证照费等行政性收费全免的优惠政策。开辟“绿色通道”，对自主创业的大学生提供优先咨询、优先受理、优先登记的服务。针对大学生创业面临租赁、购买经营场地困难的实际情况，允许从事服务业、创意产业等行业的大学生创业者，将住宅作为经营场所和住所登记注册。

四、高校毕业生自主创业，可以享受的优惠政策

1. 小额担保贷款和贴息支持

①登记失业的高校毕业生自主创业，自筹资金不足的，可向当地指定银行申请不超过5万元的小额担保贷款；对从事微利项目的，还可获得贴息支持。

②自愿到西部地区及县以下的基层创业的高校毕业生，自筹资金不足时，可向当地经办银行申请小额担保贷款；对从事微利项目的，可获得50%的贴息支持。

2. 免收有关行政事业性收费

高校毕业生从事个体经营，且在工商部门注册登记的日期在其毕业后2年内的，自其在工商部门首次注册登记日起3年内免收管理类、登记类和证照类等行政事业性收费。

3. 享受培训补贴

离校后登记失业的毕业生，参加人力资源和社会保障部门举办的创业培训时，可享受职业培训补贴。

4. 免费创业服务

有创业意愿的高校毕业生，可免费获得公共就业服务部门提供的创业指导服务，包括项目开发、方案设计、风险评估、开业指导、融资服务、跟踪扶持等内容。

5. 高校毕业生办理社会保险

高校毕业生一定要关心自己社会保险关系的建立、转移和接续。大学生毕业后就业，有用人单位的，其所在用人单位应按规定为其办理参保缴费手续，建立社会保险关系；灵活就业的，本人应到当地社会保险经办机构办理参保缴费手续。用人单位和个人应按规定按时足额缴纳社会保险费。毕业生与单位解除劳动合同关系后，要按当地政府的规定，到社会保险经办机构

办理社会保险关系的中断或转出等事宜。毕业生在与新单位重新确立劳动合同关系后，应到社会保险经办机构办理社会保险关系的转移和接续手续。

【小资料】

你问我答

1. 在校期间，高校毕业生可以获得哪些就业指导和服务

高校毕业生在校期间，可以到学校就业指导中心等部门获得就业咨询、用人单位招聘及实习实训信息、求职技巧及实用技能培训、职业生涯辅导、毕业生推荐、实习实践能力培训和就业手续办理等多项就业指导和服务。目前，各高校已普遍建立了毕业生就业指导机构。

2. 从哪些机构可获取就业政策和信息

(1) 学校就业主管部门。作为学校毕业生就业工作的核心部门，是毕业生获取就业信息、顺利实现就业的主渠道。

(2) 公共就业服务机构。包括省(区、市)高校毕业生就业指导中心、市(区、县、镇、街道)人才交流服务中心、职业介绍服务中心或人力资源市场、街道社区劳动服务站等。

(3) 市场经营性服务机构。主要包括从事人力资源服务的经营性企业或机构，如国有企业、民营企业、中外合资企业和原人事、劳动系统所属服务机构自办或以股份形式合办的企业等。

3. 获取就业信息和就业政策的主要渠道有哪些

(1) 浏览各类就业信息网站，包括中央有关部门主办的全国性就业信息网站、地方主管部门主办的就业信息网站、各高校的就业信息网站及其他专业性就业信息网站等。

(2) 参加各类招聘活动和双向选择活动，包括国家有关部门、各地、学校、用人单位等相关机构组织的各类现场或网络招聘活动。

(3) 参与校企合作实习，包括社会实践、毕业实习等活动。

(4) 查阅媒体广告，如报纸、刊物、电台、电视台、视频媒体等。

(5) 他人推荐，如导师、校友、亲友等。

(6) 主动到用人单位求职、自荐等。

4. 在校期间，高校毕业生可以通过哪些途径提升就业能力

在学好专业知识技能的同时，根据学校的要求或安排，毕业生可以通过选修或必修就业指导课程，参与学校组织的就业实习、技巧辅导、模拟招聘等活动，学习和了解职业资料和信息，充分借助社会实践平台，全面提升就业能力。

高职院校毕业生还可通过学校实施的毕业证与职业资格证书“双证书”制度、组织的企业顶岗实习等，切实增强自身的岗位适应能力与就业竞争力，促进职业素养的养成。

5. 困难家庭高校毕业生包括哪些毕业生

困难家庭高校毕业生是指：来自城镇低保家庭、低保边缘户家庭、农村贫困家庭和残疾人家庭的普通高校毕业生。

6. 就业困难高校毕业生包括哪些毕业生

一般认为，就业困难高校毕业生是指在心理、身体、学业、经济、综合素质等方面处于弱势的毕业生。

7. 机关、事业单位对招录(聘)困难家庭高校毕业生有何优惠政策

各级机关考录公务员、事业单位招聘工作人员时,免收困难家庭高校毕业生的报名费和体检费。

8. 离校后未就业高校毕业生如何获得相应的就业指导和服务

回到原户籍所在地报到的未就业高校毕业生,能够享受当地政府部门所属的公共就业服务机构、人才交流服务机构和高校毕业生就业指导服务机构提供的就业指导和服务。

就业指导与服务的内容包括:就业政策法规咨询、职业岗位供求信息、市场工资指导价位信息、职业培训信息、职业指导和职业介绍、办理求职登记、办理失业登记等。

9. 离校未就业高校毕业生可以在哪里办理求职登记和失业登记

未就业的高校毕业生可以在户籍所在地县及县以上公共就业服务机构办理求职登记和失业登记,具体办理办法可咨询当地公共就业服务机构。

10. 离校后未就业高校毕业生如何申请参加职业培训

职业培训由各地政府公共就业服务机构组织。离校后未就业回原籍的高校毕业生可到当地人力资源和社会保障局或相关部门咨询了解职业培训开展情况,选择适宜的培训项目参加。

培训工作主要由各类职业培训机构承担(职业培训由就业训练中心、技工学校、职业中等专业学校、职业技术学院、企业职工培训中心实施)。

11. 国家鼓励毕业生到基层就业的主要优惠政策

(1) 对到农村基层和城市社区从事社会管理和公共服务工作的高校毕业生,符合公益性岗位就业条件并在公益性岗位就业的,按照国家现行促进就业政策的规定,给予社会保险补贴和公益性岗位补贴。

(2) 对到农村基层和城市社区其他社会管理和公共服务岗位就业的,给予薪酬或生活补贴,同时按规定参加有关社会保险。

(3) 对到中西部地区和艰苦边远地区县以下基层单位就业、履行一定服务期限的高校毕业生,以及应征入伍服义务兵役的高校毕业生,按规定给予相应的学费补偿和国家助学贷款代偿。

(4) 对具有基层工作经历的高校毕业生,在研究生招录和事业单位选聘时实行优先,在地市级以上党政机关考录公务员时也要进一步扩大招考录用的比例。

12. 高校毕业生应征入伍要经过的程序

(1) 参加兵役登记和预征报名:高校所在地县级兵役机关会同有关部门到学校开展兵役登记,进行征兵普查工作,高校毕业生本人可向所在高校有关部门报名。

(2) 在高校参加预征:5 至 6 月份,高校所在地县级兵役机关会同教育、公安、卫生等部门,到高校组织身体初检和政治初审,符合基本征集条件的确定为预征对象,并填写《应届高校毕业生预征对象登记表》。身体初检时对视力、肝功能等项目进行重点检查。

(3) 到户籍所在地报名应征:11 至 12 月份,确定为预征对象的高校毕业生,冬季征兵开始前持《应届高校毕业生预征对象登记表》到入学前户籍所在地县(市、区)征兵办公室报名应征。通过体格检查、政治审查并符合其他征集条件的,由县(市、区)人民政府征兵办公室优先批准入伍。

第二节 劳动合同

一、劳动合同的签订

(一) 什么是劳动合同

劳动合同又称劳动契约、劳动协议，是指劳动者与其所在的用人单位之间，为实现一定的劳动过程，明确相互间权利和义务关系的协议。这种协议具有法律约束力。

《中华人民共和国劳动法》(以下简称《劳动法》)第十六条规定：劳动合同是劳动者与用人单位确立劳动关系、明确双方权利和义务的协议。这一概念表明：劳动合同的主题是特定的，即只能一方是劳动者，另一方是劳动者所在的用人单位。劳动者与劳动者之间、用人单位与用人单位之间，永远不能形成劳动合同。劳动合同在一般情况下，往往不能强调劳动的结果，而只强调劳动的过程。这是由劳动本身的复杂性所决定的。

(二) 劳动合同的特征

1. 劳动合同的主体是特定的

劳动合同的主体是特定的，必须一方是劳动者，另一方是用人单位。劳动者是指劳动者本人，而非他人代为劳动。这里所讲的用人单位是指用人单位的行政部门，而不是党、团、工会组织等。劳动过程、劳动者和拥有生产资料经营管理权限的用人单位的结合是实现劳动过程的基本条件。劳动合同主体的特定性，不仅使之区别于民事合同、经济合同(平等主体之间)，也使之与集体合同(工会组织与用人单位之间)相区别。

2. 劳动合同是具有身份性质的合同

劳动者和用人单位之间在履行劳动合同的过程中，存在着劳动管理关系。劳动合同订立后，劳动者一方必须加入到用人单位一方，作为该单位的一名职工。从劳动者的角度看，对内享有和承担本单位职工的权利和义务，对外以本单位的名义从事生产、经营活动。从用人单位的角度看，用人单位有权利，也有义务组织和管理本单位职工，把他们的个人劳动组织到集体劳动中去。这一特征决定了劳动者在同一时期内，一般只能同一家用人单位签订劳动合同，而不能同时与两个或两个以上的用人单位签订劳动合同。这一特征使劳动合同与其他以提供劳务为内容的合同，如运输、保管、承揽等合同相区别。我国《劳动法》第九十九条明确规定：用人单位招用尚未解除劳动合同的劳动者，对原用人单位造成经济损失的，该用人单位应该依法承担连带赔偿责任。

3. 劳动合同的目的在于劳动过程的完成而不是劳动成果的实现

劳动过程是一个相当复杂的过程，有的劳动成果当时就能衡量，如编织劳动；有的劳动成果当时则无法衡量，如教师教课、医生治病；有的劳动成果有独立性，如小件行李搬运；有的劳动成果则融合在集体劳动之中，如机床零件的某一道加工工序。一般情况下，劳动者一方只要按照规定的时间、规定的要求，完成用人单位交给的属于一定工种、一定专长或一定职务的工作量，用人单位就应按照劳动合同支付劳动报酬。劳动本身的这一特征决定了用人单位不能因为经营情况不好而克扣劳动者的应得收入。我国《劳动法》第二十条规定：劳动合同的期限分为有固定期限、无固定期限和以完成一定的工作为期限。这一规定就是强调劳动过程。

4. 劳动合同是通过双方选择确定的

一般情况下，劳动合同要通过用人单位公布招工简章、劳动者自愿报名、考核录用等程序才能正式签订，即劳动者根据自身条件和志趣选择用人单位，而用人单位则对劳动者的体力素质、劳动技能、经验及知识水平等提出一定的要求。在签订劳动合同之前，劳动者和用人单位总有一个互相选择的过程。我国《劳动法》第十七条规定：订立和变更劳动合同，应当遵循平等自愿、协商一致的原则。

5. 劳动合同是有偿合同

劳动合同是有价标的物，没有价标的物不是劳动合同。如委托合同就属于没有价标的物，就不是劳动合同。我国《劳动法》第十九条将劳动报酬定位于劳动合同的第四项内容。

6. 劳动合同一般有试用期限的规定

一般劳动合同都有试用期限的规定。劳动合同规定试用期限的意义在于通过劳动者一定期限的职业知识训练的实践锻炼，考察其是否适应劳动的要求。如果符合录用条件，则确定劳动关系，如果不符合录用条件，则解除劳动关系，以避免人力、物力的浪费。我国《劳动法》第二十一条规定：劳动合同可以约定试用期，试用期最长不得超过六个月。

7. 劳动合同在一般条件下往往涉及第三人的物质利益

劳动合同的这一特征是由劳动者本身的再生产特点决定的。劳动合同的内容不仅有当事人权利和义务的规定，而且还涉及劳动者的直系亲属在一定条件下所应享有的物质帮助权。我国《劳动法》第七十三条规定：劳动者死亡后，其遗属依法享受遗属津贴。

8. 劳动合同具有相对的限制性

劳动合同的主要内容不能完全依照双方当事人的自由约定，其中有些内容是受有关法律、法规限制的，如最低工资、劳动保护、劳动保险等，当事人对此不能自由变更和任意处分，不依法律、法规而自行约定劳动合同是不合法的。这与其他合同，尤其是民事合同有较大的区别。我国《劳动法》第十七条规定：订立和变更劳动合同，应当遵循平等自愿、协商一致的原则，不得违反法律、行政法规的规定。

（三）订立的劳动合同应具备的条款

根据我国《劳动法》第十九条规定，订立的劳动合同应该具备以下条款。

1. 劳动合同期限

合同期限是指合同所规定的双方当事人履行权利和义务的有效期限。根据我国《劳动法》第二十条的规定：劳动合同的期限分为有固定期限、无固定期限和以完成一定的工作为期限。

（1）有固定期限劳动合同是指规定了有效期限的劳动合同，如签订1～5年的劳动合同。固定期限劳动合同不宜规定期限过长，以避免成为变相的无固定期限劳动合同。有固定期限的劳动合同更适用于从事技术性能较低、生产经常转项、使用最佳劳动年龄、有毒有害和需繁重体力的劳动岗位的劳动者。劳动者本人提出订立有期限劳动合同的，用人单位如果需要，也可订立。

（2）无固定期限劳动合同是指没有一定期限的劳动合同，即用人单位与劳动者通过劳动合同建立一种长期稳定的劳动关系。这种劳动关系除了受法律、法规调整外，也受劳动合同条件的约束。这种劳动关系并不意味着国家全包下来，如果用人单位破产了，劳动合同也就解除了。

这种合同的优越性在于能较好地稳定劳动关系，特别是对高技术岗位更为适用。

(3) 以完成一定的工作为期限的劳动合同是指以完成一定的工作为内容的劳动合同。西方发达国家普遍采用这种形式的劳动合同，在某种意义上讲，这类合同带有承包性质。例如，建筑一座桥梁，桥梁的建成即视为合同履行完毕。这类合同适用于工作物非常明显，并强调劳动时间的劳动。

(4) 续延合同按照《劳动法》第二十条的规定：劳动者在同一用人单位连续工作满 10 年以上，当事人双方同意续延劳动合同的，如果劳动者提出订立无固定期限的劳动合同，应当订立无固定期限的劳动合同。这样规定的目的在于鼓励劳动者安心在本单位工作、稳定劳动关系与保留一定的技术骨干，同时也体现出单位对工龄长、贡献大与表现好的劳动者的保护。

(5) 试用期限。我国《劳动法》第二十一条规定：劳动合同可以约定试用期，试用期最长不得超过六个月。《劳动法》关于试用期限的规定是一个约定条款，即劳动合同中可以约定试用期，如约定试用期则应写在合同期限条款中。

2. 工作内容

工作内容是指职务、工作岗位、工种、任务、技术要求、质量、数量、工作时间、地点、方法等。具体内容包括两方面：(1)对于那些期限较短、产品比较单一或生产比较稳定、销路比较正常及可以实行定额管理的工作，劳动合同上可以约定数量、质量的指标。(2)对于那些期限较长或无固定期限的劳动合同，劳动者的操作熟练程度不断变化，不可能约定具体数量和质量指标的工作，可以通过劳动合同约定应当完成的任务。“应当完成的任务”包括工作时间、地点、内容等。需注意的是，劳动合同中应当明确用人单位使用的工作日类型、工作班次，工作地点中的本市与外地、市区和郊区、县、总厂或分厂等也应注明，否则劳动者有不履行此条款的权利。

3. 劳动保护和劳动条件

这一条款主要包括工作时间、休息时间、劳动安全与卫生、女职工与未成年工的特殊保护，即劳动环境、福利待遇等。

这一条款主要分为两类：一类是硬性规定，即我国法律、法规规定的双方必须履行的条件，如工作时间和休息时间；还有一类是在不与前一类相矛盾的情况下劳动合同当事人双方协议规定的条件，即约定的条件，如职工的住房问题、上下班的交通费问题、子女的上学入托问题等。

4. 劳动报酬

劳动报酬是劳动者的衣食之源，也是劳动合同的重要条款。对于劳动报酬，国家确定了最低工资标准，以这一标准为基础，劳动关系当事人可以协商确定具体内容。劳动报酬条款力求数字明确，并注明劳动报酬发放的方式、时间与地点。一般情况下，不能在节假日支付工资，不能在公共场所或娱乐场所发工资。

5. 劳动纪律

我国《劳动法》第三条规定：劳动者应当完成劳动任务，提高职业技能，执行劳动安全卫生规程，遵守劳动纪律和职业道德。劳动纪律作为必要条款载入劳动合同中更提高了劳动合同的规范化操作性，劳动合同中有关劳动纪律的规定主要是用人单位根据有关法规，结合本单位特点制订的“厂纪厂规”，但厂纪厂规不能违背国家法律、法规。

6. 劳动合同终止的条件

劳动合同终止条件分为国家强制性终止条件和双方约定终止条件，本条款主要针对后者，即双方约定的终止条件，如劳动者连续迟到5次即为劳动合同终止，劳动者超过计划生育即为劳动合同终止。还有用人单位被注销、撤销、破产等均可终止劳动合同，但对于劳动者的补偿、安置，国家、政府不能免除。

7. 违反劳动合同的责任

在一般劳动合同中，劳动合同双方当事人都负有违反劳动合同中规定应承担的责任，这是提高劳动合同的严肃性所必需的，也是对劳动合同中其他条款履行的保障。追究用人单位的责任时，原则上依照双方商定结果。追究劳动者的责任时，要考虑劳动者的经济承受能力，因此，对劳动者一般不加滞纳金等条款。

8. 其他条款

根据我国《劳动法》第十九条中的规定：劳动合同除前款规定的必备条款外，当事人可以协商约定其他内容。习惯上将协商约定的内容叫辅助条款，即使没有这类条款，劳动合同照样成立，如我国《劳动法》第二十一条、第二十二条这两条约定条款就属于这类条款，但辅助条款，若双方同意订立在劳动合同中，也与必备条款一样具有法律效力。

（四）劳动合同订立的形式

劳动合同的形式，一般分为书面和口头两种。劳动合同要求用书面合同，我国《劳动法》第十九条中规定：劳动合同应当以书面形式订立。书面合同是双方当事人达成协议后，用文字形式固定下来的经双方当事人签字作为调整劳动关系、解决劳动争议的凭证。在一般情况下，企业、事业及机关单位录用职工都登记注册。工作证是劳动合同存在的书面证据。目前，很多用人单位不与劳动者签订劳动合同，等发生了劳动争议后，劳动者拿不出有利的证据，因此，劳动者一定要主动与用人单位签订劳动合同，如果劳动者没有与用人单位签订劳动合同，那么，劳动者在用人单位的考勤簿、工资单、医疗证、工会会员证、团员证等能证明劳动者在该用人单位工作的东西，都可以视为与劳动合同有关的证据。刚刚毕业走向社会求职的大学生，在这一方面一定要特别注意，万万不可因为急于工作而放弃这一环节。

（五）劳动合同的签订程序

劳动合同的订立和签订与一般合同不一样，一般合同遵循要约和承诺两个过程，而劳动合同的订立有其特殊性，即在签订劳动合同之前，先有一个招收录用程序。

1. 招收录用程序

（1）公布招工简章。用人单位在招收劳动者之前，先公布招工简章，招工简章包括两部分内容：一是招工条件，包括工种、名额、男女比例、招收对象及应具备的条件、招收地区、范围等；二是应招人员录用后的权利、义务，包括工资、福利待遇、劳动保护、保险及应遵守的规章制度等。

（2）自愿报名。凡符合条件的应招人员，均可以根据自己的志向、爱好选择报名。应招人员必须年满16周岁（个别工种和专业可以放宽到14周岁），并且要提交有关证明文件，如学历证明、户籍证明、反映应招人员技术水平和工作能力的其他文件等。同时，用人单位应向应招人员详细介绍本单位有关情况以及拟订的劳动合同的详细内容和对签订劳动合同的有关事项的要求等，并有义务对应招人员提出的询问、意见和要求做出回答和解释。

（3）全面考核。用人单位对应招人员进行德、智、体、美、劳全面考核，考核的内容和标准可以根据工作需要有所侧重，如招用学徒侧重文化考试，招用技术人员侧重专业知识和技能考试，招用繁重体力劳动人员侧重体能考核,对于重新就业人员应注意实际技能的考核。

(4) 择优录用。用人单位对于考核合格者择优录用,还必须张榜予以公布。

招收录用是劳动合同订立的第一个阶段,以上4个程序的核心是"五个公开",即政策公开、招工名额公开、报名公开、考核标准公开及录用公开。通过这些程序为符合招工条件的劳动者提供公平竞争的机会。在招工之前,劳动合同不能有特定的受约人。劳动合同的受约人从不特定的对象到特定的对象,须通过公开竞争确定。用人单位违反这一规定招收的劳动者,一律无效,情节严重的还要追究有关人员的行政责任。

2. 订立劳动合同

劳动合同订立的第二个阶段,也是具体签订劳动合同的阶段。这是劳动合同双方当事人对劳动合同的具体内容通过平等协商达成一致意见的过程。

通过第一阶段确定了劳动合同的双方当事人,用人单位作为要约方,应提出劳动合同草案(也称要约)。受约方(被录用的应招人员)对用人单位提出的劳动合同草案如果没有任何异议全部接受的话,也就是做出了承诺,劳动合同即告成立;如果受约方对劳动合同草案提出修改意见或要求增加新的内容,应视为原要约的拒绝,并由用人单位提出新的要约,然后双方通过要约,新要约,再要约……直到当事双方达成一致意见。

这个协商的过程不仅体现了双方当事人的平等地位,并可充分反映他们各自的要求和利益,使订立的劳动合同做到符合实际、切实可行及令双方满意。

上述两个阶段是密不可分的连续过程,用人单位招用劳动者,只有依次通过这两个阶段,才能在当事人之间确立劳动关系。当然,劳动者作为受约方也可以撤销承诺,比如,劳动者与某用人单位初签了就业协议书,一旦发现自己不适合或对用人单位不满意,可以在该用人单位没有办理其他手续时,赶紧通知用人单位停止办理,撤销承诺。

3. 订立劳动合同应注意的事项

(1) 组成劳动合同的条件。一般情况下,组成劳动合同有两个条件,即任意性条件和强制性条件。双方当事人自己协议规定的条件,如工资、工作地点及工作种类等,属于任意性条件。

双方当事人规定的条件分两类:①必要条件,即劳动合同必须具备才能成立的那些条件。如用人单位根据劳动者的劳动性质确定的工资额。②补充条件,即对合同的成立并非必要的那些条件。补充条件是多种多样的,例如可以享受住宅等。

劳动保护、劳动保险、参加工作最低年龄、最低工资等属于强制性条件。补充条件和必要条件都不应和法律、法规及其他规范性文件相抵触,如果相抵触就视为无效。无论是必要条件还是补充条件,双方当事人都必须严格执行。

(2) 订立劳动合同应当遵循的原则。双方当事人在签订劳动合同时应遵循以下原则。

①合法原则。这一原则是劳动合同生效的必要前提,它的基本要求是:a. 主体合法,即订立劳动合同的双方当事人都必须具备相应的劳动权利能力和劳动行为能力。用人单位应具有用人的权利,劳动者年龄应达到16周岁,并具备国家对本行业规定的身体及精神健康状况。b. 内容合法,即双方当事人在确定具体的劳动权利和义务时,不得违反国家法律、法规和政策的规定。合同之所以具有法律效力、受国家法律保护,是因为它符合国家法律、法规的有关规定,如果它违反了国家的有关规定,就不能被国家所承认和保护,甚至还要追究当事人的责任。c. 程序合法,根据《国营企业实行劳动合同制暂行规定》的规定,企业招收职工时应经过公布招收简章、自愿报名、德智体美劳全面考核、择优录用、向劳动行政机关办理录用手续等程序。

②平等自愿原则。平等，是指合同双方当事人的法律地位平等，在政治上、经济上不存在任何依附关系。自愿，是指合同双方当事人，一方是用人单位，另一方是劳动者，当建立劳动关系后，有命令和服从关系，但在订立劳动合同时，不存在谁命令谁、谁服从谁的问题。订立劳动合同时的法律地位平等主要表现在：a. 双方自由地表达自己的意志，不允许以领导与被领导的身份，以上压下、以大欺小，搞不平等条约。b. 订立劳动合同的双方当事人既要享受权利，也要承担义务，不允许任何一方只享受权利不承担义务或只尽义务不享受权利。

③协商一致原则。双方当事人对合同条款发生分歧时，必须用讨论的办法，来取得一致意见。在讨论劳动合同中国家法律法规没有规定的内容时，要本着公平合理的精神，任何单位和个人不得干预，应完全允许当事人表达自己的真实意思，用欺骗、威胁等手段签订的劳动合同不仅无效，甚至还要追究相应的法律责任。

（六）劳动合同的效力

1. 劳动合同的成立和生效

劳动合同的成立与生效是两个既有联系又有区别的法律概念。当事人双方就劳动合同内容协商一致，劳动合同即告成立。因此，劳动合同是双方当事人意思表示一致而设立的劳动合同关系。但是，劳动合同的成立并不意味着劳动合同一定能生效。所谓劳动合同生效，是指劳动合同具有法律效力的起始时间。劳动合同依法成立，既具有法律效力，又对双方当事人具有约束力。因此，只要是依法订立的劳动合同，其生效时间始于合同签订日。劳动合同订立后，需要鉴证或公证的，其生效时间始于鉴证或公证之日。

2. 劳动合同的无效

无效的劳动合同，是指当事人违反法律、行政法规订立的不具有法律效力的劳动合同。它虽然是当事人双方协商订立的，但违反了法律、行政法规，因此，国家不予承认，法律不予保护。无效的劳动合同，从订立的时候起，就没有法律约束力。

我国《劳动法》第十八条中规定下列劳动合同无效：(1)违反法律、行政法规的劳动合同；(2)采取欺诈、威胁等手段订立的劳动合同。所谓违反法律、行政法规，是指违反法律、行政法规明令禁止的行为，不能作任意扩大的解释。采取欺诈手段订立的劳动合同，是指当事人一方隐瞒或歪曲事实真相，致使对方当事人信以为真，同意签订劳动合同。采取威胁手段订立劳动合同，是指当事人一方要挟对方，迫使对方同意签订劳动合同。总之，违反法律、行政法规，或者采取欺诈、威胁手段订立劳动合同，都违反了订立劳动合同应当遵循平等自愿、协商一致的原则和不得违反法律、行政法规的规定，因此，所订立的劳动合同无效，属于全部无效劳动合同。

另外，劳动合同还有部分无效的情况，主要指劳动合同的部分条款违反了法律、行政法规，如工资、工作时间、劳动保险等，这些条款违反了法律、行政法规，只是这些条款无效，但不影响合同其他条款的履行，因此，《劳动法》第十八条中规定：确认劳动合同部分无效的，如果不影响其余部分的效力，其余部分仍然有效。

无效合同的确认机关是劳动争议仲裁委员会或人民法院。劳动合同被仲裁机关和人民法院确认全部无效后，合同规定的双方当事人的权利、义务关系自然终止，终止履行合同，尚未履行的部分不得履行；被确认部分无效的，由仲裁机关或人民法院监督改正并赔偿损失。

（七）劳动合同的鉴证

劳动合同的鉴证，是指劳动行政部门依法审查、证明劳动合同真实性、合法性的一项行政监督、服务措施。实行劳动合同鉴证制度，对于纠正无效和违法劳动合同、加强劳动合同管理、保证劳动合同的严格履行与维护劳动合同当事人双方的合法权益，都有重要的作用。

劳动合同的鉴证机关是各地劳动行政部门，具体由劳动合同签订地或履行地的劳动行政部门承办。申请合同鉴证时，当事人应提交下列材料：(1)签订的劳动合同文本3份；(2)用人单位为法人的，应提供其法定代表人的身份证明或授权委托书，用人单位不是法人的，应提供其主要负责人的身份证明或授权委托书和工商管理部门颁发的营业执照；(3)劳动者身份证明；(4)鉴证部门认为需要的其他材料。劳动合同鉴证应审查下列内容：双方当事人是否具备签订劳动合同的主体资格；合同内容是否符合国家法律、法规和政策；双方当事人是否在平等自愿和协商一致的基础上签订的劳动合同；合同条款是否完备，双方的责任、权利及义务是否明确；如果用人单位是外商投资企业，审查其中外合同文本是否一致。

对审查合格的劳动合同，鉴证机关应予鉴证。鉴证人员应当在合同文本上签名、加盖劳动合同鉴证专用章并注明鉴证日期。对不真实、不合法的劳动合同，不予鉴证，且应向当事人说明理由，并在合同文本上注明。

(八) 劳动合同的变更、解除和终止

1. 劳动合同的变更

所谓劳动合同变更，是指劳动合同当事人双方对依法成立的劳动合同的条款进行部分修改或者增删。没有一个生效的劳动合同就谈不上劳动合同的变更，这也是劳动合同变更和劳动合同订立的区别。劳动合同的变更不包括双方当事人的变更，当事人的变更是原合同的消灭、新合同的订立。

劳动合同一经签订，即具有法律效力，任何一方不得擅自变更合同内容。我国《劳动法》第十七条中明确规定：订立和变更劳动合同，应当遵循平等自愿、协商一致的原则。在实际生活中，会发生一些不可预见的客观情况，例如：(1)订立劳动合同时所依据的法律、法规已经修改；(2)用人单位经国家有关部门批准转产，调整了生产任务，致使原合同无法全面履行；(3)在劳动合同履行过程中，出现了不可抗拒、不可预见的情况，致使原合同无法继续履行。

经当事人双方协商同意，在不违反国家法律、法规，不损害第三人或社会公共利益的情况下，可以变更劳动合同。

2. 劳动合同的解除

劳动合同的解除，是指劳动合同签订以后、未履行完毕之前，由于情况的变化，提前终止劳动合同。我国《劳动法》第二十四条规定：经劳动合同当事人协商一致，劳动合同可以解除。此外，我国《劳动法》对解除劳动合同还作了如下规定。

(1) 因劳动者的责任解除劳动合同。我国《劳动法》第二十五条规定，劳动者有下列情形之一的，用人单位可以解除劳动合同：①在试用期间被证明不符合录用条件的；②严重违反劳动纪律或者用人单位规章制度的；③严重失职、营私舞弊，对用人单位利益造成重大损害的；④被依法追究刑事责任的。

(2) 因劳动者的原因解除劳动合同。我国《劳动法》第二十六条规定，有下列情形之一的，用人单位可以解除劳动合同，但是应当提前30日以书面形式通知劳动者本人：①劳动者患病或者非因工负伤，医疗期满后，不能从事原工作也不能从事由用人单位另行安排的工作的；②劳动者不能胜任工作，经过培训或者调整工作岗位，仍不能胜任工作的；③劳动合同订立时所依据的

客观情况发生重大变化，致使原合同无法履行，经当事人协商不能就变更劳动合同达成协议的。

(3) 因用人单位的原因解除劳动合同。我国《劳动法》第二十七条规定：用人单位濒临破产进行法定整顿期间或者生产经营状况发生严重困难，确需裁减人员的，应当提前30日向工会或者全体职工说明情况，听取工会或者职工的意见，经向劳动行政部门报告后，可以裁减人员。

(4) 关于不能解除劳动合同的条件。我国《劳动法》第二十九条规定的不能解除劳动合同的条件为：①患职业病或者因工负伤并被确认丧失或者部分丧失劳动能力的；②患病或者负伤，在规定的医疗期内的；③女职工在孕期、产期、哺乳期内的；④法律、行政法规规定的其他情形。《劳动法》的这一规定是对特殊情况下劳动者就业的一种实际的保障。

(5) 对劳动者行为的限制和禁止。我国《劳动法》第一百零二条规定：劳动者违反本法规定的条件解除劳动合同或者违反劳动合同中约定的保密事项，对用人单位造成经济损失的，应当依法承担赔偿责任。《劳动法》第九十九条规定：用人单位招用尚未解除劳动合同的劳动者，对原用人单位造成经济损失的，该用人单位应当依法承担连带赔偿责任。《劳动法》的这一规定是针对当前存在的某些劳动者在未与原单位解除劳动关系的前提下，与第二方或第三方等建立劳动关系的现象，即劳动者的"跳槽"现象而做出的。它无疑对保障用人单位的合法权益、维护社会经济生产秩序起着重大的作用。

(6) 劳动者一方提出解除劳动合同。我国《劳动法》第三十一条规定：劳动者解除劳动合同，应当提前30日以书面形式通知用人单位。第三十二条规定，有下列情形之一的，劳动者可以随时通知用人单位解除劳动合同：①在试用期内的；②用人单位以暴力、威胁或者非法限制人身自由的手段强迫劳动的；③用人单位未按照劳动合同约定支付劳动报酬或者提供劳动条件的。

3. 劳动合同的终止

我国《劳动法》第二十三条规定：劳动合同期满或者当事人约定的劳动合同终止条件出现，劳动合同即行终止。劳动合同的终止可分为下列类型。

(1) 自然终止。指当事人双方按照合同规定的条款履行全部义务，实现了所应取得的全部权利，合同期届满，合同即告终止。这种全面履行的合同终止，是合同终止的最圆满形式。

(2) 因故终止。指劳动合同因出现下列情况之一而告终止：①经当事人双方协商同意而终止。履行劳动合同的过程中，由于主观情况的变化，当事人双方本着平等自愿、协商一致的原则，同意终止合同；②劳动合同关系主体消灭。主体一方不存在，履行劳动合同成为不可能，如用人单位破产、劳动者死亡等；③经仲裁机关裁定或人民法院判决而终止。一旦裁决书或判决书发生法律效力，原订合同的效力即告终止。

(3) 因不可抗拒的情况而终止。劳动合同在履行过程中，由于自然因素或社会因素而出现了当事人无法预料或虽然能预料而无法防止的不可抗拒的情况，致使原订劳动合同无法继续履行，其效力即告终止。

(4) 特殊情况下劳动合同的终止。劳动合同除了上述情况下正常终止外，还有以下几种情况可视为终止：

①无期限的劳动合同。对于无期限的劳动合同，劳动合同的目的完成，其合同也就终止了。例如，劳动者承担一定数量物件的制作工作，其制作完成时，劳动合同也因此终止。但是，劳动合同没有规定具体数字的限制，虽然有特定种类工作的完成，也不得视为劳动合同的终止。

②有期限的劳动合同。劳动任务虽然完成，但仍未达到期限的，其期限内亦不得认为劳动

合同当然终止。

③达到合同期限继续履行的。劳动合同有一定期限者，因期满应合同终止，但劳动者在合同期满后仍继续劳动，用人单位知道而未提出异议者，法律上为了便于订算，推定其与前合同同一条件，继续履行合同。前合同虽有期限，但是，从此可以推定为不定期的劳动合同，且原则上应在合同期满后经双方同意后方可续约。

④劳动者死亡。劳动者死亡时，劳动合同关系原则上消灭，但用人单位同意劳动者死后可使第三人代为劳动，或依习惯，劳动可由辅助者从事，这时可以视为劳动合同不因劳动者死亡而终止。

⑤终止合同的通知。合同终止，一般应有通知，分通常通知和特别通知两种。通常通知是指劳动未定期限或者不能依照劳动的性质或目的定期限的，各当事人可以随时终止合同，但以期间定报酬者，应依照下列规定的通知期限通知解约，各国惯例大致是：以日定报酬者，得于1日以前通知解约，次日终止合同；以星期定报酬者，得以星期末之3日前，以星期末为终期通知解约；以一个月以上的期间定报酬者，得于其期末的半个月以前，以其期末为终期通知解约。当用人单位一方消灭、破产或者转让时，当事人一方或双方得以一定预先期间通知解约，并应说明解约的原因。特别通知为即时解约的原因。不论当事人之间是否有合同期限，有重大事由时，当事人可不经预告即时解约，具体规定见有关法律。

（九）劳动合同的续延

劳动合同的续延，是指原订劳动合同期限届满，根据双方当事人的需要，经协商一致，继续签订劳动合同。劳动合同的续延是在原劳动合同的基础上，对原劳动合同的条款进行修改。如果没有原劳动合同，那就是新订立劳动合同，而不是劳动合同的续延。

劳动合同的续延不是劳动合同的延长。劳动合同的延长专指劳动合同期限届满，双方对原劳动合同均无任何异议，根据原劳动合同的附加条件延长劳动合同条款的期限，使原劳动合同的期限延长。如果当事人任何一方，对原劳动合同的条款提出异议，修订后的劳动合同，是劳动合同的续延。

劳动合同续延和劳动合同延长的法律效力是不同的。劳动合同续订是在原劳动合同的法律效力已消灭的情况下，双方当事人对原劳动合同重新协商一致，是新签劳动合同法律效力的开始；劳动合同的延长，是原劳动合同有效期限的延长，原劳动合同条款在延长期限内仍具有法律约束力，也就是原订劳动合同法律效力的延续。

二、劳动争议处理

（一）什么是劳动争议

劳动争议是指劳动法律关系当事人之间因劳动权利、义务发生分歧而引起的争议，亦称劳动纠纷。学习这部分内容，对大学生就业后，与用人单位发生劳动争议时如何解决问题非常有用。

根据我国《劳动法》的规定，劳动争议仅指用人单位与劳动者发生的争议。它包含以下几方面内容。

1. 劳动争议的主体

一方是劳动者，另一方是用人单位。劳动者与劳动者之间，用人单位与用人单位之间引起的争议不是劳动争议。

2. 劳动争议的范围

即在中华人民共和国境内发生的劳动争议,在中华人民共和国境外发生的劳动争议不适用《劳动法》规定。

3. 劳动争议

劳动争议主要包括因用人单位开除、除名、辞退劳动者和劳动者辞职、自动离职,即用人单位或劳动者无故解除或终止劳动合同而发生的争议,或者因用人单位不执行国家有关法律、法规和合同的约定,如因工资、保险、福利、培训、劳动保护等而引起的争议。

(二) 劳动争议的分类

1. 依据其主体,劳动争议可分为:①个人劳动争议,即劳动者与用人单位一方的争议;②集体劳动争议,即劳动者集体(指 30 人以上)与用人单位一方的争议;③团体争议,即以工会组织为一方与用人单位之间的争议。

2. 依据其性质,劳动争议可分为:①因用人单位未执行劳动法律、法规及劳动合同的规定而发生的劳动争议,亦称权利之争;②劳动者或用人单位因确定或变更劳动权利、义务而发生的争议,亦称利益之争。

(三) 劳动争议处理的范围

我国劳动争议处理的范围,是指在中国境内的用人单位与劳动者之间发生的下列争议:(1)因开除、除名、辞退违纪职工和职工辞职、自动离职而发生的争议;(2)因用人单位不执行国家法律、法规或劳动合同约定中的工资、保险、福利、培训及劳动保护的规定而发生的争议;(3)因劳动者、用人单位在履行劳动合同的问题上,主要是无故解除、终止合同而发生的争议;(4)劳动法律、法规认为应当处理的其他争议;(5)国家机关、事业单位、社会团体与劳动者之间以及个体工商户与帮工、学徒之间的劳动争议,可参照劳动争议,依据《中华人民共和国企业劳动争议处理条例》执行。

(四) 劳动争议的处理程序

劳动争议处理程序是指法律规定的处理劳动争议的步骤和规则。

《劳动法》第七十九条规定:劳动争议发生后,当事人可以向本单位劳动争议调解委员会申请调解;调解不成,当事人一方要求仲裁的,可以向劳动争议仲裁委员会申请仲裁。当事人一方也可以直接向劳动争议仲裁委员会申请仲裁。对仲裁裁决不服的,可以向人民法院提起诉讼。

由此可见,劳动者与用人单位发生劳动争议时,可以依法进行申请调解、仲裁和诉讼这 3 个法定程序。用人单位的劳动争议调解委员会的调解不是法定程序,劳动者可以申请调解,也可以不通过该调解委员会的调解。

当劳动者与用人单位发生劳动争议时,可以通过以下程序解决。

1. 协商程序

协商程序,即劳动者与用人单位发生劳动争议时,可以主动就争议事项进行协商,以协调双方的关系,消除矛盾,解决争议。劳动争议为人民内部矛盾,可以也应当协商解决,但当事人协商不是处理劳动争议的必经程序。当事人可以自愿协商,国家提倡但不强迫,不愿协商或者协商不成的，可以向本单位劳动争议调解委员会申请调解。

2. 调解程序

这里所说的调解是指企业劳动争议调解委员会对劳动争议进行的调解，而不是劳动争议仲裁或诉讼程序上的调解。用人单位调解委员会的调解程序不是必经程序，当事人在协商不成或不愿协商时，可以而不是必须向本单位劳动争议调解委员会申请调解，即可以申请也可以不申请调解，当事人有权自主选择不能强迫。所以，无论是劳动者，还是用人单位，当劳动争议发生时，都可以向本单位劳动争议调解委员会申请调解，调解不成的，可以向劳动争议仲裁委员会申请仲裁，同时，当事人也可以直接向劳动争议仲裁委员会申请仲裁而不经过调解程序。假如调解达成协议后当事人反悔的，仍然可以向劳动争议仲裁委员会申请仲裁。

3. 仲裁程序

仲裁是处理劳动争议的重要的程序，而且是法定的必经程序。如果不经过仲裁，当事人就无权直接向人民法院提起诉讼。仲裁程序介于调解与人民法院判决之间，具有人民法院审判的权威性和法律强制效力。劳动争议的双方当事人只有在劳动争议仲裁委员会裁决后，对裁决不服时，才能向人民法院起诉，否则人民法院不予受理。我国劳动争议的仲裁实行的是一裁终局，不服的可以向法院起诉，而不是采取“裁审择一”“或裁或审”的制度。

4. 诉讼程序

诉讼，即打官司。依照《劳动法》和《中华人民共和国民事诉讼法》(以下简称《民事诉讼法》)的规定，劳动争议当事人对仲裁裁决不服的，可以向人民法院起诉，提起劳动争议诉讼。当事人只能对仲裁裁决不服而起诉，而不能将劳动争议仲裁委员会作为被告起诉，人民法院审理劳动争议案件适用于民事诉讼程序，采取两审终审制，即劳动争议当事人向人民法院起诉后，对一审判决不服的，还可以在法定上诉期内向上一级人民法院提起上诉，经第二审人民法院审理做出的判决，为终审判决，至此劳动争议处理的诉讼程序终结。当事人一方不服的，可以向人民法院提起审判监督程序，即申诉，但不影响二审判决的执行。

(五)劳动争议处理原则

《劳动法》第七十八条规定：解决劳动争议，应当根据合法、公正、及时处理的原则，依法维护劳动争议当事人的合法权益。这一规定确立了处理劳动争议的基本原则，即着重调解原则；及时处理原则；以事实为依据、以法律为准绳原则；当事人在适用法律上一律平等原则。这是处理劳动争议必须遵循的基本原则。

1. 着重调解原则

着重调解原则，是指劳动者与用人单位发生劳动争议后，要求在处理方式上要尽量以调解的方式解决。首先，在发生劳动争议后，当事人应当先向企业劳动争议调解委员会申请调解，在互谅互让的基础上达成协议，并认真遵守履行，只有在调解确实无效时，才由仲裁机构和人民法院来解决。其次，调解委员会在处理劳动争议时，要认真负责地做好调解工作，力促劳动争议能够调解解决。再次，在劳动争议的仲裁、诉讼过程中必须进行调解。

着重调解在仲裁程序上表现为：仲裁委员会受理劳动争议案件后，在查清事实、分清责任的基础上先行调解，只有在调解不成的情况下才能进行裁决，而在裁决作出前的任何阶段都可以也应当主动进行调解。仲裁程序上的调解与裁决具有同等的法律效力。

着重调解在诉讼程序上表现为：人民法院在民事纠纷诉讼中，在不同的审判阶段都应先进行调解，只有在调解不成的情况下，再做出判决。在人民法院主持下达成的调解协议，与判决具有同等的法律效力。

着重调解原则并不意味着强制调解，而是在自愿的前提下，尽量调解解决劳动争议。着重调解原则与自愿原则是密不可分的，当事人是否申请调解、是否接受调解建议及是否达成调解协议，完全自愿，不得强迫。并且，调解协议的内容必须符合有关法律、法规的规定，否则，自愿达成的协议也无效。

2. 及时处理原则

及时处理原则要求劳动争议当事人、劳动争议调解委员会、劳动争议仲裁委员会及人民法院在处理劳动争议过程中，必须按照法律规定及时行使权力、履行职责。当事人应及时申请调解或仲裁，超过法定时效将不予受理。当事人应及时参加调解、仲裁活动，否则调解无法进行，仲裁则可能被视为撤诉或被缺席仲裁。当事人如不服仲裁而起诉的要及时，不服一审判决而上诉的也要及时，否则可能会失去起诉权、上诉权，合法权益将得不到保障。劳动争议调解委员会调解争议要及时，不能超过 30 天；劳动争议仲裁委员会受理案件要及时，不应超过 7 日，且仲裁要及时，不能超过 60 天；人民法院审判劳动争议案件要及时，审判不应超过 6 个月，否则应承担相应的法律责任。及时处理原则有助于及时维护双方当事人的合法权益，特别是劳动者一方，因为，劳动者一方因劳动争议问题往往涉及本人及家庭成员的切身利益。

3. 以事实为依据、以法律为准绳原则

以事实为依据、以法律为准绳是我国法制的基本原则，在处理劳动争议时，要求调解委员会、仲裁委员会及人民法院都必须对争议的事实进行深入、细致及客观的调查和分析，查明事实真相，这是准确适用法律、公正处理争议的基础。在查清事实的基础上，应当依照法律规定依法进行调解、仲裁和审判。处理劳动争议是一项政策性很强的工作，既不能主观臆断，也不能徇私枉法。以法律为准绳，要求相关部门处理劳动争议、判断是非与责任时，要以劳动法律、法规为依据；处理争议的程序要依法；处理的结果要合法，不得侵犯社会公共利益和他人的利益。

4. 当事人在适用法律上一律平等原则

《劳动法》规定要依法维护劳动争议双方当事人的合法权益，体现了当事人在适用法律上一律平等的原则。这一原则要求调解委员会、仲裁委员会及人民法院在处理劳动争议案件时，对劳动争议的任何一方当事人都应同等对待，其法律地位完全平等，劳动者与用人单位在申请调解、仲裁和诉讼时，在参加调解、仲裁和诉讼活动时，都享有同等的权利，时效一样。陈述事实、进行辩论、申请回避、是否达成调解协议、不服仲裁裁决是否向人民法院起诉等方面的权利是同等的，承担的义务也是同等的。

（六）劳动仲裁的程序

劳动仲裁的程序包括：申请与受理、审理前的准备、审理及裁决。

1. 申请

仲裁委员会处理劳动争议案件必须有当事人的申请。当事人未提出仲裁申请的，仲裁委员会无权仲裁该劳动争议。

当事人向仲裁委员会申请仲裁必须提交书面的申请。申请书应写明下列事项：

(1) 申诉人的姓名、职业、住址、工作单位、电话等。如果是企业申请的，要写明企业名称、地址、法定代表人姓名、职务、联系电话等。

(2) 被诉人简况(同上)。

(3) 目的与要求(即仲裁请求事项)。

(4) 事实和理由。包括:争议的起因、过程,争议是否经过调解、结果如何,应当尽量提供有关争议情况的各种证据以及证人,但务必真实、准确。提供伪证要负法律责任。

(5) 如有委托代理人的,要有委托书,证明代理人的资格及代理权限。

(6) 写明申诉日期,这对于仲裁委员会是否受理仲裁是很重要的。

2. 受理

仲裁委员会办事机构工作人员接到仲裁申请书后,应对下列事项进行审查:

(1) 申诉人是否与本案有直接的利害关系。

(2) 申诉仲裁的争议是否是劳动争议。

(3) 申请仲裁的劳动争议是否属于仲裁委员会的受理范围。

(4) 该劳动争议是否属于本仲裁委员会管辖。

(5) 申请书及有关材料是否齐备并符合要求。

(6) 申请时间是否符合申请仲裁的时效规定。

对申诉材料不齐备或有关情况不明确的仲裁申请书,应指导申诉人予以补充。

仲裁委员会办事机构工作人员对于经审查符合受理条件的案件,应填写《立案审批表》,并及时报仲裁委员会办事机构负责人审批。

仲裁委员会办事机构负责人对《立案审批表》,应自填表之日起 7 日内作出决定。决定不予立案的,应自作出决定之日起 7 日内制作不予受理通知书,送达申诉人;决定立案的,应自作出决定之日起 7 日内向申诉人发出书面通知,将申诉书副本送达被诉人,并要求被诉人在 15 日内提交答辩书和证据。被诉人不提交答辩书的,不影响案件的审理。

3. 仲裁前的准备

若仲裁委员会决定受理劳动争议案件,应自立案之日起 7 日内按《劳动争议仲裁委员会组织规则》组成仲裁庭。对事实清楚、案情简单及适用法律法规明确的案件,可由仲裁委员会指定一名仲裁员独任处理。对应回避的人员要作出回避决定。

仲裁庭成员应认真审阅申诉、答辩材料,调查、收集证据并查明争议事实。在仲裁活动中,遇到需要勘验或鉴定的问题,应交由法定部门勘验或鉴定;没有法定部门的,由仲裁委员会委托有关部门勘验或鉴定。

各地仲裁委员会之间可以互相委托调查。受委托方仲裁委员会应当在委托方仲裁委员会要求的期限内完成调查,因故不能完成的应当在要求期限内函告委托方仲裁委员会。仲裁庭成员应根据调查的事实,拟订处理方案。

4. 审理

仲裁庭审理劳动争议案件,应于开庭 4 日前,将仲裁庭组成人员、开庭时间及地点的书面通知送达当事人。当事人接到通知,无正当理由拒不到庭的,或在开庭期间未经仲裁庭同意自行退庭的,对申诉人按撤诉处理,对被诉人作缺席判决。

仲裁庭审理劳动争议案件,应当先行调解。调解是解决劳动争议的好方法,但若调解不成要及时仲裁。经调解达成协议的,按《中华人民共和国企业劳动争议处理条例》(以下简称《企业劳动争议处理条例》)的规定制作仲裁调解书。调解书在双方当事人签字,仲裁员署名,加盖仲裁委员会印章后送达当事人。调解未达成协议或仲裁调解书送达前当事人反悔的,以及当事人拒绝接受仲裁调解书的,仲裁庭应及时裁决。

5. 开庭裁决

仲裁庭开庭裁决,可根据案情适用以下程序:(1)由书记员查明双方当事人、代理人及有关人员是否到庭,宣布仲裁庭纪律;(2)首席仲裁人员宣布开庭,宣布仲裁员、书记员名单,告之当事人的申诉、申辩权利和义务,询问当事人是否申请回避并宣布案由;(3)听取申诉人的申诉及被诉人的答辩,仲裁员以询问的方式,对需要进一步了解的问题进行当庭调查,询问双方当事人是否有证据提交仲裁庭,并当庭质证,对合法、有效的证据,仲裁庭予以确认,对无效的证据,仲裁庭做出不予确认决定,组织双方当事人就争议的问题互相辩论,辩论结束后询问双方当事人的最后意见;(4)根据当事人的意见,当庭再行调解,不宜进行调解或调解达不成协议时,应及时休庭合议并做出裁决;(5)仲裁庭复庭,宣布仲裁裁决。对于仲裁庭难作结论或需提交仲裁委员会决定的疑难案件,仲裁庭可以宣布延期裁决。仲裁庭处理劳动争议案件时,应填写《仲裁结案审批表》报仲裁委员会主任审批。仲裁委员会主任认为有必要,也可以提交仲裁委员会审批。审批须在7日内完成。仲裁庭做出裁决后,应制作仲裁裁决书。裁决书在仲裁员署名,加盖仲裁委员会印章后送达双方当事人。仲裁庭当庭裁决的,应当在7日内发送裁决书;定期另庭裁决的,当庭发裁决书。

6. 仲裁裁决的执行

《劳动法》第八十二条、第八十三条对仲裁裁决的执行作出了规定,即对仲裁裁决无异议的,当事人必须履行。劳动争议当事人对仲裁裁决不服的,可以自收到仲裁裁决书之日起15日内向人民法院提起诉讼。一方当事人在裁决书送达后的法定期限内不起诉又不履行仲裁裁决的,另一方当事人可以申请人民法院强制执行。

仲裁裁决是仲裁庭按照法定的程序做出的具有法律效力的决定,如果当事人对仲裁裁决无异议的,必须履行。

当事人对仲裁裁决不服的,可以向人民法院起诉。向人民法院起诉的人,可以是申诉人、被申诉人或者第三人。当事人向人民法院起诉必须在法定期限15日内提出。超过了这个期限,当事人没有向人民法院起诉的,裁决书即发生法律效力。在起诉期间,因不可抗力或其他正当理由耽误期限的,在障碍消除后的10日内,可向人民法院申请顺延期限,是否准许,由人民法院审查决定。

规定当事人诉讼权的意义在于:一方面仲裁裁决完全是仲裁委员会的意志,不取决于当事人的意愿;另一方面,仲裁委员会处理劳动争议实行一次裁决,其中难免有错误的裁决,为体现法律的严肃性和公正性,法律规定了当事人若不服裁决可以向人民法院起诉,通过人民法院的审理活动,确定仲裁委员会裁决的正确性、合法性,以维护当事人的合法权益。

当事人自收到裁决书之日起15日内不向法院起诉的,仲裁裁决即发生了法律效力。当事人对发生法律效力的仲裁裁决,必须履行,一方当事人在法定期限内既不起诉又不履行仲裁裁决的,另一方当事人可以申请人民法院强制执行。强制执行有法定的条件:(1)必须有劳动争议当事人的申请。如果当事人不提出申请,人民法院不会主动执行;(2)必须有执行的根据。生效的仲裁裁决书就是执行的根据;(3)必须是其中一方当事人明确表示不履行,或者虽愿履行但是故意拖延时间;(4)申请执行的仲裁裁决书必须正确。如仲裁委员会已宣布该裁决书是错误的,正在重新作出决定期间,虽然从时效上看,该裁决书已具有法律效力,但当事人也不能以此为根据申请人民法院强制执行。

7. 仲裁时效和仲裁期限

《劳动法》第八十二条规定，提出仲裁要求的一方应当自劳动争议发生之日起60日内向劳动争议仲裁委员会提出书面申请。这是对当事人申请仲裁的时效的规定，逾期不提出者，即丧失了申请仲裁的权力。

《企业劳动争议处理条例》第二十三条中规定，当事人应当从知道或者应当知道其权利被侵害之日起6个月内，以书面形式向仲裁委员会申请仲裁。

这里的"劳动争议发生之日"和"知道或者应当知道其权利被侵害之日"两种对时效开始日期的计算实际上是一致的，必须是当事人已经知道或者应当知道其权利被侵害之日才能认定为劳动争议发生之日，这样规定，是为了更好地维护双方当事人的合法权益，主要是劳动者的合法权益。比如，用人单位开除劳动者，决定已经做出，却不给劳动者发通知书；还有的劳动者患职业病，时间很长了才发现。由此引起的劳动争议，仲裁时效应从知道被开除或者知道患职业病而发生争议的时间算起。

根据法律的规定，当事人应当在时效期内提出仲裁申请，逾期不提出，则丧失了申请仲裁的权力，但是当事人因不可抗力或者其他正当理由超过仲裁时效的，仲裁委员会应当受理。

这里的"不可抗力"是指不能预见、不能避免或不能克服的情况，例如，地震、水灾或者战争等使交通中断，当事人无法完成在仲裁时效期间内应当完成的行为。所谓"其他正当理由"是指除因不可抗拒的事项外，障碍事由的发生不应归责于当事人，如仲裁时效时间开始后，当事人突然患病住院，或因交通事故身受重伤，无法在仲裁时效期间内完成应为的行为，都属于因其他正当理由耽误仲裁时效。至于是否确属因不可抗力或其他正当理由耽误了仲裁时效，由仲裁委员会认定；是否受理这类仲裁申请，也由仲裁委员会作出决定。

仲裁期限。仲裁庭处理劳动争议案件，应从组成仲裁庭之日起60日内结案。案情复杂需要延期的，报仲裁委员会批准后可适当延长，但最长延期不得超过30日。

对于请示待批，工伤鉴定，当事人因故不能参加仲裁活动，以及其他妨碍仲裁办案进行的客观情况，应视为仲裁时效中止，并需报仲裁委员会审查同意。

（七）劳动争议的诉讼

劳动争议的诉讼，是指人民法院根据劳动法律、法规审理劳动争议案件的活动，是人民法院通过司法程序最终解决劳动争议的手段，审判的最大特点在于其具有权威性。

人民法院介入劳动争议案件一般只有3种情况。

(1) 经劳动争议仲裁委员会裁决而当事人一方或双方对仲裁裁决不服的，在收到仲裁裁决书之日起15日内向人民法院起诉。

(2) 女职工劳动保护权益受到侵害，发生劳动争议时，可直接向人民法院起诉。

(3) 当事人一方不执行仲裁的裁决，当事人另一方要求法院强制执行。

劳动争议诉讼的程序适用《民事诉讼法》的规定。

1. 受案范围

受案范围包括：(1)经劳动争议仲裁委员会仲裁而当事人一方或双方对仲裁裁决不服，在收到仲裁裁决书之日起15日内向人民法院起诉的；(2)女职工劳动保护权益受到侵害发生劳动争议时，可直接向人民法院起诉。

2. 案件审理

人民法院受理劳动争议案件后，按照《民事诉讼法》规定的程序进行审理。人民法院审理劳动争议案件，实行两审终审制，即对劳动争议案件，首先由一审人民法院审理、判决或裁定，当事人不服一审人民法院判决或裁定的，可以向上级人民法院提起上诉，要求重新审理、判决。上一级人民法院对上诉的劳动争议案件所做的判决、裁定是最终判决、裁定，当事人不能再提出上诉，只可申诉，即审判监督程序。

3. 劳动争议诉讼的管辖

劳动争议诉讼的管辖，是指划分各级法院或同级法院受理第一审劳动争议案件的职权范围，明确它们相互审理案件的职权和分工。

劳动争议诉讼的管辖，遵循我国《民事诉讼法》的管辖规定。(1)级别管辖。即根据案件的性质、影响的范围，划分上下级法院之间审理第一审争议案件的分工和权限。级别管辖包括：①基层人民法院的管辖。基层人民法院即县、区一级法院，管辖第二审劳动争议案件，但《民事诉讼法》另有规定的除外。②中级人民法院的管辖。由中级人民法院管辖的第一审劳动争议案件包括在本辖区有重大影响的案件和最高人民法院确定由中级人民法院管辖的案件。③高级人民法院的管辖。在本辖区有重大影响的第一审劳动争议案件。④最高人民法院的管辖。由最高人民法院管辖的第一审劳动争议案件包括在全国有重大影响的案件和认为应当由本院审理的案件。(2)地域管辖。按照当事人的所在地(户籍所在地、居所地)划分案件管辖法院的，通常实行“原告就被告”原则，即由被告所在地、户籍地及居所地法院管辖。(3)移送管辖和指定管辖。人民法院发现受理的案件不属于本院管辖的，应当移送有管辖权的人民法院，受移送的人民法院应当受理。受移送的人民法院认为受移送的案件依照规定不属于本院管辖的，应当报请上级人民法院指定管辖，不得再自行移送。有管辖权的人民法院由于特殊原因，不能行使管辖权的，由上级人民法院指定管辖。人民法院之间因管辖权发生争议，由争议双方协商解决；协商解决不了的，报请它们的共同上一级人民法院指定管辖。上级人民法院有权审理下级人民法院管辖的第一审劳动争议案件，也可以把本院管辖的第一审劳动争议案件交由下级人民法院审理。下级人民法院对其管辖的第一审劳动争议案件，认为需要由上级人民法院审理的，可以报请上级人民法院审理。

【小资料】

小建与某公司签订了为期两年的劳动合同，并在劳动合同中约定了3个月的试用期。在试用两个半月后，公司突然通知他明天不用上班了。小建请公司给出解除劳动合同的理由，公司说，你不符合公司的要求。说到后来，公司干脆说：你在试用期，解除劳动合同要什么理由？小建请公司把上述说法写进解除合同的协议，公司同意并照办。小建向劳动争议仲裁委员会提出仲裁申请，要求公司维持劳动关系。小建向仲裁庭提供了几份有力的证据：公司招聘时对他所在岗位的具体要求的广告，他与公司签订的劳动合同中关于岗位的要求，公司岗位责任制对他所在岗位的考核要求，他在两个半月中完成工作的量、质与公司岗位责任制要求的对比……他提供的证据证明自己完全符合公司招聘录用的条件，公司不能以试用期为名解除与他签订的劳动合同。相反，公司在这些有力的证据面前显得苍白无力，无法证明小建不符合招聘录用条件。结果当然是小建赢了官司，仲裁庭裁定公司不得解除劳动合同。

分析：劳动者在试用期内的地位很脆弱，不少用人单位利用试用期侵害劳动者的合法权益，其主要表现在：不签订劳动合同、单独签订所谓的“试用合同”、随意决定试用期期限、有意拉长试用期、在试用期随意解除劳动合同等。在这些违法违规的行为中，对于前四种行为，法律法规有相当明确的规定，劳动者可以依据法律法规的规定通过劳动检察、劳动仲裁等方法来维护自己的合法权益。而对用人单位在试用期随意解除劳动合同的行为，更多的劳动者会自认倒霉。其实这种认识是片面的，在这个问题上，劳动者也有办法保护自己的合法权益。

在试用期内，用人单位要解除劳动合同并非是无条件的，必须证明对方不符合招聘录用条件。因此劳动者要想在试用期不被随意炒鱿鱼，就必须证明自己符合招聘录用条件。从小建的成功经验中，我们可以知道，证明自己符合招聘录用条件，可以从以下几方面着手搜集证据：

其一，用人单位在招聘时对岗位的招聘要求（如果是公开媒体的广告，可以将它拷贝下来；如果是现场招聘，可以抄录下来）。这是最主要的依据。

其二，劳动合同对岗位的要求。要想使这点成为证据，就要求劳动者在与用人单位签订劳动合同时，尽可能把岗位描述写得详细些，而不是没有任何说明的干巴巴的岗位名称。如果劳动合同写得不明确，劳动者可以利用用人单位有关的规章制度来证明自身的岗位要求（最好有具体的质量与数量的要求）。

其三，劳动者在试用期内工作数量与质量的记录。在这一点上劳动者更要做个有心人，因为有的工作是无法用数量来衡量的，劳动者可以把自己与同一岗位上的其他人做个对比，用来证明自己在该岗位上是称职的，是能够胜任的。

（来源：http://www.66law.cn/topic2010/ldzyalfx/10280.shtml）

【探索与思考】

1. 简述订立劳动合同应具备的条款。
2. 简述促进大学生就业的政策。

第十一章

大学生创业准备

DAXUESHENG
CHUANGYE
ZHUNBEI

本章导学

本章介绍了大学生创业与创业的精神、大学生创业所需要的基本素养，让更多想创业的大学生懂得当前时代创业的必要性，培养大学生的自主创业意识，学习创业项目的策划方法，提高创业风险的控制能力。当代大学生面临着就业及职业发展的种种挑战和困惑，必须练就一身创业的本领，迎接社会的挑战。

我深信不疑我们的模式会赚钱的，亚马逊是世界上最长的河，阿里巴巴是世界上最富有的宝藏。一个好的企业靠输血是活不久的，关键是自己造血。

——马云

知识本身没有力量，只有化为行为才能有力量。

——牛根生

第一节　创业与创业精神

当前，世界经济和科技正在走向全球化，科学技术发展和应用的速度加快，产品开发周期缩短，世界市场竞争激烈，社会变动快速而不稳定。同时，国家、地区间企业和单位发展不平衡，矛盾错综复杂，贫富差距加大，全球化引发的突发机遇和突发危机并存。一个国家的自主创新能力越强，越能够和其他国家一起形成双赢的局面。

一、自主创业的内涵

所谓“创业”，顾名思义，“创”指创立、开创，体现了从无到有的特质；“业”指事业而绝不能狭义地理解成企业。当然这个事业一定是用于体现自我价值的。目前公认狭义创业者应叫商业创业者，以后还应该出现社团创业者。因此，自主创业的标准定义就是“自己创立自己的事业”。大学生自主创业者的内涵包括三个方面：

1. 大学生创业者既是创新者，又是继承者。大学生创业者不论是创建新企业，还是在原有企业中采用新战略、开发新产品、开辟新市场、引进新技术或运用新资源，都是不同程度的创新活动，因而创业者首先是创新者，要具有创新的思维和能力。同时，任何创新活动都不能脱离实际操作。首先，要根据企业的原有条件、现实状况及未来发展方向去进行创新活动；其次，创业活动是创业者本人的知识、经验和文化观念的反映。因此，创业具有传承性，创业者也是继承者。

2. 大学生创业者既是实践者，又是宣传者。创业是创建或运营经济实体，因而具有实践性。其生产的产品可以是有形的物质产品，也可以是无形的精神产品，但都应具有满足社会和他人某种需要的特性，否则，创业就是无价值的和无意义的，也就不能称之为“创业”。另一方面，创业既然是从事生产实践活动，创业者的行为就是一个模范、榜样。而创业过程是生产实践活动和宣传活动的统一体，创业者也就成为实践者和宣传者的统一体。

3. 大学生创业者既是管理者，又是参与者。创业者通常在企业中居于管理者的位置，从事企业的日常经营与战略决策。但同时，创业者又是普通的创业团队成员，具有普通劳动者的需要和特征，如希望通过诚实劳动获得收入，提高生活质量，博得相应的社会地位和社会承认与尊重，在劳动过程中实现自我价值等。

二、自主创业的意义

实际上，“大学生创业”并不是什么新鲜词。在西方发达国家，大学生自我创业非常普遍。比如，美国大学生创业的比重高达20%～23%。而在我国，由于各方面原因，大学生创业的比重相对偏低。有人在北京某著名高校做过调查，大学生创业的比重还不到3%。在大学生自我创业方面，中美之间的差距由此可见一斑。在我国，大学生创业比重低的基本原因在于，大学生自身面临很多难题，主要有知识限制、缺乏经验、心态问题、创新能力薄弱和资金问题等。此外，大学生创业还要面临社会大环境的考验，比如，我国社会处于经济社会转型期，大学生创业所需要的各项服务还不完善，律师事务所在转型改造，会计事务所在进行制度性的建设，融资和金融环境处在调整之中，法律体系在进一步完善之中等。在这样一种并不完善的社会服务体系中，我们希望一位刚刚迈出校门、踏入社会的20多岁的年轻大学生去迎接各种挑战，显然是要求高了一些。但是，大学生创业是潮流，不可阻挡。在当今中国的教育体制和就业背景下，大学生创业一方面可以增强大学生自己的动手操作能力、组织协调能力、心理承受能力、团队合作精神和社会适应能力，另一方面也是解决大学生自己就业问题的一个比较现实的选择。

第二节 创业者的素质

基本的创业素质包括创业意识、创业心理品质、创业精神、竞争意识、创业能力等。

一、强烈的创业意识

要想取得创业的成功，创业者必须具备实现自我、追求成功的强烈创业意识。强烈的创业意识帮助创业者克服创业道路上的各种艰难险阻，将创业目标作为自己的人生奋斗目标。创业成功是思想上长期准备的结果，事业成功总是属于有思想准备的人，也属于有创业意识和创业能力的人。心理学研究表明：需要产生动机，动机导致行为，行为导向目标。如果没有创业的需要，绝不可能产生创业的行为，也绝不可能形成更高层次的创业意识。反之，仅有创业的需要，也不一定有创业的行为。只有当一个创业需要上升为创业动机时，创业者才能竭力追求获得创业最佳效益和优异成绩。可以这样说，创业动机主要是一种成就动机，有了这种动机，创业者投身创业实践活动的创业行为就开始了。创业兴趣能激发创业者的深厚感情和坚强意志，使创业意识得到进一步升华。在经过艰难曲折、奋力拼搏后获得显著成功的创业者，将会有更大的创业目标，形成新的创业需要和动机。

创业者和普通人的最大区别，不在于物质财富上的占有和富足，而在于思想观念上的先进和创新。同样的客观条件，不同的观念可以导致不同的认识和行为。两个欧洲人去非洲推销皮鞋的故事就是一个很好的例子，同样面对赤足的非洲人，一名推销员垂头丧气，最后血本无归，另一名推销员则觉得自己面对的是一个无比广阔的市场，经过一番运作，最后大获成功。

一个人首先要学会独立思考，才能逐步形成自主意识。在企业起步阶段，模仿是必不可少的，但模仿是为了创造。只有在学习和实践中逐渐走出模仿的圈子，形成自己独有的思维模式，才有可能造就自己独立的性格和人格，成为具有自主创造性的人。谋事贵重，成事贵独，自主创业意识是创业意识的重要成分。

三十年前，一个工程师的职业目标就是进入科技最领先的 IBM。那时 IBM 对人才的定义是一个有专业知识的、埋头苦干的人。斗转星移，社会发展到今天，人们对人才的看法已逐步发生了变化。现在，很多公司所渴求的是积极主动、充满热情、灵活自信的拥有自主意识的人才。

二、良好的创业心理品质

创业之路是充满艰险与曲折的，自主创业要求创业者去面对变化莫测的激烈的市场竞争以及随时出现并需要迅速正确解决的企业问题和矛盾，这需要创业者具有非常强的心理调控能力，能够持续保持一种积极、沉稳的心态和具备良好的创业心理品质。良好的创业心理品质对创业者在创业实践过程中的心理和行为起着调节作用，它与人固有的气质、性格有着密切的关系，主要体现在人的独立性、敢为性、坚韧性、克制性、适应性、合作性等。

(1) 独立性与合作性。独立性是指思维和行为不受外界和他人的干扰，能够独立思考，独立选择自己行为的心理品质；合作性则是指能换位思考，为他人着想，善于理解对方，体谅对方，善于与他人合作共事的心理品质。这两种具有相反性质的心理品质，相互作用、相互制约，在创业实践活动中发挥着重要的心理调节作用。

创业是一种自主性的谋业活动，首先要走出依附于他人的立业之路。独立性是创业者应该具备的最基本的个性品质，创业者不要依靠别人的供养，也不要跟在别人后面亦步亦趋，而是应独立思考，自主行动，依靠自己的劳动和智慧，走上兴家立业的道路。

但是，创业除了具有独立性外，还要求有合作性。因为，我们所从事的创业实践活动离不开社会这个大舞台，社会生产、社会生活如同在这个大舞台上演出的一幕幕错综复杂、丰富多彩的生活话剧，需要形形色色的角色之间的默契配合。

独立性与合作性会伴随着创业的始终，因为，创业行为虽然发生于个体，但它本质上是一种社会性的实践活动。这种活动是在人与人之间交往、配合、合作和协调中发生、发展并取得成功的，离开社会这个赖以行舟的海洋，任何创业活动都会受阻。所以，成功的创业者大多数都是出色的社会活动家，他们擅长与各种人打交道，积极主动地与人交流、交往、合作、互助。通过合作，取长补短；通过交流，获得信息，获得成功。

独立性是抉择上的独立、行为上的自主。合作性是行为上的尊重、思考上的换位。它们相辅相成、缺一不可。独立性与合作性是创业者必须拥有的心理品质。

李嘉诚14岁走上社会，在舅父的钟表公司做学徒，后当店员。17岁在一家五金制造以及塑胶裤带公司当推销员，18岁被提拔为部门经理，20岁被提拔为塑胶公司的总经理。但是李嘉诚意识到为别人打工所得到的永远是有限的，必须自主创业，独立发展，才能有更为广阔的前途。但当时李嘉诚还没有足够的资本，需要与人合作才能完成自己的抱负。于是22岁时，他利用自己7年做生意、搞推销、办企业的经验，与人合作开创了自己的公司——长江塑胶厂。经过5年的发展，当初的小厂已然成为行业巨头，李嘉诚也成了“塑胶大王”，日后更成为了香港乃至世界首屈一指的超级富豪。独立思考、独立决策、乐于合作、善于合作是李嘉诚成功的要诀。

(2) 敢为性与克制性。敢为性是指有果断的毅力，敢于行动、敢冒风险，并敢于承担行为后果的心理品质。克制性是指能自觉地调节和控制自己的情绪和感情，约束自己的行为、克制冲动的心理品质。敢为性和克制性也是创业者不可或缺的一组有相反特征的心理品质。

只要从事创业活动，就必然会伴随着某种风险，事业的范围和规模越大，渴望取得的成就越大，伴随的风险也越大，需要承担风险的心理负担也就越大。缺少敢为性这一心理品质的人，很难在创业中表现出勇敢无畏、奋力拼搏的精神。

敢为性是一种敢于对抗恐惧的主观愿望，是一种不畏惧任何艰难困苦的精神状态，是一种不屈服于命运摆布的心理态势。但敢为性绝不等同于鲁莽，真正的敢闯敢冒险总是有智慧与之相伴。立志创业者必须有胆有识，铁骨铮铮，傲雪凌霜，才能变理想为现实。

克制性就是对情绪的自我控制、对行为的自觉约束、对心理的自我调节。克制性使创业者时刻保持清醒的头脑，约束自己的言行，克服盲目冲动，采取理智的行动，避免决策失误。因此，在创业过程中，克制性是一种积极的、有益的心理品质。

创业者可能会因陷入困境而悲痛、失望、犹豫，但必须把这类消极情绪控制在一定的限度之内，不能让它们淹没自己的理智，摧毁自己的信念和动摇自己的人生目标。贝多芬在耳聋的不幸中曾写下“海利根遗嘱”；张海迪在高位截瘫、极度悲痛中战胜了绝望自杀的意念；连续三届当选美国总统的罗斯福，也曾因患上可怕的脊髓灰质炎而受到恐惧和空虚的折磨，但他们都是以强大的自制力将消极情绪战胜之后才成为强者的。敢为性与克制性在创业活动中密不可分、缺一不可。成功与失败总是交织在创业的历程中，也许今天的成功隐含着明天的失败，而眼下的失败又孕育着今后的成功。所以，创业者要能够做到，看准时机敢作敢为。顺境时不趾高气扬、沾沾自喜；逆境时要克制情绪，不灰心丧气、一蹶不振，把握敢为性与克制性的协调统一。一个人最大的破产是绝望，最大的资产是希望。世上没有绝望的处境，只有对处境绝望的人！正如作家高尔基所说：哪怕对自己的一点小小克制，也会使人变得强有力。

当今全球最大的中文搜索引擎百度的盈利模式曾经很简单，主要向门户网站提供搜索技术服务，按照网站的访问量分成，向门户网站收取费用。百度创始人之一的李彦宏意识到这种模式只能是为他人做嫁衣，他欲让百度变身，做成类似Google的搜索门户。但此想法却遭到董事会抵制，面对董事们的强烈反对，李彦宏克制着自己的情绪与反对者耐心地周旋斗争。最后，董事会同意了李彦宏的想法。

2001年10月，百度推出全新商业模式搜索引擎竞价排名。此时，百度一天的点击量寥寥可数。李彦宏深知：百度必须在Google的阴影下学会成长。终于，百度认真研究中国文化，推出了更符合中国用户使用习惯的中文搜索。李彦宏的竞价排名战略也立竿见影，竞价排名带来的销售收入直线上升，百度2003年的销售额是2002年的5倍，进入2005年，百度的收入持续增长，在中国国内互联网的市场占有率为44.7%。李彦宏敢作敢为与适当的克制性心理品质，是百度兴盛的重要因素之一。

(3) 坚韧性与适应性。坚韧性是指为达到某一目的，坚持不懈，不屈不挠，能承担失败和挫折；适应性则是指能及时适应外界环境和条件的变化，灵活地进行自我调节、自我转换。这也是两种有些相克的心理品质。有坚韧性的人，处事干脆果断、敢闯敢干、行动迅速，但有时难免虎头蛇尾，后劲不足；适应性强的人，遇事沉着冷静、思虑周全，一旦做出决定，便咬住不放，坚持到底，但难免错失良机。集两者之长于一身的创业者，既能不失时机地抓住机会，敢于行动，又能锲而不舍地咬住目标，坚持不懈。

创业过程是一个长期坚持努力奋斗的过程，立竿见影、迅速见效的事情是极少的。创业者在确定目标之后，就要朝着既定的目标一步步地走下去，纵有千难万险，迂回曲折，也不轻易改变初衷，半途而废。创业者的恒心、毅力和坚韧不拔的意志，是创业所需的十分可贵的个性品质。

适应性也是创业者在瞬息万变的经济浪潮中必须具备的心理品质。由于创业活动是在特定的社会环境中进行的，而社会环境又在不断地变化，因此，必须以极强的信息意识和对市场的敏锐洞察力，掌握外部环境和创业条件的变化，以灵活的适应能力来改变经营策略和方向。为了取得成功，就应避免盲目、呆板、僵化和固执，坚韧而不失灵活，高瞻远瞩而善于适应。

马未都，一个出身民间的收藏家，古玩收藏界的传奇人物，他成功创业的经历，就充分说明了坚忍不拔和长于适应这两种品质的可贵。他在八十年代以"瘦马"为笔名，发表了小说和报告文学数百篇，九十年代，他又与王朔、刘震云等一起组建了海马影视工作室，创作出了《编辑部的故事》《海马歌舞厅》等让我们记忆犹新的电视剧。在创作的同时，他又适应"盛世重收藏"的社会需求，以惊人的毅力，不断地积累和丰富着我们中华民族的古玩宝库，终于在30年后成就了一番前无古人的事业：创建了新中国成立来第一家私人古玩博物馆——观复古典艺术博物馆。虽然，他是一个鉴宝的人，一生鉴宝无数，但是在他的身上，五十多年的丰富人生、三十多年的收藏传奇以及他在《百家讲坛》上所留给我们的那些闪烁着智慧和幽默的语言，都仿佛是我们未曾发现的宝贝。

创业的成功在很大程度上取决于创业者的创业心理品质。正因为创业之路不会一帆风顺，所以企业者不具备良好的心理素质、坚韧的意志，一遇到挫折就垂头丧气、一蹶不振，那么，在创业的道路上是走不远的。宋代大文豪苏轼说：古之成大事者，不唯有超世之才，亦必有坚韧不拔之志。只有处变不惊、具有良好的心理素质和愈挫愈强的顽强意志的人，才能在创业的道路上自强不息、积极进取、顽强拼搏，才能从小做到大，从无做到有，闯出自己的一番事业。

三、自信、自强、自主、自立的创业精神

自信就是对自己充满信心。自信心能赋予人主动积极的人生态度和进取精神。要成为一名成功的创业者，必须坚定信仰，拥有使命感和责任感；信念坚定，顽强拼搏，直到成功。信念是生命的力量，是创业之本，更是创业的原动力。创业者要相信自己有能力、有条件去开创自己未来的事业，相信自己能够主宰自己的命运，成为创业的成功者。自信贯穿于创业活动的始终，成功使人更加充满信心，失败和挫折则会更加激发人的拼搏与奋斗的豪情。如，世界著名体操王子李宁，退役后选择从商，从加盟健力宝开始到创建体育品牌，担任亚运火炬接力手，李宁牌横

空出世，健力宝运动服装公司更名为李宁体育产业公司。该公司1992年在美国洛杉矶开办"美国李宁国际舞蹈学院"；2001年创办了"中国运动员教育基金"，成为瑞典奥运组委会指定的体育装备合作伙伴；与苏丹、埃塞俄比亚合作。把"一切皆有可能"变成了现实。

自强就是在自信的基础上，不贪图眼前的利益，不依恋平淡的生活，敢于实践，不断增强自己各方面的能力与才干，勇于使自己成为生活与事业中的强者。

自主就是具有独立的人格，具有独立的思维能力，不受传统和世俗偏见的束缚，不受舆论和环境的影响，能自己正确选择自己的道路，善于设计和规划自己的未来，并采取相应的行动。自主还要有远见，有敢为人先的胆略和实事求是的姿态，能把握住自己的航向，直达成功的彼岸。自立就是凭借自己的头脑和双手，凭借自己的智慧和才能，凭借自己的努力和奋斗，建立起自己生活和事业的基础。自立的人如，2006年感动中国十大杰出青年中的洪战辉、丛飞等；为国争光的姚明、刘翔等；身残志坚、自强不息的海伦·凯勒、张海迪等。

四、竞争意识

竞争是市场经济重要的特征之一，是企业赖以生存和发展的基础，也是立足社会不可缺少的精神。人生即竞争，竞争本身就是提高，竞争的目的只有一个——取胜。有市场就有竞争，创业者有了竞争意识，才能在激烈的市场竞争中捷足先登。没有竞争，就没有创业的活力，满足于比上不足、比下有余的人，是无法创业的。

美国著名经济学家伯顿·克莱因在其专著《动态经济学》中指出：一旦一个公司不再面对真正的挑战，它就会很少有机会保持活力。他证明，最成功的公司是那些面对很多竞争对手的公司，最不成功的公司是那些不面临严重竞争的公司。这个道理同样适用于创业者，因为存在竞争，公司和员工不得不有更高水准的表现，从而明显地变得更敏锐和更出色。竞争使创业者变得精明强干，使创业者不断寻求新的答案，使创业者不至于感到沾沾自喜并自以为无所不能。

竞争包括外在竞争和内在竞争两方面。外在竞争即同他人竞争，内在竞争即同自己竞争。外在竞争是为了超越他人，内在竞争是为了超越自己，超越他人首先在于超越自己，这才是真正意义上的竞争意识。美国著名作家威廉·福克纳说过：不要竭尽全力去和你的同僚竞争，你更应该在乎的是：你要比现在的你更强。企业者应该永远给自己设立一些极具挑战性但并非不可及的目标。

竞争的过程就是降低风险的过程，创业与风险同在，创业与冒险在某种意义上是同义的。俗话说一份风险、一份收获、一份财富、一份快乐。创业者是市场经济中风险和不确定性的承担者。许多成功的创业者都有一个共同点，就是喜欢冒险并勇于承担责任，善于发现潜在的风险，并尽可能把这种风险减少到最低程度。

著名企业家李晓华短期内积累巨额财富的秘诀——敢于冒险。在他的创业史上最险的一次是在马来西亚的投资。通过考察，他得知马来西亚是高速公路开发权正在招标，条件很实惠，但没有人愿意干，因为这段公路不长，车流量也不大。李晓华在调查中得知在离此段公路不远处有一个储量十分可观的大油气田，只是最后确认工作还没完成，新闻暂时没有公布。如果油田正式开采，丰厚的石油利润将带来大批的投资者，与油田相关联的加工及运输业也将火爆起来。这条高速公路的前景可想而知。李晓华决心干，他拿出全部积蓄，又以房产抵押从银行贷款，最终以3000万美元买下了该高速公路开发权。贷款期限半年，风险实在太大。妻子为他担心，说："你要是干，我就跟你离婚。"买下公路开发权后，李晓华天天盼着油田新闻发布会召开。

但是油田新闻发布会一拖再拖，迟迟不开，李晓华陷入了绝望，他承受着常人无法想象的压力。第5个月零16天，消息终于发布了！一周之内，李晓华的投资项目价格翻了一番。敢于向困难挑战，使他再一次成了大赢家。

风险不是不可避免的。高风险主要来自三个方面：技术风险，市场风险与管理风险。但在许多情况下，风险之中也蕴含着潜在的机会和利润。创业者通过认识、分析风险，善于发现潜在的机会，采取正确的决策，从而控制和驾驭风险，减少风险损失并获得风险效益。

大学生创业要有承担风险的勇气，做好应对各种困难的思想准备。因为大学生创业除了在资金、社会经验等方面有着先天不足外，还常常会因缺乏基本的理财技能、推销意识和沟通技巧而陷入困境。市场时时刻刻都有风险，却永远也不会有人来及时提醒你风险在哪里。创业者随时会面临像过山车一样起伏跌宕的生活，随时会遭遇明知不可为却不得不为的绝境。因此，风险意识很重要，没有风险意识和坚强的心理品质，创业的路不会走得长远。

五、全面的创业能力素质

创业能力是一种特殊的能力，这种特殊能力往往影响着创业活动的效率和创业的成功。创业能力包括决策能力、经营管理能力、专业技术能力与交往协调能力等。

1. 决策能力

决策能力是创业者根据主客观条件，因地制宜，正确地确定创业发展方向、发展目标、发展战略以及具体选择实施发展方案的能力。决策是一个人综合能力的表现，创业者要有决策能力。创业者的决策能力通常包括：分析能力、判断能力和创新能力。大学生要创业，首先要对众多的创业目标以及方向进行分析比较，选择最适合发挥自己特长与优势的创业方向、创业途径、创业方法。在创业的过程中，要能够从错综复杂的现象中发现事物的本质，找出存在的真正问题，分析原因，从而正确处理问题，这就要求创业者要具有良好的分析能力。所谓判断能力，就是能从客观事物的发展变化中找出因果关系，并善于从中把握事物的发展方向，分析是判断的前提，判断是分析的目的。创业实际上就是一个充满创新的事业，所以创业者必须具备创新能力，有创新思维能力、无固定的思维定势，不墨守成规，能根据客观事务的发展变化，及时提出新目标、新方案，不断开拓新局面，创出新路子。可以说，不断创新是创业者发展前进的关键环节。

2. 经营管理能力

经营管理能力是指管理者对企业人员、资金、经营模式等的管理方法。它涉及人员的选择、使用、组合和优化，也涉及资金的聚集、核算、分配、使用、流动。经营管理能力是企业高层管理人员必须具备的能力，也就是运筹能力。经营管理能力的形成要从学会经营、学会管理、学会用人、学会理财等几个方面去努力。

(1) 学会经营。创业者一旦确定了创业目标，就要组织实施，在激烈的市场竞争中取得优势，必须学会经营，善于经营。

(2) 学会管理。要学会质量管理，要始终坚持质量第一的原则。质量管理不仅是生产物质产品的生命线，而且是从事服务业和其他工作的生命线，创业者必须严把质量观。要学会效益管理，要始终坚持抓效益的原则，效益最佳是创业的终极目标。可以说，无效益的管理是失败的管理，无效益的创业是失败的创业。追求效益最佳要求在创业过程中做到：人尽其才，物尽其用，资金回笼及有效地利用时间、空间，规范管理，高效运作。做到不闲人员和资金、不空设备和场地、不浪费原料和材料，使创业过程有条不紊地运作。学会管理要做到会管、敢管、善管，创业者要对本企业、员工、消费者、客户以及整个社会都要有高度的责任感。

(3) 学会用人。市场经济的竞争是人才的竞争，谁拥有人才，谁就拥有市场、拥有顾客。一个学校如果没有品学兼优的教师，这个学校必然办不好，一个企业如果没有优秀的管理人才、技术人才，这个企业就不会创造出好的经济效益和社会效益。一个创业者如果不吸纳德才兼备、志同道合的人来共创事业，创业就难以成功。因此，必须学会用人。创业者要善于吸纳比自己强或有某种专长的人来共同创业，也就是“一个好汉三个帮，一个篱笆三个桩”。

(4) 学会理财。学会理财首先要学会开源节流。开源就是培植财源，在创业过程中除了要抓好主要项目创收外，还要注意广辟资金来源。节流就是节省不必要的开支，树立节约每一滴水、每一度电的思想。许多百万富翁、亿万富翁都是白手起家，从小做到大，都要经历聚少成多、勤俭节约的创业历程。其次，要学会管理资金。一是要把握好资金的预决算，做到心中有数；二是要把握好资金的进出和周转，每笔资金的来源和支出都要做到有帐可查；三是要把握好资金投入的论证，每投入一笔资金都要进行可行性论证，有利可图才投入，大利大投入、小利小投入，保证使用好每一笔资金。总之，创业者时刻做到心中有数，做每一件事、用每一笔钱，都要掂量一下是否有利于事业的发展，有没有效益，会不会使资金增值，这样，才能理好财。

(5) 要讲诚信。就创业者个人而言，诚信乃立身之本，更是立业之本，“言而无信，不知其可也。”创业者在创业过程中，如不讲信誉，不讲商业道德，那就无法开创出自己的事业。讲诚信，一是要言出即从；二是要抓好质量；三是要以诚信待人。

3. 专业技术能力

专业技术能力是创业者掌握和运用专业知识来生产产品的能力。专业技术能力的形成具有很强的实践性。许多专业知识和技巧都要在实践中进行摸索、提高和完善。创业者要在创业过程中长期积累专业技术方面的经验，加强职业技能的训练，对于书本上的知识和经验加深理解，再根据自身发展情况予以提高、拓宽；对于书本上没有介绍过的知识和经验要不断探索，在探索的过程中要做好详细记录，并认真分析、归纳总结，上升为理论，形成自己的经营特色。只有这样，创业者的专业技术能力才会不断提高。

4. 交往协调能力

交往协调能力是指能够妥善的处理公众(政府部门、新闻媒体、客户等)之间的关系，能够协调下属各部门之间的关系，尤其要争取各级政府、工商及税务部门的支持，同时要团结一切可以团结的人，团结一切可以团结的力量，求同存异、共同发展，做到不失原则、灵活有度，善于巧妙地将原则性和灵活性结合起来。总之，创业者搞好团结，处理好关系，建立和谐的创业环境，为成功创业打好基础。

交往协调能力在书本上是学不到的，它实际上是一种社会实践能力，需要在实践活动中学习，不断积累，总结经验。这种能力的形成：一是学会社交，敢于冒险，敢于挑战，敢于承担责任，对自己深思熟虑后的决定和想法要充满信心、充满希望；二是养成观察与思考的能力，社会上存在着许多错综复杂的人和事，在错综复杂的人和事面前要三思而后行，观察过程实质上是调查的过程、获取信息的过程，是掌握第一手资料的过程，观察得越仔细，掌握的信息就越准确；三是处理好各种关系，可以说，社会活动是靠各种关系来维持的，所以要处理好关系，善于应酬。应酬是职业上的“道具”，是待人接物的表现。心理学家称：应酬的最高境界是在毫无强迫的气氛里，把诚意传达给别人，使别人受到感应，产生共识，自愿接受自己的观点。搞好应酬要做到宽以待人，严于律己，尽量做到既了解对方的立场又让对方了解自己的想法。交往协调能力并不是天生的，也不是在学校里形成的，而是在走上社会以后在生活和工作中慢慢积累而成的。

5. 创新能力

创新是市场经济的主旋律，是企业化解外界风险和取得竞争优势的有效途径，创新能力是创业能力的重要组成部分。它包括两方面的含义：一是大脑活动的能力，即创造性思维、创造性想象力、独立性思维和捕捉灵感的能力；二是创新实践的能力，即人在创新活动中完成创新任务的工作能力。创新能力是一种综合能力，与人们的知识、技能、经验、心态等有着密切的关系。具有广博的学识、扎实的专业知识、熟练的专业技能、丰富的实践经验、良好心态的人容易拥有创新能力，它取决于创新意识、个人智力、创造性思维和创造性想象力等。

上述五个基本素质中，每一项基本素质均有其独特的地位与功能，任何一个素质都会影响其他素质的形成和发展，影响其他素质的功能和作用的发挥，乃至影响创业的成功率。因此未来的创业者，不仅要在环境和教育的双重影响下培养自己的创业素质，而且要重视整体结构的优化，在创业实践中不断提高自我的创业素质。

第三节　商业计划书

一、怎样写好商业计划书

那些既不能带给投资者充分的信心，也不能促进投资者做投资决策的商业计划书，最终只会被扔进垃圾箱里。为了确保商业计划书能“击中目标”，规避投资风险，企业家应做到以下几点。

1. 关注产品(服务)

在商业计划书中，应提供所有与企业的产品或服务有关的细节分析，包括企业所实施的所有调查报告。具体内容主要包括：产品正处于什么样的发展阶段？它的独特性怎样？企业分销产品的方法是什么？谁会使用企业的产品，为什么？产品的生产成本是多少，售价是多少？企业开发新产品的计划是什么？把投资者吸引到企业的产品或服务中来，这样投资者就会和敢于冒风险的企业家一样对产品感兴趣。在商业计划书中，企业家应用简洁明了的语言来描述每一件事，产品质量及市场需求对企业家来说是非常明确的，但其他人却不一定清楚它们的含义。制订商业计划书的目的不仅要让投资者相信企业的产品会在全国乃至全球产生的影响，同时也要让他们相信企业有能力生产产品。商业计划书对产品的阐述，要让投资者感到：“噢，这种产品是多么的美妙、多么的令人向往啊！”

2. 敢于竞争

在商业计划书中，敢冒风险的企业家应细致地分析竞争对手的情况，包括：竞争对手是谁？他们的产品是如何生产、销售的？竞争对手的产品与本企业的产品相比，有哪些相同点和不同点？竞争对手所采用的营销策略和营销方式是什么？要明确每个竞争对手的销售额，利润、收入以及市场占有额，然后再讨论本企业相对竞争对手所具有的竞争优势，要向投资者展示顾客喜欢买本企业产品的原因：产品质量好，送货迅速快，售后服务好，定位适中，价格合理等。商业计划书要使它的读者相信：本企业产品不仅是行业中的有力竞争者，而且将来是确定行业标准的领先者。在商业计划书中,企业家还应阐明竞争对手给本企业带来的风险以及本企业所采取的应对策略。

3. 了解市场

商业计划书要给投资者阐明企业对目标市场的深入分析和理解,要细致分析市场经济、地理优势、职业适应以及心理调整等因素对消费者选购本企业产品行为的影响。

(1) 选定创业行业的动态分析,包括:行业饱和程度、行业发展前景、国家政策影响、行业技术及相关技术发展、社会环境等。

(2) 竞争对手分析,包括:行业的市场总量及当前划分情况,行业中现有竞争对手的情况,进入、退出本行业的成本、壁垒,潜在的行业进入者对本创业活动的竞争与威胁等。

(3) 替代品与互补品内容分析,包括:拟创业所生产的产品近期是否会出现替代品或互补品,这些替代品或互补品会否对拟生产的产品带来冲击或有利商机,这些替代品或互补品的功能、价格市场认可度的情况分析及预测等。

(4) 原料供应商情况分析,包括:可供选择的供应者、原材料是否有替代品、供应商的讨价还价能力、创业者对其依赖程度、供应商的供应能力等。

(5) 中间商情况分析,包括:中间商的性质(配送商、经销商、代理商)、中间商对产品的依赖(关注)程度、给予中间商的利润比例、中间商能给予产品的支持等。

(6) 消费者情况分析,包括:消费者背景研究(收入、教育、年龄、性别、家庭组成、种族、工作),消费者对产品的认知及态度(质量、价值、包装、型号、品牌声誉),消费者的使用情况(购买动机、购买量、何时使用、如何使用)等。

商业计划书中还应有一个完整的营销计划,营销计划中应列出本企业的广告、促销以及公关手段,明确每一项活动的预算和收益。商业计划书中还应简述一下企业的销售战略:企业是使用外面的销售代理商还是使用内部职员营销?企业是使用转卖商、分销商还是使用特许商?企业将提供何种类型的销售培训方案?此外,商业计划书中还应特别说明一下销售中的细节问题。

4. 表明行动的方针

企业的行动计划应该是天衣无缝的。商业计划书中应该明确下列问题:企业如何把产品推向市场?如何设计生产线,如何组装产品?企业生产需要哪些原料?企业拥有那些生产资源,还需要什么生产资源?生产和设备的成本是多少?企业是买设备还是租设备?解释说明与产品组装、储存以及发送有关的固定成本和变动成本的情况。

5. 展示管理队伍

把一种理念灌输到一个成功的企业,关键是要有一支强有力的管理队伍。这支管理队伍的成员必须有较高的专业技术、管理才能和多年工作经验,要给投资信心,让他感觉:“这支队伍里都有那些精英!如果这个公司是一支足球队的话,他们就会一直杀入世界杯决赛!”管理者的职能就是计划、组织、控制和指导公司实现目标。在商业计划书中,应首先描述一下整个管理队伍及其职责,然而再分别介绍每位管理者的特殊才能、特点和造诣,细致描述每个管理者将对公司所能做出的贡献。商业计划书中还应明确管理目标以及展示组织机构图。

6. 出色的计划摘要

商业计划书中的计划摘要也十分重要。它必须能让读者有兴趣并渴望得到更多的信息,能给读者留下深刻的印象。计划摘要是企业家所写的最后一部分内容，但却是投资者首先要看的内容，它从商业计划书中摘录出与筹集资金最相关的细节：公司内部的基本情况，公司的实力以及受到的局限性，公司的竞争对手，营销和财务战略，公司的管理队伍等情况。然后简明而生动地概括摘录出来的内容。如果公司是一本书，计划摘要就像是这本书的封面，做得好就可以把投资者吸引住。计划摘要应该让投资者有这样的印象：这个公司将会成为行业中的巨人，我已迫不及待地要去读完计划的其余部分了。

二、商业计划书(简化版)的内容

1. 计划摘要

计划摘要列在商业计划书的最前面，它浓缩了商业计划书的精华。计划摘要涵盖了计划的要点，一目了然，读者能在最短的时间内评审计划并做出判断。

计划摘要一般要有以下内容：公司介绍；主要产品和业务范围；市场概貌；营销策略；销售计划；生产管理计划；管理者及其组织机构；财务计划；资金需求状况等。

在介绍企业时，首先，要说明创办新企业的新思路，新思想以及企业的新目标和新的发展战略。其次，要写清楚企业现状、过去的背景和企业的经营范围。在这一部分中，要对企业以往的情况做出客观的评述，不回避失误。中肯的分析往往更能赢得投资者的信任，从而使投资者容易认同企业的商业计划书。最后，还要介绍一下风险企业家自己的背景、经历、经验和特长等。企业家的素质对企业的成绩往往起到关键性的作用。在这部分，企业家应尽量突出自己的优点并表现出自己强烈的进取精神，给投资者留下一个好印象。

在计划摘要中，企业还必须要说明下列问题：①企业从事的行业，企业经营的性质和范围；②企业主要生产的产品；③企业的市场在哪里，谁是企业的顾客，他们有哪些需求？④企业的合伙人、投资人是谁？⑤企业的竞争对手是谁，竞争对手对企业的发展有何影响？

计划摘要要尽量简明、生动。特别要详细地说明企业自身的经营特色以及企业获取成功的因素。如果企业家了解自己所做的事情，计划摘要仅需 2 页纸就足够了。如果企业家不了解自己正在做什么，计划摘要就可能要写 20 页纸以上。因此，有些投资者会依照计划摘要的长短来“把麦粒从谷壳中挑出来”。

2. 产品(服务)介绍

在进行投资项目评估时，投资者最关心的问题就是：风险企业的产品、技术或服务能否在很大程度上解决现在面临的问题，或风险企业的产品(服务)能否帮助顾客节约开支，增加收入。因此，产品(服务)介绍是商业计划书中必不可少的一项内容。通常产品介绍应包括以下内容：产品的概念、性能及特性；主要产品介绍；产品的市场竞争力；产品的研究和开发过程；发展新产品的计划和成本分析；产品的市场前景预测；产品的品牌和专利。

在产品(服务)介绍部分，企业家要对产品(服务)做出详细的说明，说明要准确，也要通俗易懂，让那些不内行的投资者一看就明白。一般情况下，产品介绍要附上产品原型、照片或说明书等资料。产品介绍一般必须要回答以下问题：

(1) 顾客希望企业的产品能解决什么问题，顾客能从企业的产品中获得什么好处？

(2) 企业的产品与竞争对手的产品相比较有哪些优缺点，顾客为什么会选择本企业的产品？

(3) 企业为自己的产品采取了何种保护措施，企业拥有哪些专利、许可证，或与哪些已申请了专利的厂家达成了合作协议？

(4) 为什么企业的产品价格可以使企业获得足够的利润，为什么用户会大批量地购买企业的产品？

(5) 企业采用何种方式去改进产品的质量、性能，企业对发展新产品有哪些计划？

产品（服务）介绍的内容比较具体，因而写起来比较容易。虽然夸赞自己的产品是推销所必需的，但应该注意，企业所做的每一项承诺是“每一笔款”，都要努力去兑现。要牢记，企业家和投资者所建立的是一种长期合作伙伴关系。空口许诺，只能得意于一时。如果企业不能兑现承诺，不能偿还债务，企业的信誉必然要受到极大的损害，因此，真正的企业家会一诺千金。

3. 管理人员及组织结构

有了产品之后，创业者第二步要做的就是组建一支有战斗力的管理队伍。企业管理的好坏，直接决定了企业经营风险的大小。而高素质的管理人员和良好的组织结构则是管理好企业的重要保证。因此，风险投资者会特别注重对管理队伍的评估。

企业的管理人员应该是优势互补型的，要具有战斗力的团队精神。一个企业必须要有负责产品设计与开发、市场营销、生产作业管理、企业理财等方面的专门人才。在商业计划书中，必须要对主要管理人员加以说明，介绍他们所具有的才能，他们在本企业中的职务和责任及过去的详细的工作经历、背景。商业计划书这部分内容中，应对公司结构做一简要介绍，包括：公司的组织机构图；各部门的功能与责任；各部门的负责人及主要成员；公司的薪酬体系；股东成员，包括认股权、比例和特权；公司的董事会成员；各位董事的背景资料等。

4. 市场预测

企业开发新产品或向新的市场拓展时，首先要进行市场预测。如果预测的结果不乐观，或者预测的可信度让人怀疑，那么投资者就要承担更大的风险，这对多数风险投资者来说都是不可接受的。

市场预测要对市场需求进行调查分析：市场上是否存在对这种产品的需求，市场占有率是否可以给企业带来所期望的利益，新的市场占有额有多大，产品发展的趋势及效益如何，影响市场需求的因素有哪些。其次，市场预测还包括市场竞争的情况，企业要对所面临的竞争格局进行分析：市场中主要的竞争对手有哪些，是否存在有利于本企业产品发展的市场空档，本企业产品的市场占有率是多少，本企业产品进入市场后会引起竞争对手怎样的反应，这些反应会对本企业有什么影响等。

在商业计划书中，市场预测应包括以下内容：市场现状综述；竞争对手概览；目标顾客和目标市场；企业产品的市场地位；市场区格和特征等。

风险企业对市场的预测应建立在严密、科学的市场调查上。风险企业所面对的市场有变幻不定、难以捉摸的特点。因此，风险企业应尽量扩大收集信息的范围，重视对环境预测和科学预测的方法。风险企业家应牢记市场预测不是凭空想象出来的，对市场错误认识是企业经营失败的主要原因之一。

5. 营销策略

产品营销策略是企业经营中最富挑战性的环节，影响营销策略的主要因素有：

①消费者的特点；

②产品的特性；

③企业自身的状况；

④市场环境方面的因素。

最终影响营销策略的因素是营销成本和营销效益。

在商业计划书中，营销策略应包括以下内容：

①市场机构和营销渠道的选择；

②营销队伍和管理；

③促销计划和广告策略；

④价格决策。

6．生产制造计划

商业计划书中的生产制造计划应包括以下内容：产品制造和技术设备现状；新产品投产计划；技术提升和设备更新的要求；质量控制和质量改进计划。

在寻求资金的过程中，为了增大企业在投资前的评估价值，风险企业家应尽量使生产制造计划更加详细、可靠。生产制造计划一般应回答以下问题：企业生产制造所需的厂房、设备情况如何，怎样保证新产品在进入规模生产时的稳定性和可靠性，设备的引进和安装情况，谁是供应商，生产线的设计与产品组装是怎样的，供货者的前置期和资源的需求量，生产周期标准的制订以及生产作业计划的编制，物料需求计划及其保证措施，质量控制的方法是怎样的。

7．财务规划

财务规划需要花费较多的精力来做具体分析，其中包括现金流量表、资产负债表以及资产损益表的制作。流动资金是企业的生命线，因此企业在初创或扩张时，对流动资金的使用要有周详计划和严格控制；资产损益表反映的是企业的赢亏状况，是企业在运作一段时间后的经营结果；资产负债表则是反映企业在某一时刻的经营状况，投资者可以用资产负债表中的数据得到的比率指标来衡量企业的经营状况以及可能投资的回报率。财务规划包括以下内容：投资条件假设；预计的资产负债表；预计的损益表；现金收支分析；资金的来源和使用。

一份商业计划书概括了在筹资过程中风险企业家需做的事情，而财务规划则是商业计划书中对投资者投资的支持和说明。因此，一份好的财务规划对评估投资风险企业所需的资金数量，提高风险企业获得资金来源的可能性是十分关键的。如果财务规划准备得不好，会给投资者留下企业管理人员缺乏经验的印象，降低了风险企业的评估价值，同时也会增加企业的经营风险。

制作企业财务规划和商业计划书的假设相一致。事实上，财务规划和企业的生产计划、人力资源计划、营销计划等都是密不可分的。要完成财务规划，必须要明确下列问题：

①产品在每一个时期的生产量和销售量有多大。

②什么时候开始扩张产品生产线。

③每件产品的生产成本是多少。

④每件产品的销售价是多少。

⑤采用什么样的营销渠道，所预计的成本和利润是多少。

⑥需要招聘哪些专业人才。

⑦所录用人才何时到位，工资薪酬是多少。

三、检查

商业计划书写完之后，进行检查校对，看一下该计划书是否能准确回答投资者的疑问，争取让投资者对本企业有信心。通常，可以从以下几个方面加以检查。

(1) 你的商业计划书是否显示出你具有管理公司的经验。如果你自己缺乏能力去管理公司，那么一定要明确地说明，你已经雇了一位经营大师来管理你的公司。

(2) 你的商业计划书是否显示出你有能力偿还借款。保证给预期的投资者提供一份完整的投资分析。

(3) 你的商业计划书是否显示出你已经对市场进行过完整的分析。要让投资者坚信你在计划书中阐明的产品需求量是确实的。

(4) 你的商业计划书是否容易被投资者所领会。商业计划书应该具备索引和目录，方便投资者查阅各个章节。此外，还应保证目录中的信息是符合逻辑、符合事实、有据可查的。

(5) 你商业计划书中的计划摘要是否放在最前面，计划摘要相当于公司商业计划书的封面，投资者首先会看它。为了引起投资者的兴趣，计划摘要应写得引人入胜。

(6) 你的商业计划书是否在语法上、逻辑上全部正确。如果你不能保证，那么最好请人帮你检查一下。商业计划书中的拼写错误和排印错误能很快使企业家的机会丧失。

(7) 你的商业计划书能否打消投资者对产品的疑虑。如有必要，你可以准备一个产品模型。

第四节 创业风险的主要类型和防范

风险是指在一定条件下和一定时期内，由于各种结果发生的不确定性而导致行为主体遭受损失的大小以及这种损失发生的可能性的大小不确定，风险是一个二位概念，风险以损失发生的大小与损失发生的概率两个指标进行衡量。从企业风险因素的来源看，风险可以划分为外部风险和内部风险。从企业风险内容的表现形式看，现代企业面临的主要风险通常表现为：市场经营风险、投资风险、财务风险、管理风险、技术风险、法律风险等。创业风险是指在企业创业过程中存在的风险，是指由于创业环境的不确定性、创业机会与创业企业的复杂性，创业者、创业团队与创业投资者的能力与实力的有限性而导致创业活动偏离预期目标的可能性。创业风险与企业面临的风险的表现形态大致相同，包括市场营销风险，环境风险，人力资源风险，财务风险，技术风险，投资风险，管理风险及合同风险。下面着重介绍市场营销风险、投资风险、财务风险及其防范。

一、市场营销风险

市场营销风险是指企业在开展市场营销活动的过程中，由于出现不利的环境因素而导致市场营销活动受损甚至失败的状态。企业在开展市场营销活动的过程中，必须分析市场营销活动可能出现的风险，并努力加以预防，设置预防措施和方案，最终实现企业的营销目标。市场营销风险主要包括四大风险。

1. 产品风险

产品风险是指产品在市场上处于不适销对路时的状态。产品风险包括产品功能质量风险、产品入市时机选择风险、产品市场定位风险、产品品牌商标风险等。

2. 定价风险

定价风险是指企业为产品所制订的价格不当导致市场竞争加剧，或用户利益受损，或企业利润受损的状态。定价风险包括：

(1) 低价风险。低价是指将产品的价格定得较低。从表面上看，低价有利于销售，但定低价并不是在任何时候、对任何产品都行得通。相反，产品定低价，一方面会使消费者怀疑产品的质量，另一方面会使企业在营销活动中价格降低的空间缩小，销售难度增加。同时，产品定低价依赖于消费需求量的广泛且较长时间内稳定不变。而实际上，消费者的需求每时每刻都在变动之中，因此企业这种价格的依赖性是非常脆弱的。

(2) 高价风险。高价是指企业将产品价格定得较高，单件产品盈利较大。高价产品的风险主要表现为：一是高价招至市场竞争程度白炽化，从而导致高价目标失效；二是高价为产品营销制造了困难，因为低收入者会因商品价高而望而却步；三是定高价容易使顾客利益受损，尤其是对前期消费者的积极性伤害较大。

(3) 价格变动的风险。过于频繁地变动产品价格，或价格变动幅度过大都会使购买者对产品的质量与合理价格产生怀疑。

3. 分销渠道风险

分销渠道风险是指企业所选择的分销渠道不能履行分销责任和不能完成分销目标及由此造成的一系列不良后果。分销渠道风险包括分销商风险、储运风险和货款回收风险等。

4. 促销风险

促销风险主要是指企业在开展促销活动的过程中，由于促销行为不当或干扰促销活动的不利因素的出现，而导致企业促销活动受阻、受损甚至失败的状态。促销风险包括广告风险、人员推销风险、营业推广风险及公共关系风险等。(1)广告风险。主要是指企业利用广告进行促销而没有达到预期结果。企业进行广告促销必须向广告发布公司支付一定的费用。企业所支付的这些费用具有特殊性，即费用所产生的效果有不可衡量性。虽然大量的事例证明广告能促进销售，但这仅是事后的证明，能否促销及能在多大程度上促进销售，事前并不能估计。(2)人员推销风险。是指由于主客观因素造成推销人员推销产品不成功的状态。人员推销风险包括推销人员知识、技巧、责任心等方面的不完备而呈现的各种状态。

面对如此多的风险，创业者必须怀抱一种积极沉稳的心态和良好的创业心理品质去规避各种风险。英国伦敦的哈乐斯百货公司，就是以善于操控风险，货品名贵闻名。该公司从开业到今已有 140 多年的历史，目前是欧洲规模最大的百货公司，年营业额高达 10 亿美元。哈乐斯百货公司能够历经百余年而不衰，在于它独特的经营手法，以及善于营造气氛的能力，以此才能维持顾客对它的信赖。它在经营上令顾客满意之处，主要是：①商品高贵齐全。全世界的名牌商品应有尽有，如貂皮大衣、钻石、名表、钢琴、水晶制品等，有近万种商品供顾客选购。②商品分类细致。顾客很容易按照指示或说明书，找到自己想要的商品。③服务亲切周到。任何顾客均能享受到亲切礼貌的对待。它每年 1 月和 7 月各举行一次为期 10 天的全天大减价，也是其吸引、维持顾客信赖的法宝。除了每年 1 月和 7 月进行大减价之外，其余时间从不减价，使顾客相信减价的真实性。再者，大减价期间是真正的全面削价，供应一流品质的商品给顾客，绝对不要花招或作假。哈乐斯百货公司大减价成功的真正秘密，还在于它将每次的大减价活动规划成一项“行销事件”，造成轰动一时的新闻，让它成为伦敦市民的话题。哈乐斯的董事长说：“大减价现在已成为哈乐斯维持生命的血液，它非但可以出清存货，吸引新顾客，还能提高员工的士气与干劲。”这个例子很好说明了企业运营中成功操控价格风险的意义。

二、投资风险

投资风险是指对未来投资收益的不确定性，在投资中可能会遭受收益损失甚至本金损失的风险。它是因为获得的预期效益不确定而承担的风险，企业的这种投资的预期收益率的不确定性，是企业的一种很大的经营风险，必须小心规避。只有在风险和效益相统一的条件下，投资行为才能得到有效的调节，企业的投资目标才能实现。

1. 融资风险

融资通常是指货币资金的持有者和需求者之间，直接或间接地进行资金融通的活动。广义的融资是指资金在持有者之间流动以余补缺的一种经济行为，这是资金双向互动的过程，包括资金的融入（资金的来源）和融出（资金的运用）。狭义的融资只指资金的融入。投资中常会遇到风险，创业者要想做强做大，没有资本的支持显然是空话。但是钱不是那么好拿的，投资是有风险的。很多创业新手没有任何的防骗经验，贸然融资贷款，非常容易中了骗子的圈套。所以在考虑融资之前，创业者一定要做好充分的准备，掌握识别骗术的手段，识别骗子的特点，从而取得融资的成功。下面介绍一些常见的融资骗术。

（1）不见面给卡号，异地汇款。这类骗子以小额贷款为多，骗子口口声声说你的贷款融资情况他们能做，但借口以手续费、利息、还款能力证明等方式让你给他汇款存款，等你汇了一笔钱后，他们又以各种理由要求你再汇款。当你真汇了款后，他们仍不会放款给你。虽然你意识到自己被骗了，但你报警后一般不会立案，其原因在于电话、卡号、钱财数额及管理区域权限等。所以，遇到这种情况你只能眼睁睁的上当而没有任何办法。

（2）骗差旅费、律师费、评估费等。这种骗子一般以大额融资贷款为诱饵，他们一般比较专业，熟知融资贷款的条款及细则，让你觉得找对人了，他们等赢得你的信任后，就会提出他们在着手做之前要差旅费、律师费、评估费等，当你把这些钱给他们之后，他们就会以各种理由拒绝你，或者是提不可接受的贷款条件，或者是以你的项目条件不够为由，等等，最后直接告诉你不贷不融。至此地步，你已没有别的办法，还告不了他，所以你只好自认倒霉。创业者为规避这类融资风险可通过察看办公地点、看营业执照、看经营独立性、看技术力量等谨慎办法云辨别其真伪，对自己不了解的事项要多听行家的意见，学会观察、学会等待。所谓“路遥知马力”，骗子公司一般运作时间为半年，原形毕露后就会卷款逃走。只要沉住气，多等一段时间，多提一些问题，就可以揭露骗子公司的假融资伎俩。

做生意的第一原则：钱在谁手谁主动。根据这个原则，那些说跟你签几百万订单的人，没付定金，先要回扣，你就不要上当了，没有收到钱以前什么都不能相信。做生意的第二原则：知己知彼、百战不殆。很多时候接到陌生人的电话，说要大批量的货，还急得不行，这些人先要你报价，然后要你寄样品，再就是音讯全无了。对付的办法：寄样品可以，不过不可以预付款，采取到付，交易成功后在货款中扣除这些款项，这样最公平，而且完全可以最大限度地防止那些只要样品，没心交易的骗徒。另外，要坚持所有合同签订在本地进行。

2. 加盟风险

创业中常常需要加盟与合作，多数加盟者都是事业的合作伙伴，但由于技术市场鱼龙混杂、虚假致富项目泛滥。投资者有时也会与骗子谋面，投资者在投资前，要从方方面面对加盟者及合作项目进行分析。谨防上当受骗。通常骗子行骗的招数是：第一，免费的店面装修设计。骗子们只给你提供低劣的装修设计方案，实际的装修费用还得你自己承担，他们免费给你干只能使你欲省反费，多损失装修费用。第二，所交费用可返还。骗子承诺，所交费用可返还，如加盟费、合同履约金、装修费用等。同时会规定，累计进货额达到多少，给退还多少费用，直至返完为止。第三，年终销售奖励。骗子公司会规定，所交费用返还完毕后，凡累计进货达到一定额度的可获得百分之几的年终销售奖励。这只是骗子们释放的烟雾弹，你连店铺的经营费用都赚不回来，又如何来完成骗子们所规定的奇高的销售业绩呢？第四：免费铺货。骗子是按所谓的指导销售价格给加盟者铺货，其实际成本只有几千元至上万元。这完全是骗子为吸引别人加盟而设计的陷阱。第五，安全退出。骗子们往往提出所谓的安全退出方案，承诺加盟商将来不想做了可以将货物退还给公司。其实，这是掩耳盗铃的承诺。骗子只是想骗取你的加盟费用，将来退货也只是退还你用现金再次订的货，而不包括骗子给你铺的货，加盟费用是不会退还的。第六：加盟区域保护。骗子为了多骗取些加盟费用，往往在所承诺的加盟保护区域内重复放几个加盟商。骗子会把所有真正加盟商的情况全部隐藏起来，受害者发现后与其理论，骗子也会以各种借口，甚至是蛮横的态度，把受害者玩得团团转。大学生创业应该从实际出发，在创业前一定要做好市场调研，在了解市场的基础上创业。充分认识到自身的优劣势，趋利避害。根据大学生创业者的资金实力和创业的周期性，选择合适的项目。尽量争取投入能在短期内得到回报但又不要急于求成。应该遵循企业的发展规律，一步步成长，走向成熟。

多数成功者的人生第一桶金都离不开运气和眼光，同时也要冒一些风险。霍英东的创业史就是一个例子。二战后，美国把许多剩余物资运到香港公开拍卖。霍英东知道只要以低价标购这些物资再转卖，获利会很丰厚。但他自己没有本金，只好眼看着大好机会白白错过。偶然一次他投标买下 40 部船用机器，向母亲借钱而不得，只好将这批货转手给一个朋友，从中赚了 22000 港元。霍回忆说：当时如果妈妈肯出钱，这批货可以赚 10 万元。20 世纪 50 年代初，朝鲜战争爆发，英美对华禁运，许多战略物资只能通过地下渠道进入大陆。霍英东抓住了这一时机，冒着被港英当局缉私和管制的危险从事海上运输，第一年主要靠一条风帆船往澳门运柴油和汽油，利润不大，风险却不小。到 1951 年，抗美援朝战争日趋激烈，霍英东的运输公司以快速、安全、守信赢得了大陆贸易机构在港澳开办的多家商行的信赖，香港华润公司、澳门南光公司以及广州华南企业公司在港澳开办的商行均与霍英东建立了频繁的业务联系。很快，在香港专门往大陆运输禁运物资的船队中，霍英东的公司排到了第一位。从每支到岸价 6.85 元的盘尼西林油到每吨 1000 元的黑铁皮，船队的生意越做越大，霍英东很快积累起了第一桶金。霍氏家族能从两手空空到拥有现在的地位和资产，全靠霍英东眼光独到，用心经营。在香港的亿万富豪中，能与李嘉诚比肩而立的，无出其右。霍英东的事迹充分说明了创业中防范风险的重要性。

三、财务风险

大学生创办企业，要做好成本核算与成本管理的各项基础工作。

(1) 健全成本费用管理制度。科学合理地确定原材料、能源消耗定额，按照国家统计制度如实统计各项指标，建立跟踪市场价格的内部核算体系。

(2) 开展目标成本管理。依据产品的市场价格,目标利润和原材料、能源消耗定额等确定目标成本,把目标成本分解到产品开发和生产经营的各个环节,目标责任落实到人,严格考核成本指标,严格兑现奖惩。

(3) 努力节能降耗。大学生创办企业应主动淘汰原材料、能源消耗高的落后生产工艺和装备,大力采用先进技术,改造现有生产工艺和装备,降低原材料、能源消耗,杜绝跑、冒、滴、漏等各种浪费现象。

大学生创办企业要加强财务管理。

(1) 大学生创办实体企业,要建立全面预算管理制度。以现金流量为重点,对生产经营的各个环节实施预算编制、执行、分析、考核,严格限制无预算资金支出,最大限度减少资金占用。

(2) 建立健全的财务报表内部管理制度。企业应根据国家统一的会计制度规定,针对资产负债表、利润表和现金流量表等关键报表的内容建立全面的内部管理制度。

日本东海精品公司是经营打火机业务的,其总裁新田富夫发现一次性打火机先灌好燃料,机身密封,可连续使用1000次。它的售价比1000支火柴的低,携带和使用比火柴方便。鉴于此,他得出结论:一次性打火机大有发展前途。于是他决心经营这种产品。

新田富夫计算过,1000支火柴在日本要花400日元购买,而一次性打火机一只可用1000次,其成本在100日元以内,还有利可图。于是,他筹措资金设厂生产一次性打火机。新田富夫第一次生产一次性打火机失败了,主要是因为密封技术不好,产生漏气。攻克了难关后,他再次筹措了500万日元生产一次性打火机,并成立东海精器公司。为了将每只打火机的市场零售价控制在100日元以下,东海精器公司将原来许多人工操作的工序,改革为自动化生产,将很多零部件由原来委托别人加工,改为自己生产。1980年竣工的富士工厂,是使用电脑控制的高度自动化生产工厂,它把塑料机身、活门、瓦斯控制杆、火焰调整轮、打火齿轮等各种部件都生产出来了,大大提高了生产效率,减少了废次品。这样,每只打火机的成本降低了30%,每只打火机的成本仅为30日元,出厂价为50日元,这样,市场零售价则不会突破100日元。正因为奉行了薄利政策,东海精器公司已在9个国家开设了14个分厂进行大量生产,以满足不断扩大的销路所需。产品质量改进了,成本降低了,为了让更多的消费者认知这些改进,新田富夫以"百元打火机"的新形象开展广告宣传攻势,很快就被公众认可了,销路变得更广阔了。他成功的例子充分证明了加强财务管理,精打细算办企业的好处。

【小资料】

中国成功创业者的十大特质

1. 强烈的欲望:创业者的欲望与普通人的欲望的不同之处在于,他们的欲望往往超出了他们的现实,往往需要打破他们现在的立足点,只有打破眼前的樊笼,才能够实现。或许我们可以套用一句伟人的话:欲望是创业的最大推动力。

2. 超乎想象的忍耐力:俗话说"吃得菜根,百事可做"。对创业者来说,肉体上的折磨算不得什么,精神上的折磨才是致命的,如果有心自己创业,一定要先在心里问一问自己,面对从肉体到精神上的全面折磨,你有没有一种宠辱不惊的"定力"与"精神力"。

3. 开阔的眼界:对于创业者来说,只有广博的见识、开阔的眼界才能有效地拉近自己与成功的距离,在创业活动中少走弯路。

4. 善于把握趋势又通人情事理：顺势而作，才能顺水行舟。观察政府，研究政策，是为了明大势。创业者还要懂得人情事理，俗话说："世事洞明皆学问，人情练达即文章。"创业的首要目的是为了合理合法地赚钱，而不是为了改造社会。

5. 敏锐的商业嗅觉，即商业敏感性。创业者的敏感，是对外界变化的敏感，尤其是对商业机会的快速反应。有些人的商业感觉是天生的，如胡雪岩，更多人的商业感觉则依靠后天培养。如果你有心做一个商人，你就应该像训练猎犬一样训练自己的商业感觉。良好的商业感觉，是创业者成功的最好保证。

6. 拓展人脉：创业不是饮"无源之水"，栽"无本之木"。每一个人创业，都必然有其凭依的条件，也就是其拥有的资源。一个创业者的素质如何，看一看其建立和拓展资源的能力就可以知道。

7. 谋略：创业者的智谋，在很大程度上决定着其创业的成败。谋略其实就是一种思维方式，一种处理问题和解决问题的方法。

8. 胆量：创业本身就是一项冒险活动。创业者要有胆量，敢下注，想赢也敢输。创业是最需要强大心理承受能力的一项活动。

9. 与他人分享的愿望：作为创业者，一定要懂得与他人分享。一个不懂得与他人分享的创业者，不可能将事业做大。分享不是慷慨，对创业者来说，分享是明智。

10. 自我反省的能力：成功创业者有一个共同之处，就是都非常善于学习，非常勇于进行自我反省。

迈克尔·戴尔的创业

戴尔公司首席执行官迈克尔·戴尔是全世界公认的年轻富豪。在华尔街，戴尔公司的股票一涨再涨，尽管分析家们一再警告说体现在戴尔股票上的泡沫已过多。戴尔少年得志但不轻狂，然而，他创办的企业，锋芒毕露，让很多世界巨腕心生佩服。

戴尔没有想到时间飞转起来会很有力量，它会磨合世道，会改变游戏规则。16 年前，没有人把他和他的戴尔公司放在眼里，可是今天，电脑业芯片大王英特尔的董事长葛鲁夫会主动约他共进晚餐，目的是向他讲解英特尔处理器的未来。而大名鼎鼎的比尔·盖茨会坐专机前来拜访，与他讨论戴尔公司刚刚萌芽的服务器生意到公司网址的所有事情。

今天的戴尔公司打败了惠普公司和 IBM 公司，成为世界上第二大个人计算机公司，并紧逼康柏公司。自从 1988 年公司上市以来，戴尔公司的总销售额已由 1.59 亿美元跃升为今年的 217 亿美元，年均增长率约为 54%。戴尔当初投资 1000 美元从事个人计算机生意，获得了成功。如果今天手中握有 1000 美元，戴尔说："我会在中国互联网方面进行投资。"

其实，戴尔公司现在已经开始对互联网工具进行投资，这些互联网工具是为 ISP 和 ASP 提供服务的。戴尔公司能帮助任何一家想到网上做贸易的公司，包括咨询和服务。另外，戴尔公司每天在网上的销售额为 3000 万美元，约占公司总收入的 40%，它利用互联网做生意的业绩在全球仅次于网络第一大厂商思科公司。目前，戴尔公司已在 44 个国家用 21 种语言建立了公司网站。

踩着大势向前走，是戴尔十几年如一日的做事方式和思考方式。有人问戴尔：苹果公司会在PC史上再一次创造新的辉煌吗？戴尔说：不会，因为6年前苹果公司自己的操作系统在全球PC市场上只占有10%，而微软公司的操作系统已占到90%。苹果公司的操作系统的市场份额现在还在进一步下降，已从10%下降到5%，微软公司的操作系统的市场份额却从90%上升到93%，因此，苹果公司在此基础上也很难有大的作为。

戴尔喜欢利用业界中最有势头、最有影响的技术，例如在处理器方面，紧跟英特尔公司，在操作系统上，又紧跟微软公司。这两家公司在各自的领域里都是世界第一位。

戴尔起家时就尝到了大势的甜头。“当时，我才19岁，是一名才上大学一年级的学生，我投资1000美元，以自己的名字成立了戴尔公司，准备专门做计算机生意。”当时，个人计算机商戴尔被全球计算机业视为最会赚钱的天才，1997年《财富》将戴尔评为世界上40岁以下最富有的人。这位当时才32岁的亿万富翁的身价已值214.9亿美元。

“计算机刚刚兴起，利润非常高，一台销售价3000美元的IBM公司PC机，其所有的零件其实只有600～700美元，经销商以2000美元进货，可净赚1000美元。”

戴尔由丰厚的利润看出做计算机的价值来，而这时芯片的技术也有了很大发展，使组装PC机大为简单。戴尔公司刚成立时，只做PC机的攒机生意：从批发商手中买来机器，然后加以改装，添进一些大硬盘或大内存，然后以低于市场价的价格卖出去。在第一年，戴尔公司的销售额为620万美元。此后，戴尔公司迅速发展，在4年之内获得了极大的发展空间，并积极向海外扩张。4年以后，戴尔公司上市，11年以后，戴尔公司的年销售额为217亿美元。

(1) 建立最好的生意模式

“我们的重点是在发展我们的重点。我们在存储器、服务器方面有11%的市场份额，我们有最好的生意模式，我们在这方面能有一个好的结果。”

戴尔所谓的“最好的生意模式”指的是戴尔的直销模式，他说：“我们的核心竞争力是直销，我们的管理风格也是直销。”

直销，成为戴尔公司优于竞争对手的唯一解释。但戴尔所说的直销并不是人们通常意义上所认为的直销。戴尔说：“人们只把目光盯在戴尔公司的直销模式上，其实直销只不过是最后阶段的一种手段，你要掌握好直销的本领，首先就要完全理解直销的含义，然后能很好地对其加以应用。我们真正努力的方向是追求‘库存运行模式’和为客户‘裁衣’定做计算机。由于我们是按订单和客户的要求定做计算机，所以我们的库存一年可周转15次。相比之下，其他竞争对手，其库存周转次数还不到戴尔公司的一半。”

在戴尔公司发展的15年中，戴尔推动公司集中做的只是两项重要工作：通过一整套为客户度身定做的综合软件、硬件的流程使戴尔公司及其客户降低了成本；通过个性化发展，使戴尔公司可以为客户提供更高层次的服务。

通过戴尔直线订购模式，与那些采用缓慢的间接渠道订购模式的公司相比，戴尔公司以更快的速度完成了最新相关技术的应用，而戴尔公司的“6天存货制”与其他竞争对手相比成本更低，再加上按客户意愿来做计算机，使戴尔公司的发展既有速度，也有利润。

戴尔独特的优势则在于他对计算机市场上的直销模式的独特理解。这使得戴尔公司有一套非常独特的管理整个价值链的完整流程，即从零部件到供应商直接到最终用户，戴尔始终控制着中间的每一个环节。

戴尔公司的直销模式现已在全世界所有的关键市场上开始铺开，“以前大家都说我们的直线订购模式是不灵的，但我们去哪儿都灵，我们有大量的事实证明。”

(2) 让对手学不来

“去年以前,很多竞争对手包括康柏公司在内都开始转向直销模式,但模仿我们的那些公司并没有做得很好,也没有阻止我们的增长。这有点像从打垒球转向打篮球一样,虽然它们都是体育项目,但这两个是完全不同的项目。那些公司从一个系统转到另一个系统,是非常困难的,因为它们的销售原来都依赖于间接渠道,那些公司要走的路还很长。如果一个客户想通过直销买产品,会找戴尔来。因为戴尔有着15年的直销经验,并且我们首先创造了直线订购的业务模式。同时,我们会不断把自己的业务提高到新水平,而不是停滞不前。例如说我们使用互联网来降低我们的成本,并把销售服务放到网络上,我们每个星期的网上销售额是3000万美元。我们的对手正面临进退两难的处境,却又束手无策。”

“如果我们看一下世界前五大个人计算机公司,其中至少有3家公司处于亏损,或者基本处于收支平衡的状况。其中的一个公司(即戴尔公司)是赢利的。我们的成本结构是我们主要竞争对手的一半,因此我们业务运转的系统不一样,并且我们增长的速度比市场增长的速度要快到3~4倍。”

对于IBM公司这样的大公司在运作个人计算机上的弱点,戴尔分析说:“首先,IBM公司在PC运作上的成本结构不对,经销渠道也不对。两年前,IBM公司在PC上的销售量与戴尔公司一样多,但现在戴尔公司是IBM公司的两倍多,我们在PC上盈利了20亿美元,IBM公司却亏损了10亿美元。”

有人问戴尔:“戴尔公司何时超过排在它前面的竞争对手——康柏公司?”戴尔说:“衡量成功的方法不一样,它可以通过你的收入来衡量,也可以通过你的利润来衡量,也可以通过你的投资回报来衡量,也可以通过客户的忠诚来衡量。我认为衡量成功最重要的标准并不是客户量而是客户的满意度,戴尔公司在客户满意度上一直走在最前面,它的利润几年来一直是最高的。而就市场份额而言,在美国最近一个季度我们第一次超过了康柏公司,在英国、爱尔兰、瑞典我们也都是第一名。除了我们今天取得的业务利润的领导地位的成绩以外,在越来越多的国家中,你会看到戴尔公司走到前面。”

(3) 慧眼鉴人

在管理上,“我平时很随和,但看到员工总是犯同样的错误时,我就会忍不住发火。我愿意重用并提拔那些愿意自己找事做,而不是等在那里让人告诉他该怎么去做事情的人。我喜欢那些热情、爱不断学习、对工作充满兴趣、善于自我挑战的人。我也非常重用那些不仅自己能得到发展,而且也能带动其他员工发展的人,这是我们公司的一个重要话题。”

在戴尔公司,每位员工都有200股的股票,这种规定不仅适用于美国本土的员工,还包括英国、澳大利亚、日本、中国等各国员工。例如,1999年8月,在厦门的戴尔员工每个人都得到了200股股票,其成交价格约为每股60美元,而3个月后,戴尔股票猛涨到每股110美元,从而使每一位员工获得了大约一万美元的账面收益。

“除了在物质上善待员工外,还要把员工的潜能发挥出来。为此,就要创造出一个允许员工成功的环境,并给他们提供不断成功的工具,让他们不断学习、成长、犯错误,并关心他们的兴奋点是什么。”

“年轻既有好处,也有坏处,我想在我们的行业当中,我认为保持公司领导一致性、延续性是很有价值的。我领导公司15年,估计还会领导好多年,这实际上提供了一种持续性和延续性。我见到江泽民主席时,江主席说他在任职10年期间,他有机会见到了11位日本首相。这些年来，我也见到许多竞争对手的CEO（首席执行官），这些CEO跟日本首相被换的速度是一样的。但是，这个行业总依赖新的想法来繁荣发展。新想法一般总是由新加入公司的人提出来的。我们必须注意的是我们不应该成为那些大的老公司的一员，我们应该不断地有新的想法。”

(4) 精诚对待客户

有记者问戴尔：“在运作公司的整个过程中，对您来说什么是最有价值的？”戴尔脱口说出一个词“客户”，随后戴尔又补充说：“当然，每当看到我们企业保持优势因素时，我会感到很兴奋；每当看到我们的产品质量在不断提高，我会很兴奋；看到我们的人才在不断地成长，我会很兴奋；看到我们的日常运作蓬勃有朝气，我会很兴奋；此外，看到我们的执行能力不断地得到提升、我们的结构不断地被优化、我们运作的模式不断取得成功时，我都会感到兴奋异常。”

在戴尔公司的墙壁上挂着一幅戴尔的照片。有人在他头上画了一顶帽子，照片下方潦草地写有一行字：“迈克尔要你去赢得客户。”

“按照客户的要求去做”是戴尔公司的信条，这为戴尔公司创立了在计算机行业中与客户之间最紧密、最令人羡慕的关系。为了明确这一点，1998年，戴尔公司已将15%的资金和利润与改善服务挂钩。衡量成功的标准是装运期限、初次安装速度以及修理人员在24小时之内抵达客户所在地点。

“在管理上，我们判断员工价值的一个关键之处，是看他们对客户的友好程度，能给客户提供什么样的最好的机会，对其关注的客户都做了些什么服务。同时我们建立了一些良好的沟通机制和奖励机制。”

直销模式让戴尔公司靠近了客户，尤其靠近那些企业级的大客户。戴尔公司的销售员会来到客户面前，了解诸如你想要什么样的性能、你想要什么样的硬件、你想要什么样的软件、你想要什么时间交货之类的问题，了解完之后，销售员再回到公司，把单子交给生产部门。“这个过程就像裁缝走到客户家里，为客户量身后，再回到生产车间，因此，做出来的衣服一定是合身的。”

“戴尔公司的业务基础是基于直线订购这一业务模式之上的，我们直接把计算机销给客户，不管这一客户是政府机构还是大企业，也不管是普通个人还是小企业。这让我们会以更快的速度，把最新的技术提供给我们的客户，促使我们能提供更高水准的服务，并获得更高水平的回报。”

(5) 学会包容市场

戴尔认为：“要想持久赚钱，对市场就不能过于急功近利，要关心市场的整体情况，因为市场有时发展很快，有时会向前走两步再退一步，我们更关心整体发展的情况。人民币会不会贬值这类事情不会阻挡我们前进的步伐，我们会进一步发展和开拓中国市场，因为我们想在中国进行长期的投资。中国计算机市场的一个好处就是它非常大，而且发展得特别快，它对每一个中外公司都是很大的机会，每家公司都必须找到自己独特的方式来给客户提供价值，我们当然想以一个可持续的方式提供给客户，关键是中国市场非常大，没有任何一家公司能够完全垄断市场，必须要有合作伙伴关系，必须要有合作才能保障这个市场能够得到充分的挖掘。”

【探索与思考】

1. 创业者需要具备什么素质？
2. 简述创业风险的主要类型和防范措施。

参考文献

CANKAOWENXIAN

[1] 张敏强.大学生职业规划与就业指导[M].广州:广东高等教育出版社,2005.
[2] 谢伟芳,管俊贤.大中专毕业生就业指引[M].武汉:华中科技大学出版社,2006.
[3] 申永东.大学生就业指导教程[M].广州:华南理工大学出版社,2007.
[4] 曹广辉,王云彪.大学生职业生涯指导[M].天津:天津大学出版社,2007.
[5] 陈社育.大学生职业心理辅导[M].北京:北京出版社,2003.
[6] 郑志宏,蒋蔓萍,朱军.大学生就业指导教程[M].长春:吉林文史出版社,2007.
[7] 张志祥,鲁晨.基于大学生创业教育的学生社团建设思考[J].无锡商业职业技术学院学报,2007,7(5):3—5.
[8] 江荔仙.高校学生社团与大学生社会化[J].福建教育学院学报,2009,10(1):20—22.
[9] 刘岗.高校学生社团建设研究[J].扬州大学学报(高教研究版),2000(3):41—44.
[10] 范爱明.成功自我管理的29个工具[M].北京:中华工商联合出版社,2012.
[11] 宋振杰.自我管理:经理人九大能力训练[M].北京:北京大学出版社,2006.
[12] 周龙中.大学生健康生活方式培养教育实践研究[J].湖北成人教育学院学报,2011,17(5):34—35.
[13] 骆风,王志超.当代大学生不良生活习惯的调查分析和改进对策——来自广东高校的研究报告[J].广州大学学报(社会科学版),2010,9(2):51—55.
[14] 马克思,恩格斯.马克思恩格斯全集(第三卷)[M].北京:人民出版社,1960.
[15] 杨向荣,刘龙海.大学生就业指导[M].北京:中国建材工业出版社,1998.
[16] 周湘浙.大学生就业指导[M].杭州:浙江大学出版社,2006.
[17] 高桥,葛海燕.大学生就业指导[M].北京:清华大学出版社,2009.
[18] 张玲玲,张芝萍.大学生就业指导[M].北京:科学出版社,2004.
[19] 刘晓波,张志建,郭江平.大学生就业指导[M].武汉:华中科技大学出版社,2003.
[20] 王芳,宋来新,姜孔桥.大学生就业指导[M].北京:化学工业出版社,2002.
[21] 陆卫明,李江.人际关系心理学[M].西安:西安交通大学出版社,2006.
[22] 张继缅.人际交往:淡吐与举止[M].北京:中国物资出版社,1994.
[23] 张劲松,李莉.大学生职业生涯规划[M].北京:科学出版社,2012.
[24] 于华龙,郜凤琳.大学生职业生涯规划概论[M].开封:河南大学出版社,2008.
[25] 山东大学学生就业指导中心.大学生职业发展与求职方略[M].济南:山东人民出版社,2005.
[26] 张虎林,张成杰.大学生就业指导[M].北京:中国电力出版社,1998.
[27] 孙权,王滨有.高职大学生就业指导[M].北京:北京邮电大学出版社,2005.

[28] 陶仁,杨其勇.顶岗支教实习——地方高校师范人才培养新模式[M].昆明:云南大学出版社,2011.

[29] 黄坚.高职院校学生职业发展案列精选[M].北京:清华大学出版社,2010.

[30] 张宁娟.教师自我成长的理论研究[D].兰州:西北师范大学,2003.

[31] 胡丽.师范院校顶岗实习的发展概况、困境与解决策略[J].新教育,2010(2):18-20.

[32] 余国娟,胡瑞琴.初涉职场大学生的角色转变[M].西南民族大学学报(自然科学版),2011(S1):63-65.

[33] 朱小蔓,杨一鸣.走向自我成长型教师培养的高师素质教育[J].南京师大学报(社会科学版),2002(1):61-65.

[34] 陈荣华,俞韵,高飞跃.就业有路:就业创业政策法规解读[M].杭州:浙江大学出版社,2009.

[35] 张星河.求职与就业指导[M].北京:北京大学出版社,2008.

[36] 章加裕,余康发,陈树发.大学生就业指导概论[M].成都:西南交通大学出版社,2009.

[37] 肖行定.大学生职业生涯规划与就业指导[M].武汉:华中科技大学出版社,2010.

[38] 韩景旺,沈双生,田必琴.我的生涯我做主:大学生职业生涯规划与就业指导[M].保定:河北大学出版社.2008.

[39] 张命春.幼师生职业规划与就业指导[M].青岛:中国海洋大学出版社,2014.

【电子文献】

1. 中国人力资源网:http://www.hr.com.cn
2. 职业规划——中国管理联盟:http://www.cnmanage.com
3. 智联招聘:http://www.zhaopin.com
4. 中国高校毕业生就业服务信息网:http://www.myjob.edu.cn
5. 中国教育在线:http://www.eol.cn
6. 新浪教育:http://jx.edu.sina.com.cn
7. 创业网:http://www.cye.com.cn
8. 阳光巴士创业网:http://www.sunbus.cn
9. 中国高等教育信息网:http://www.cheedu.com